让生命自由绽放

幼儿园生态教育理论与实践

黄 静 著

ZHEJIANG UNIVERSITY PRESS
浙江大学出版社
·杭州·

图书在版编目(CIP)数据

让生命自由绽放：幼儿园生态教育理论与实践 / 黄静著. — 杭州：浙江大学出版社，2023.12(2024.8 重印)
ISBN 978-7-308-24092-5

Ⅰ. ①让… Ⅱ. ①黄… Ⅲ. ①生态环境－环境教育－教学研究－学前教育 Ⅳ. ①G613.3

中国国家版本馆 CIP 数据核字(2023)第 151850 号

让生命自由绽放——幼儿园生态教育理论与实践
黄静　著

策划编辑　丁佳雯
责任编辑　戴　田
责任校对　虞雪芬
封面设计　周　灵
出版发行　浙江大学出版社
(杭州市天目山路 148 号　邮政编码 310007)
(网址：http://www.zjupress.com)
排　　版　杭州晨特广告有限公司
印　　刷　广东虎彩云印刷有限公司绍兴分公司
开　　本　710mm×1000mm　1/16
印　　张　14.25
字　　数　241 千
版 印 次　2023 年 12 月第 1 版　2024 年 8 月第 2 次印刷
书　　号　ISBN 978-7-308-24092-5
定　　价　68.00 元

浙江大学出版社市场运营中心联系方式：0571—88925591；http://zjdxcbs.tmall.com

序

幼儿的成长有两个基本条件:一个是先天的身体和心理状况,或者叫遗传因素;另一个是后天因素。先天条件提供了可能性,后天因素为先天的可能性提供了实现的条件,尤其是后天的教育是推动遗传因素从潜在的可能性变为幼儿发展现实基础的重要力量。但并不是所有的后天教育都能成为促进幼儿的潜在可能性转变为现实因素的积极推动力量,其成功与否主要取决于这种教育能否适合幼儿的成长需要。如果这种教育切合了幼儿成长的生理、心理发展规律,那么这种教育就能在涵养幼儿身心发展基础的同时,为幼儿的身心发展提供积极丰富的引导力量。

生态教育就是这样一种能够为幼儿身心发展提供积极丰富引导力量的教育方式,这是因为生态教育本来就是将生命本来的样子作为追求的目的。幼儿除了他自己,谁都不是;除了自己的发展,不存在任何另外的目的。幼儿园生态教育的开展无非就是让幼儿成为他自己,在周遭开放的、系统的、有机的、互动的生态环境中成为他自己。幼儿园生态教育就是把幼儿成长的权利还给幼儿自己,幼儿园、家庭和社会只需要做好支持工作就行,当然这种支持不是横加干涉,不是臆想的科学,也不是蛮横地推动,而是尊重幼儿自身的成长节奏,尊重幼儿自身的生理和心理发育规律。

幼儿园的生态教育不仅如上文所说意味着尊重幼儿的主体性、重视幼儿教育的系统性、强调幼儿与周遭世界的互动性,还意味着各种生态因素一起共生和发展,意味着生态圈层的开放和勃勃生机。正是基于这一考虑,张家港市金港中心幼儿园才抓住幼儿园生态教育这根线,一抓就是二十年,因为我们深刻地认识到,幼儿的健康和谐发展,绝不可能是孤立的,它必然是同幼儿园、家庭和社会携手实现的健康和谐发展。

在实践上,我们不仅关注幼儿成长的微观生态系统,比如幼儿园生态课程、生态环境的构建,而且关注幼儿成长的宏观生态环境——家庭和社区生态。我们发动教师、社区工作人员和家长一起为幼儿的健康成长创造良好的生态环境。经过二十年的发展，幼儿园建成了良好的环境生态，让自然生态和人文生态共融；开发了人与人、人与社会、人与自然的多重生态课程；实现了幼儿与各生态要素的和谐共生；构建了三位一体的生态关系，使社区和家庭积极参与到生态教育大格局中。

本书虽最终由笔者执笔完成，但背后凝聚着金港中心幼儿园所有成员的心血和创造性劳动成果。他们的智慧就像一粒粒珍珠，而笔者只是把这些珍珠串起来的人。在方家看来，本书难免有疏漏之处，笔者愿意接受指正并改正。感谢中国学前教育研究会理事长虞永平教授的理论支撑和亲临幼儿园指导，感谢苏州市教育科学研究院初等教育所所长戈柔女士长期对我们幼儿园的指导，没有他们的付出就没有这本书的出版。唯愿本书能对读者有些启发，哪怕是一点点。

是为序。

黄静

2023 年 5 月

目录 Contents

第一章　幼儿园生态教育的内涵　/ 1

第一节　幼儿园教育生态与生态教育　/ 1

第二节　幼儿园教育生态的构成系统　/ 11

第三节　从教育生态到生态教育:生态环境的构建　/ 16

第二章　幼儿园生态教育的特征　/ 23

第一节　幼儿园生态教育的主体性　/ 23

第二节　幼儿园生态教育的系统性　/ 29

第三节　幼儿园生态教育的互动性　/ 33

第三章　幼儿园生态教育的目的　/ 44

第一节　引导儿童认识、感受、参与所处的环境　/ 45

第二节　引导儿童树立生态意识,学会与自然、社会和谐相处　/ 50

第三节　引导教师树立教育生态理念,从教孩子成长到孩子自己成长　/ 56

第四章　幼儿园生态教育的内容　/ 63

第一节　认识我自己:生态教育的起点　/ 63

第二节　认识大自然并感受自然:生态教育的基点　/ 71

第三节　认识并生活在幼儿园、家庭和社区之中:生态教育的落脚点　/ 74

第五章　幼儿园生态教育的实施　/ 83
第一节　幼儿园生态教育的实施原则　/ 83
第二节　幼儿园生态教育的实施路径　/ 92

第六章　幼儿园生态环境的构建　/ 102
第一节　幼儿园人际生态环境的构建　/ 102
第二节　幼儿园环境生态的创设　/ 109
第三节　幼儿园制度环境的营造　/ 115

第七章　幼儿园生态教育课程的开发　/ 123
第一节　课程编制:生态教育课程方案的编制　/ 123
第二节　开发实践:生态教育课程开发的基本策略　/ 134
第三节　从一到多:生态教育主题活动举例　/ 141

第一章 幼儿园生态教育的内涵

第一节　幼儿园教育生态与生态教育

幼儿园生态教育是近年来基于生态教育运动而产生的教育理念，也是对党的十八大提出生态文明建设理念的实践。理解幼儿园生态教育的内涵，必定要先理解何为生态，何为生态教育。正如滕守尧老师提出的，我们要用生态学的视角、态度、原理和方法去观察、理解、思考和解释那些复杂的教育问题，学会用一种生态学的方法开展教育实践。生态教育是一种理念，同时也是一种教育实施策略。① 生态是什么？这是幼儿园生态教育研究中必须首先回答的问题。

一、幼儿园教育生态

自20世纪60年代以来，随着生态问题的日益凸显，全球的生态环境也日渐恶化，并直接关系到了人类的生死存亡。据此，很多生态学家认为，保护我们的地球家园已经刻不容缓，全球范围内都应积极树立起生态意识，高度重视目前全球环境的保护。正因为生态系统好坏关乎全人类的存亡，所以教育应该涉及社会之外的整个大自然环境，这是教育所应承担的不可推卸的责任。

在这一社会背景下，生态教育理论应运而生，并引起了全社会的关注。后来，随着生态学的兴起和发展，教育学者们将生态学的观点引入教育学领域，就此提出

① 彭蝶飞.幼儿园生态环境教育探析[J].学前教育研究，2007(7/8):73-75.

“教育生态”这一概念并展开讨论，随后又创立了“教育生态学”。这标志着教育的生态化发展趋势已经初见端倪。

(一)生态与教育生态

要理解教育生态，首先应明确“生态”的定义。“生态”一词，最早用来表示生物在某种自然环境下生存、发展的一种状态，也可以用来描述生物的生理特性或生活习性。如今，其所涵盖的范畴宽泛，不同文化背景的人对“生态”可能有不同的理解。目前被广泛使用的“生态”概念，有两种理解方式。第一，“生态”可以理解为有利于有机体的生存的、有利于所有生命持续存在的。第二，“生态”指的是整体环境，包括人在内的物与物之间的关系，如在自然生态、社会生态、生态环境等词中“生态”是一种自然的整体相关性。不难看出，“生态”具有整体性、系统性和关联性的特征。从生物学的角度来看，自然界的动植物与周围的水、空气共同构成了一个稳定的生态系统，该系统中的各个元素相互依存、相互影响，表现出自然生态系统的统一性、协调性特征。

海克尔在1866年首次提出了生态学的定义，认为生态学是一种研究生物及其所处环境之间相互关系的科学。随着时代和社会的不断变迁，自然与人文现象之间的相关性和相似性逐渐显现，自然科学、社会科学和人文科学的融合渗透趋势日益加强。在这样的背景下，“生态”虽然只作为一种自然科学概念，但在随后工业时代到来之际，也代表着一种观念、一种思维方式、一种研究方法和一种新的文明观。生态学也迅速超越了原本的自然科学的范畴，被视为一种观察世界的世界观和方法论体系。生态学的研究领域由此扩展到人类生活和社会生活，从自然科学视角开始向世界视角转变。①

生态学的飞速发展为之后教育生态学的出现和兴起奠定了基础。首次提出“课堂生态学”概念的学者是沃勒。“课堂生态学”这一概念的提出，成为生态学原理应用于教育领域、用于研究教育现象的标志。20世纪六七十年代，教育生态学研究进入了迅速发展阶段。1966年，英国学者E.阿什比将生态学的理论和思想引入高等教育领域，将其用来研究高等教育问题，并由此提出了“高等教育生态学”的概念。1976年，美国哥伦比亚大学师范学院的院长劳伦斯·克雷明出版了《公共教育》一书，在书的第二章“面向教育生态”中专门论述了“何为教育生态”这一问题，并正式提出了“教育生态学”的概念：教育生态学，以教育学和生态学为其理论基础，是研究教育与其周围生态环境之间的相互关系和交互作用的规律及其机理的一门科学。教育与生态环境之间的相互关系及其作用机理就是教育生态学研究的对象。20世纪80年代中期以后，教育生态学的研究得到了国内外学者的广泛

① 郭丽丽. 教育生态性解析：基于教育起源和发展维度研究[D]. 沈阳：沈阳工业大学，2010：7.

关注，运用生态学的观点来研究教育问题成为教育学领域的热点之一。

国内关于教育生态学的研究，最早源于20世纪70年代的台湾地区，与国外相关研究相比起步较晚。1975年，台湾学者方炳林出版了《生态环境与教育》一书，基于生态学的相关理论，从社会、文化、家庭、学校等多元视角对环境与教育之间的关系进行深度研究。到了20世纪80年代初期，大陆学者也陆续开始对国外的教育生态学研究概况进行研究与探讨。1990年，南京师范大学环境科学研究所的吴鼎福与诸文蔚联合出版了《教育生态学》。该书是大陆第一部教育生态学专著，对教育的生态环境、生态结构、生态功能，教育生态学的基本原理、基本规律，教育的行为生态，以及生态教育与可持续发展等问题进行了系统、深入的探讨，在中国教育生态学研究中具有里程碑意义。

尽管国内外学者基于不同的社会文化背景，在教育生态学的研究对象、研究方法及内容等方面存在诸多分歧，但关于生态学的基本精神——系统、联系、平衡，已成为国内外教育生态学研究的共识。教育生态学的基本方法就是把各种教育机构、教育的基本要素，以及与教育相关的更加广泛的社会因素联系起来，运用系统、联系、平衡的观点来考察和研究教育现象，确立基本策略。①

将教育生态学的基本理论、观点和方法运用于幼儿园教育领域，将会是一个崭新的视角，有助于对目前幼儿园教育实践中存在的诸多问题或现象产生新的解释，发现更多关键问题。

(二)幼儿园教育的生态性体现

“生态”一词主要是指生存于某一区域(或空间)的所有动植物之间的相互关系，以及动植物与其环境之间的相互关系。它强调系统中各要素之间的相互联系、相互作用和功能统一，蕴含着系统、整体、联系、和谐、共生和动态平衡。② 幼儿园教育的生态化就是将生态学的观点和原则渗透到幼儿园教育领域的各个方面，用人与自然和谐发展的观点去看待和思考各种现象。在幼儿园教育的生态化过程中，无论是幼儿园的教育目标和课程内容的确定，还是幼儿园教育活动的组织与实施，抑或是人际交流互动、环境的创设等，种种方面都应体现和谐的教育生态观，并在这种教育生态的观念指导下对幼儿进行生态教育。

1.幼儿园教育目标的生态性

教育是人的教育。人既可作为教育者，同时也是受教育的对象。教育的出发点和落脚点都应指向人的全面发展。幼儿园教育目标的生态性可以理解为将幼儿

---

① 王瑜.教育生态学视野下幼儿园课程的省思与建构[J].陕西学前师范学院学报，2020，36(11)：41-49.

② 边霞.试论“生态式教育”的基本思想[J].早期教育，2002(9)：10-12.

园的教育目标指向儿童个体的全面和谐发展，体现发展的生态性。幼儿园教育的根本使命就是在儿童的全面发展和个性发展的基础之上，充分发展幼儿的潜力，为培养出富有创造力和生命力的人才打下坚实的基础。生态农业不能简单地等同于把庄稼培育好，还要把庄稼赖以生长的那片土地滋养好。生态教育同样如此。幼儿园教育不应仅仅着眼于儿童学会了多少知识，掌握了多少技能，而是更应注重发展儿童主动获取知识和经验的能力，使内部素质本不尽相同的儿童都能处于一种动态、平衡、和谐、发展的状态之中，只有这样才能培育出具有可持续发展能力的儿童，并反过来促进幼儿园教育自身的和谐发展。① 这也是人和社会不断发展的源头活水。

2. 幼儿园教育内容的生态性

系统、联系、平衡是生态学理论秉持的基本精神。生态式教育在内容上主张打破各学科之间坚硬的壁垒，强调各学科知识之间交叉渗透。

按照教育生态学理论幼儿园教育内容可以划分为健康、语言、科学、社会和艺术五大领域，这些生态因子之间并不是各不相干、彼此孤立的，而是相互联系、互相渗透的，且每一生态因子所构成的内部生态系统中，又包含了更小的生态因子。但是需要注意的是，幼儿园关于教育内容的划分只是一种人为的划分，这种划分是相对的，目的在于幼儿园教育活动的有序发展，对于幼儿来说并不存在这种划分。在幼儿的眼中，世界是一个多样的整体，他们并不关心某一事物是来自科学的，来自艺术的，还是社会的。因此，在幼儿园教育内容的设置上，教师不仅要考虑幼儿园教育内容下的各自领域及其内部之间共生互补的内在联系，在具体制订教育计划和实施教育内容时还要不断将来自不同领域的内容有机地串联起来，在具体实施过程中体现出各领域内容的有机融合，使来自不同领域的内容都能共处于良好的生态系统之中。如果过于注重领域的独立性和完整性，反而容易导致各种知识经验之间的割裂，难以实现课程内容的贯通和整合，不利于幼儿形成有机的内部生态。②

3. 幼儿园教育活动的生态性

幼儿一日生活中的各类活动是幼儿园教育的重要组成部分。幼儿园教育活动的生态可以从活动内容、活动形式和教师对活动的预设程度三个方面来理解。

从活动内容上看，幼儿在园所的一日生活中，集体教育活动、区角活动、游戏活动、生活活动等活动之间都是相互交叉、互相融合的，不同的生态因子相互作用，共同构成一个彼此支持、动静交互的良性活动生态。

---

① 边霞.试论“生态式教育”的基本思想[J].早期教育，2002(9):10-12.

② 边霞.试论“生态式教育”的基本思想[J].早期教育，2002(9):10-12.

从活动形式上看，幼儿园活动大致可以划分为集体教育活动、区角活动、小组活动和个人活动，它们在幼儿园活动中各自具有不同的功能，都各有其价值和适用范围。尽管生态式教育观认为应适当增加幼儿的小组活动或个人活动在一日生活中的占比，给幼儿更多机会可以根据自己的兴趣进行选择，但这并不意味着要排斥必要的集体教育活动。这四者之间只有相互补充，有机搭配，才能产生最优的教育效果。

从教师对活动的预设程度来看，教师的精心预设与活动过程中的动态生成应该是相互结合、转换和渗透的。生态式教育注重教师对教育活动的精心预设，但活动的具体实施过程不能囿于预设的内容止步不前，而应根据活动开展过程中的具体情况和幼儿的兴趣指向及时调整，不断生发出新的更适宜的活动。精心预设与灵活生成之间构成了一个不断变化的动态系统，在这个系统中，预设活动不断进行着自我调整，催生出新的教育契机。

4. 幼儿园教育人际的生态性

从生态学的角度来看，自然界中的动物、植物与其所处环境之间相互支持，相辅相成，由此形成了一个稳定的生态系统。在这个系统中，各组成部分相互依存、相互作用，彰显出自然生态系统的和谐统一。在生态式教育的视域下，幼儿园生态系统内的人际关系大致可以分为教师与幼儿之间的关系、幼儿与同伴之间的关系及教师之间的关系。

首先，教师与幼儿之间的关系，即师幼关系应该是幼儿园内部人际生态系统的核心。在生态式教育中，教师和幼儿都是人际生态的重要主体，师幼之间的互动应该摒弃过去的灌输与被动接受、训育与被动服从的传统教育模式，而应营造一种相互尊重、平等相待、彼此支持的氛围，形成一种轻松、和谐、自由、愉快的生态关系。

其次，幼儿与同伴之间的关系是幼儿园人际生态中的重要因子。幼儿在园的时间长，大多数时间都与同伴相处在一起，而通过与同伴群体建立的广泛、自然的生态关系，有利于幼儿从中获取有益的知识、信息和交往经验，掌握处理交往过程中可能出现的人际问题的技巧，从而提高自身的社会适应能力，这也是幼儿社会化发展的过程。

最后，教师之间的关系是幼儿园人际生态中的另一重要因子。幼儿园中的主配班教师、教师与其他教师、教师与园长、教师与后勤人员之间同样应互相尊重、互相支持，彼此合作、相互给予，营造全园和谐、良性、有温度的人际生态关系。

5. 幼儿园教育环境的生态性

环境是一种不可或缺的隐性教育资源，幼儿园精心创设和营造的物质环境与精神环境可以使幼儿在一日活动中受到潜移默化的熏陶与感染，环境创设的过程也是提升教育质量、实现教育目标的过程。因此，一方面，幼儿园应从幼儿身心发展特点出发，注重幼儿园物质环境的改善与优化，包括园舍场地、设施、玩具等，为教育活动提供更好的物质生态条件；另一方面，幼儿园还应重视精神环境的创设，教师要善于倾听儿童意见，民主、平等地对待每一个幼儿，幼儿园的其他工作人员也要彼此亲善，让幼儿处于轻松、亲切与合作的人际环境中，促进幼儿身心的和谐发展。

二、幼儿园生态教育

(一)生态教育

生态教育思想是20世纪八九十年代在西方世界出现的一种教育思潮。它是教育者面对生态危机的出现和环境问题的凸显，为防止环境进一步恶化、减轻生态危机及对地球上所有生命抱有深切忧虑的同时考虑自身所承担的使命的一种反应。①

生态教育是将生态学的思想、理念、原理、方法融入现代全民性教育的过程，是渗透生态理念、形成正确生态观的重要途径，也是人类实现可持续发展和创建生态文明社会的需要。② 生态教育的目的就在于培养和加强学生的生态学意识，使其学会以正确的观念对待人与自然的关系，从而促进生态系统的和谐和可持续发展。③ 在西方世界，生态教育，或者称为环境教育，已逐渐成为教育的重要组成部分。

1. 生态教育思想的雏形

生态教育思想的出现最早可追溯到环境教育思想和可持续性教育思想，而自然研究教育则是环境教育思想和可持续性教育思想的前身和基础。

早在生态教育概念提出以前，自然研究的思想就已零星存在。法国著名的启蒙思想家、教育家卢梭于1762年出版的《爱弥儿》，被誉为西方教育史上具有里程碑意义的著作。卢梭提出，在与自然世界的相互作用中，儿童的感知力、理解力、思维能力等各方面的能力都能得到跨越式的发展，这种发展是在书本世界中无法实现的。他的这种自然教育思想为19世纪西方世界的教育发展指明了前进道路。

卢梭关于自然研究高于书本知识的教育理念之所以能够对后世产生如此大的影响，除了其思想本身具备的高瞻性之外，还与卢梭所处的社会背景有关。自18

① 徐湘荷.生态教育思想研究[D].济南：山东师范大学，2012：1.
② 闫蒙钢.生态教育的探索之旅[M].芜湖：安徽师范大学出版社，2013.
③ 闫蒙钢.生态教育的探索之旅[M].芜湖：安徽师范大学出版社，2013.

世纪以来，自然科学取得了举世瞩目的成就，受到人们的高度赞扬。因此，一些科学家也开始认为，光学习书本上的知识是远远不够的，并提出自然研究可以成为书本的最好补充。在此背景下，许多学者开始对相关课题展开研究，并取得了丰富的成果。当时虽然还未形成明确的环境保护观念，但自然研究思想无疑具有深刻的启示意义，已成为生态教育兴起和发展的重要前提和起步基础。

2. 生态教育思想的实质

生态教育是建立在生态系统的基础上，根据生态学原理，以生态平衡、协同进化的思想对教育现象及其成因进行深入分析，揭示教育发生发展的规律，探索生态环境因素与教育之间的相互关系。生态教育是在特定的条件下，培育全面发展的综合人才及迎合可持续发展的社会需要。①

生态教育需要着重关注以下两个问题。首先，要认识到人和自然之间的和谐关系，这是生态教育的首要前提。无论是生态环境还是有关生态的诸种因素都会对教育产生不同程度的影响。其次，生态教育研究需要对教育生态结构进行深度剖析，从宏观和微观的角度研究生态教育，结合教育阶段、年龄等因素对生态教育进行层次化分析，这具体涉及生态系统中的个体、生态系统结构、教育群体、生态教育的分布模式、教育的水平结构。此外，生态教育还与群体的迁入、迁出、波动及性别比例等因素存在紧密联系。通过分析生态教育的相关因素，我们要揭示与各种生态教育相关的发生规律，基于生态教育的基本规则分别从纵向和横向展开，进一步阐述可持续发展的生态教育。②

3. 生态教育思想的发展

随着时代的变迁，人类科技和社会的发展也在日新月异地变化着。因此，在社会快速发展的今天，充分把握现代教育的基本特征，发挥生态教育的作用，是教育实现现代化发展的迫切需要。

现代生态教育发展的特点主要体现在以下几个方面。第一，树立现代化生态教育的理念。生态教育是现代教育活动的一个理念。生态教育思想是否更新在很大程度上取决于观念的更新状况，因此树立开放性、多元化的现代生态教育观念至关重要。第二，选择具有现代特色的生态教育内容。一方面，要准确把握世界生态教育的发展趋势，了解和掌握世界各地最新的社会、政治、文化和经济的现实状况，积极更新生态教育相关学科的最新发展和研究成果；另一方面，要不断学习新的教学理念和教学方法，根据我国生态教育中的实际问题提出有针对性的解决方案，科学选择生态教育的内容。第三，生态教育手段也应实现现代化。随着现代科学技

① 门佳璇."生态教育"的路径探析[D].长春：吉林大学，2018：8.

② 门佳璇."生态教育"的路径探析[D].长春：吉林大学，2018：9.

术的发展，用现代化科技促进社会的发展和进步是非常重要的手段。这不仅可以改善人们的思想，促进教育观念的更新，还可以起到扩展教育内容、提高教育效率的作用，更有利于充分发挥生态教育的效用。

(二)幼儿园生态教育

进入 21 世纪后，生态危机、环境恶化等问题逐渐成为人类面临的现实考验。从可持续发展战略角度来看，教育的生态化发展应成为全社会的使命与职责，而幼儿园教育作为其中不可或缺的一环，对幼儿进行生态文明教育的启蒙至关重要。

1. 幼儿园生态教育的内涵与目标

当代儿童研究中的生态化观点将儿童的发展视为"不断成长的有机体与其所处的不断变化着的环境之间的逐步相互适应"。儿童在特定的背景下成长，其发展过程和结果会受到直接或间接、显性或隐性的各种背景因素的影响。这些背景因素之间也相互影响，相互作用，由此构成一个完整的生态系统。[①] 因此，儿童生态学主要研究儿童在真实的生存和发展环境中的表现，强调儿童的行为和状态与其生长发展的背景之间是一个不可分割的整体。

幼儿园生态环境教育的开展，也应体现以幼儿为本，基于促进幼儿社会化发展的目标，为幼儿搭建起一个人际生态网。同时，基于环境教育和可持续发展的理念，我们要重点关注幼儿与自然、社会的和谐统一，通过基本的生态环境教育，幼儿树立初步的生态意识、萌发热爱自然的美好情感，同时养成良好的生态行为习惯。具体来说，幼儿园生态教育的内容大致可以归纳为以下四个方面。(1)引导幼儿学习领会简单的生态环境知识，引导幼儿习得关于自然、社会、动植物的基本知识，包括与自然之间的相互依赖性。帮助幼儿获取关于自然环境的一些常识，理解并正确看待生态平衡、能源危机、人口危机等概念。(2)引导幼儿树立与自然环境友好相处、共生互赢的意识，懂得人与环境之间相互制约的关系。(3)引导幼儿养成基本的生活与道德行为习惯。(4)引导幼儿萌发对大自然、生态环境的热爱与珍视等美好情感。

幼儿所处的生态环境大致可以分为自然生态环境、社会生态环境和幼儿自身的心理生态环境三个维度。幼儿生态环境教育的最终目的在于引导幼儿达到自然、社会和心理三个方面的和谐统一。一方面，幼儿园要引导幼儿初步领会生态环境中的各种因素及其相互制约性，自然、人与社会三者的平衡性，人类生存对环境的依赖性；初步了解人口、资源、能源和污染等问题，培养幼儿初步的环境意识，使其学会关注环境问题。另一方面，幼儿园要引导幼儿正确培养幼儿自信自尊的积

---

① 常娟.儿童入学准备生态化环境的建构[J].幼儿教育(教育科学版)，2006(7/8)：9-11.

极品质，对待同伴热情大方、友好尊重，与父母相处融洽，激发幼儿对周围环境的兴趣，萌发幼儿尊重自然的美好情感，使幼儿形成爱护生活环境的良好意愿和行为习惯。

2. 幼儿园生态教育的方式

(1)营造自然化、生态化的幼儿园环境

自然生态教育环境不仅存在于自然界中，幼儿园也蕴藏着丰富的自然生态教育资源。幼儿园可以通过优化园内布局、合理规划与建设，打造富有浓郁生态特色的幼儿园室内外环境。譬如，将幼儿园昂贵的摆件换成朴实温润的木质器材，在室内设立动物饲养角、动态与静态自然观察角等。类似木椅、木凳等木制设施能够让幼儿从内心深处产生一种对大自然的归属感；动静结合的自然观察角可让幼儿获得与大自然亲密接触的别样体验。这种自然化和生态化的幼儿园环境不仅能给幼儿带来快乐，陶冶幼儿的情感，还能让幼儿回归自然，获得丰富、多彩的学习与生活体验。

(2)开展渗透式的幼儿园生态教育

幼儿园生态环境教育以培养幼儿的人文素质为目标，注重幼儿知识、技能和经验的获取，同时也注重幼儿身体素质、情感素质、道德素质、社会素质、艺术素质和审美素质的和谐发展。我们通过渗透性生态环境教育将生态环境内容渗透到各个领域，在这个过程中不需要专门的环境教育教师、教学时间，不需要专门的实验场地和设施设备，也便于对环境领域内容的各个方面进行分类，通过分解来实现教育目的，从而化整为零地实现教育目的。①

渗透式的幼儿园生态教育的实施，一方面可以促进多领域课程之间的渗透，使健康、社会、语言、科学和艺术等各个领域都能以生态的方式相互交叉、融合，互生互补，成为一种有机融合式的生态化教育；另一方面也可选择“双主题”的内容，从某一领域切入的同时兼顾其他领域。例如，以一个幼儿感兴趣的、贴近幼儿实际生活和身心特点的内容作为某一单元活动的主题，然后，在单位内的各个具体活动中，将其他领域的元素以适当的比例有机地结合起来。这样，单元主题的主线就与其他领域的元素交织在一起了。这种“双主题”的开放式内容，不仅有利于各领域的生态平衡，同时也使内容更加丰富多彩。

(3)亲身体验，在真实环境中深化生态意识

当前的环境教育理论认为，环境教育除了使学生掌握关于环境内容的基本知识之外，还应积极创设条件让学生在真实环境中亲身体验，通过实际操作与探索，发展实际解决问题的能力和树立保护环境的积极态度，从而达到增强生态环境保

① 彭蝶飞. 幼儿园生态环境教育探析[J]. 学前教育研究，2007(7/8)：73-75.

护意识的目的。① 幼儿思维以具体形象思维为主，在真实的环境中开展活动，能够让幼儿对神奇美妙的大自然有更加深刻的体验。幼儿园可以定期组织春游活动或主题参观与体验等活动，让幼儿在真实的环境中进行探索和学习，感受人与自然的相互关系，使幼儿萌发对自然环境的喜爱，引发幼儿对如何保护大自然、如何防止环境污染等问题的思考。

3. 幼儿园生态教育的意义

时代不断发展，教育理念也在不断更新。在幼儿园开展生态教育是生态文明建设的内在要求，是培养综合型人才的重要前提，是促进社会可持续发展的迫切需要，现已成为当今幼儿园教育所面临的新的发展课题。

(1)开展幼儿园生态教育是生态文明建设的内在要求

教育是实施科教兴国战略的重要前提，也是知识经济时代下的重要任务。自党的十八大以来，生态文明建设被置于越来越重要的位置。对幼儿进行生态教育，让幼儿自小树立正确的生态文明观，这既是生态文明建设的呼唤，也是幼儿园教育与时俱进、与时代接轨的必由之路。

(2)开展幼儿园生态教育是培养综合型人才的重要前提

时代日新月异，社会对人才培养的要求也在不断改变，未来社会急需全面发展的综合性人才，而传统的教育模式已经难以满足社会对于人才的新的要求。生态学以系统、联系和平衡为基本精神，对人的自主性、全面性和多样性提出了较高要求，通过生态教育的实施可以进一步提高人的积极性、主动性及创造力。幼儿园教育是基础教育的基础，是终身学习的开端。在幼儿教育阶段开展生态文明教育，使他们从小具备环保意识、养成良好的行为习惯，让生态文明观在他们幼小的心灵里萌芽，这不仅是生态文明建设的内在要求，也是培养社会所需要的综合型人才的重要前提。

(3)开展幼儿园生态教育是促进社会可持续发展的迫切需要

20 世纪中后期以来，人类工业文明逐渐进入鼎盛发展时期。但生态破坏、环境污染、资源短缺等问题也随之而来，现已成为全球关注的重点话题。为了应对生态危机，人们逐渐将目光转向新的社会发展模式，即社会、经济的可持续发展。幼儿作为新生代的力量，对幼儿进行生态文明教育，使他们拥有可持续发展的观念，这是我国经济、社会可持续发展的重要保证，也是新时代对幼儿教育的迫切呼唤。

---

① 查俭健. 幼儿园生态与环境教育初探[J]. 环境导报，2003(14)：33.

第二节　幼儿园教育生态的构成系统

教育生态学是教育学与生态学之间的一门交叉学科。作为一个新兴的研究领域，教育生态学提供了一种运用生态学的原理和方法来研究教育现象与教育问题，同时这种原理和方法也用来探寻教育规律的新视角。目前来看，教育生态学形成了两种不同的研究取向：一种以教育为主干，研究教育与生态环境的关系；另一种是以生态学为主干，研究教育生态因子对教育的影响作用。[①] 而无论哪种研究取向，其共同点都是为了正确认识和处理教育与环境因素的关系，也就是处理好生态系统中的人、事、物之间的关系。

幼儿教育是国民教育体系中的基础阶段，幼儿的发展受到的教育生态因子的影响更为直观、具体、有效。将教育生态学引入幼儿教育的过程中，应着重考察幼儿园生态系统中对幼儿教育产生影响作用的人、事、物等各种因素，为提高幼儿教育质量、促进幼儿全面发展明确方向。

一、社会生态系统理论概述

生态系统理论，又称社会生态系统理论，综合了生态学、人类学、社会心理学等多种学科理论，主要用来描述和解释人类行为与社会环境的交互关系，现已成为社会学、社会工作中的常用概念。

美国著名心理学家尤里·布朗芬布伦纳于1979年提出了著名的生态系统理论。布朗芬布伦纳从生态学的视角研究人的发展问题，将对人的行为和发展的研究放置于一个相互联系、相互影响和相互作用的稳定的生态系统之中，探究生态系统中的各种生态因子对人的行为和发展的作用，以及人与各种生态因子的交互作用。[②] 布朗芬布伦纳提出，人类发展生态学是生物体与其直接环境之间相互适应的过程会受到环境与它们所依赖的更大环境之间相互关系的影响。也就是说，发展中的个体并不是被动地接受环境的影响，而是积极主动地不断建构其所在环境

① 李彬，徐丽娟.教育生态学视域下的幼儿园课程建构[J].桂林师范高等专科学校学报，2019，33(3)：146-149.

② 胡娟.幼儿园课程概论[M].上海：复旦大学出版社，2020：19.

的动态实体，人与环境之间的作用是双向的、互动的。基于这一观点，布朗芬布伦纳通过对环境对个体发展的影响进行深入分析，提出社会生态环境是一种嵌入式的结构安排，个体在成长中会受到四个系统的影响，从主到次依次为：微观系统（microsystem）、中间系统（mesosystem）、外层系统（exosystem）和宏观系统（macrosystem）。每一部分都与它相邻的部分相互支持，互相包容，个体与系统在相互作用的同时影响着个体发展。很多学者根据这一理论建立起自己的生态系统模型，简单的模型如图1所示。

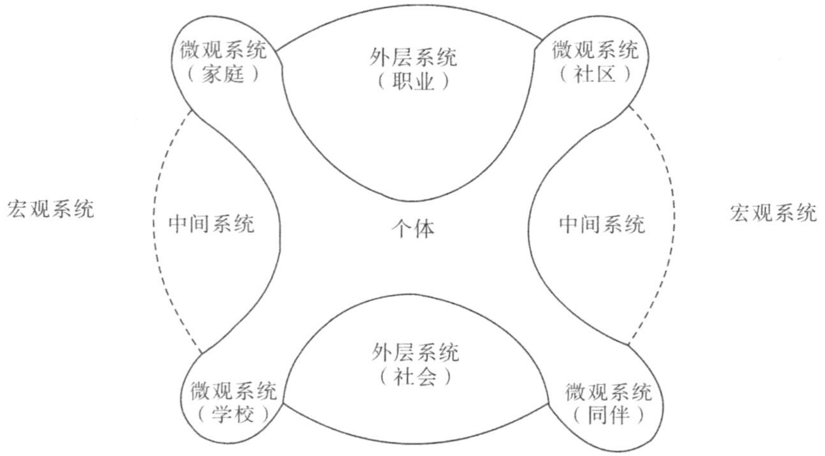

图1 根据布朗芬布伦纳人类发展生态学理论建立的生态系统模型

除了以上四个系统之外，布朗芬布伦纳还增加了时间系统（chronosystem）这一维度。时间系统，又称历时系统，是把时间作为研究个体成长过程中心理变化的参照体系。[①] 时间系统主要涉及的是在儿童成长环境中产生影响儿童发展的新情况的时间变化。这些变化，有的是外部强加的，有的是由有机个体内部产生的，因为儿童选择、修正和创造了许多他们自己的环境和经验。布朗芬布伦纳将这种环境的变化称为“生态转变”，每次转变都是个体人生发展的一个阶段，比如升学、结婚、退休等。而布朗芬布伦纳提出的时间系统关注的正是人生的每一个过渡点。他将环境的变化分为两类：一类是正常的转变，如入学、青春期、参加工作、结婚、退休等；另一类是非正常的转变，如家庭中有人去世或病重、离异、迁居、彩票中奖等。这些转变发生于人的一生之中，常常成为个体发展的动力，同时这些转变也会

---

① 刘杰，孟会敏．关于布朗芬布伦纳发展心理学生态系统理论[J]．中国健康心理学杂志，2009，17(2)：250-252．

通过影响家庭进程而改变儿童的生活状况。① 而在环境类型的变化对儿童的发展产生影响的同时，儿童自身所经历发展的变化也导致了自己内在的变化，也就是说，儿童既产生了自己的发展，又使自己成为发展的产物。

二、社会生态系统理论下幼儿园教育生态的构成

幼儿园作为一个整体，同样具有人类发展过程中所具有的复杂性和不确定性，这与生态系统理论对于环境如何影响人类发展的复杂性和不确定性的阐释具有相同的特征。因此，基于生态系统理论的视野，如果把幼儿园这个整体浓缩为个体，同样可以从微观、中间、外层、宏观四个系统出发，从家庭、社区、国家政策等因素入手，通过分析幼儿园教育生态环境的构成要素，探寻幼儿园生态环境的构建路径，为提高幼儿园教育质量提供新的视角。

1999 年，休伊特根据布朗芬布伦纳的人类发展生态系统理论，以儿童为中心编制了同心圆模型(见图 2)，以儿童作为模型图表述的主要目标来说明各生态系统之间的关系。

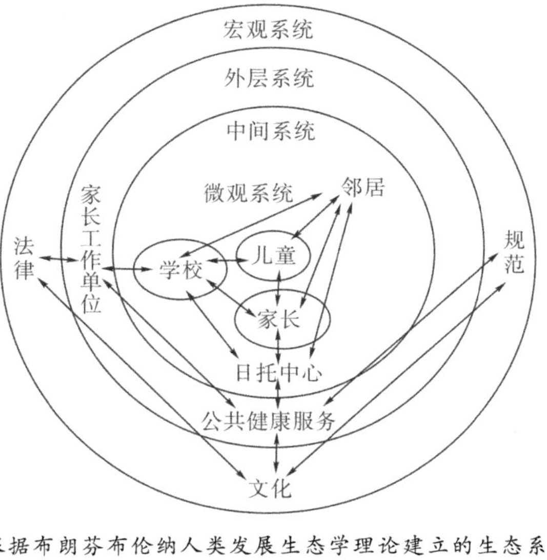

图 2 休伊特根据布朗芬布伦纳人类发展生态学理论建立的生态系统同心圆模型

在休伊特对于布朗芬布伦纳生态系统理论的表述模型中，儿童处于同心圆最内层的小圆，这是幼儿园教育生态系统的核心。家长、学校及与儿童接触最为密切

① 刘杰，孟会敏. 关于布朗芬布伦纳发展心理学生态系统理论[J]. 中国健康心理学杂志，2009，17(2)：250-252.

的其他人员都在同心圆的最内层中，这就是所谓的微观系统，也称小系统。微观系统是指个人在成长中活动与交往的直接环境，这个环境是不断变化发展的。个体在微观系统中的互动最为频繁。对个体而言，微观系统始于家庭，随着个体人际交往范围的扩展，逐渐延伸到学校、社区中。这一系统中的人、事、物对儿童产生最直接的影响。布朗芬布伦纳用“双向”来表示微观系统中儿童的发展与各因素之间的关系，即所有关系都是双向的，成人与儿童相互反应、相互作用。若儿童与父母之间经常发生良好的交互反应，这会对儿童的发展产生持久的积极作用。同时，若儿童与学校、同伴群体之间的影响也是积极的，那么这种积极的影响又会使得儿童与父母的关系得到进一步发展。反之，若这种影响是消极的，儿童与父母之间的关系就会向消极方向变化。

例如，母亲给婴儿哺乳，婴儿饥饿的时候会以哭泣来引起母亲的注意，影响母亲的行为。如果母亲能及时给婴儿喂奶则会消除婴儿哭泣的行为。当儿童与成人之间的交互反应很好地建立并经常发生时，会对儿童的发展产生持久的作用。但是当成人与儿童之间关系受到第三方影响时，如果第三方的影响是积极的，那么成人与儿童之间的关系会更进一步发展。反之，儿童与父母之间的关系就会遭到破坏。再如，婚姻状态作为第三方影响着儿童与父母的关系。当父母互相鼓励其在育儿中的角色时，每个人都会更有效地担当家长的角色。反之，婚姻冲突是与不能坚守纪律和对儿童敌对的反应相联系的。①

布朗芬布伦纳的同心圆模型内外一层是中间系统，它由儿童直接接触的环境之间的相互关系组成，包括诸如家庭、学校、邻居和日托中心等抚育儿童成长的小系统之间的相互关系。布朗芬布伦纳认为，微观系统之间相互联系、相互影响。如果微观系统之间能够产生较强的积极联系，就可能实现发展的最优化。反之，微观系统间的非积极的联系则会带来消极的后果。② 例如，儿童在家庭中与父母的相处模式会影响到他在学校中与同学的相处模式。如果在家庭中儿童总是占有对食物分配的优先权和玩具的独享权，那么一旦在同伴群体中享受不到这种待遇就会觉得不适应，心理上会产生极大的失衡感，难以与同伴建立起亲密的友谊关系。③

外层系统是指对个体发展间接产生影响的外环境条件，即个体并未直接参与但仍会对其发展产生影响的系统，如父母的工作环境、社区内的医疗服务等。在同

① 刘杰，孟会敏．关于布朗芬布伦纳发展心理学生态系统理论[J]．中国健康心理学杂志，2009，17(2)：250-252．

② 刘晓倩．生态系统视角下农村幼儿教育现状与思考：以山东省 L 村为例[D]．济南：山东大学，2015：13．

③ 刘杰，孟会敏．关于布朗芬布伦纳发展心理学生态系统理论[J]．中国健康心理学杂志，2009，17(2)：250-252．

心圆中，它位于中间系统的外圈。对于儿童而言，外层系统虽并不直接与儿童发生关系，但它对儿童所产生的间接影响巨大。例如，父母的工作内容、工作态度可能会影响到父母与儿童的情感关系，家长在工作上承受的压力使得他们难以花费更大的时间和精力去满足儿童的需要，从而对儿童个体发展产生影响。

同心圆模型的最外层是宏观系统，也称为大系统。宏观系统是指较大的文化背景，如社会文化环境，更主要反映在意识形态方面，由文化、行为准则、道德规范、法律等影响和支持儿童发展的因素组成。例如，不同国家、不同文化的教育者在教育观念、教育内容及教育儿童的方式都是不同的，它们直接或间接地影响着个体的发展。

三、社会生态系统理论对幼儿园教育的启示

幼儿园教育是国民教育体系的重要组成部分，是一项复杂的社会工程，幼儿园各项工作的正常运转单靠自身力量难以完成，必须动员家庭、社区、政府等社会各方面力量参与，同时还要进行有效整合，使幼儿园教育生态系统保持良好的动态平衡。

（一）密切微观系统的内部联系，构筑幼儿园生态系统的第一道防线

教育部2001年印发的《幼儿园教育指导纲要（试行）》（简称《纲要》）指出：“幼儿园应与家庭、社区密切合作，与小学相互衔接，综合利用各种教育资源，共同为幼儿的发展创造良好的条件。”由此可以看出，与家庭、社区、小学等微观系统的密切合作是构筑幼儿园生态系统的重要前提。其一，幼儿园应积极建构相互支持、相互尊重的参与式家园关系，多渠道、多方式创设家园互动平台，调动家长参与幼儿园管理的积极性，引领家长树立科学教育观念。其二，幼儿园也应加强与微观系统中的其他方面，如社区之间的合作共育，充分挖掘和利用社区资源，共同构筑幼儿园生态系统的第一道防线。其三，幼儿园与小学之间应加强沟通，增进了解，搭建通往彼此的桥梁，帮助幼儿顺利完成幼小之间的过渡。

（二）妥善处理微观系统之间的关系，构筑幼儿园生态系统的中间防线

中间系统主要通过影响微观系统内的各要素进而影响幼儿园教育质量。如果各要素关系处理不当，则会因此产生生态关系危机。平衡幼儿园教育中间生态系统，关键是要处理好两大关系：向内表现为幼儿园教职人员与家长的关系，向外表现为与姐妹园及小学之间的关系。一方面，幼儿园教职工应加强与家长的沟通，用扎实的专业知识、平等谦逊的态度让家长信服。另一方面，在处理姐妹园与小学关系的问题上，幼儿园应虚心向姐妹园学习，优势互补，资源互换，带动整个幼教界共

同进步。此外,与小学之间保持良性的互动关系也有利于激励幼儿园教育的改革与创新,在机遇与挑战中构筑起幼儿园生态系统的中间防线。

(三)重视外在系统的间接影响,构筑幼儿园生态系统的外层防线

幼儿园生态环境的外在系统是指对幼儿园发展不直接产生联系,而是间接造成影响的环境因素。其中最重要的因素就是幼儿园与社区之间的关系。在现代信息化社会中,幼儿园与社区、媒体之间的关系已逐渐成为幼儿园发展的重要影响因素。幼儿园区域活动中常见的医院、超市、银行等生活场景,就是社区对幼儿园影响的直观体现。幼儿园与社区从本质上看是一种双向支持的关系,幼儿园为社区提供开放的教育资源或教育咨询,社区内的物质文化和精神文化也在一定程度上为幼儿园教育活动的开展提供便利,为幼儿园的发展提供和谐温馨的外部环境。因此,如何充分挖掘和利用社区资源,依托社区,服务社区,对于幼儿园生态环境的构建至关重要。

(四)关注宏观系统的大环境作用,构筑幼儿园生态系统的全面防线

幼儿园是社会大系统的一部分,势必会受到社会大环境的影响。社会文化、价值观、道德规范、法规政策等都对幼儿园提出了宏观要求,比如幼儿园必须坚持保教结合的原则,坚持以游戏作为基本活动等。这些宏观要求虽然看似笼统,操作性不强,却为幼儿园指明了大方向,也给予幼儿园自主发展所需的空间。因此,幼儿园的发展必须符合所在社会宏观系统的要求,时刻关注宏观环境的变化,向着正确的方向前进。

第三节　从教育生态到生态教育:生态环境的构建

教育生态学是一门新兴的交叉学科,为幼儿园教育的发展提供了新的视角。近年来,我国幼儿教育在发展的过程中虽然取得了长足的进步,但仍存在着一系列不可忽视的问题,其中一些问题的出现与教育生态的观念缺乏息息相关。幼儿园教育是幼儿成长的重要组成部分,幼儿园教育的优质发展需要用教育生态的观点去研究,深入分析幼儿园生态系统中的各项系统要素,从而确立开展幼儿园生态教育的基本策略。幼儿园只有在教育生态基本精神的指导下,通过多方的协同努力,才能构建起良好的教育生态,切实提高学前教育质量。

一、幼儿园教育生态的基本思想

（一）整体观

生态学的整体观是生态教育思想的基础。生态学把自然当作一个相互联系的整体而不是一系列独立的部分来研究，这也是生态学的主流观点。在生态学的视野中，没有孤立的存在，整个自然都是一个唯一的不可分割的统一体。① 生态就是"关系"，这种关系是整体中的相互依赖、相互联系、相互制约、相互影响。② 教育生态学延续了生态学的整体论和系统论思想，将对教育产生影响的因素看成一个完整的系统，系统内各个部分之间是相互影响和谐统一的。

因此，在幼儿园教育生态系统中，教育目标的确立、教育内容的选择、教育活动的实施及环境的布置之间是一个不可分割的整体，共同对幼儿的发展产生影响。此外，还应体现以幼儿为本的观点。

（二）平衡观

生态学的平衡观认为，在一定空间里，生物和环境是一个统一的整体，两者之间相互影响、制约，并在一定时期内处于动态平衡状态，且这种状态相对稳定。教育生态平衡同样如此。幼儿园教育生态平衡是指教育系统的综合平衡、运行高效、功能优异及其与社会环境的良好协同。③ 坚持教育的动态平衡是教育发展必须遵循的一条基本原理。幼儿园教育生态的平衡性首先体现在微观系统中教师、幼儿与环境等各因素之间，通过信息传递、物质供给、能量流动等方式达到一个相对稳定平衡的状态。从平衡性角度来看，幼儿园教育要想实现师幼之间的互利共生、和谐共进，需要更加注重对教师、幼儿、环境，以及各因素之间的相互影响的研究，使之达到动态平衡状态。④

（三）联系观

生物学中关于食物链的研究揭示了各种生命形态之间存在着完美的链条；自然界的食物链有成千上万个，它们构成一张相当复杂的纵横交错的"食物网络"，所

---

① 沃斯特．自然的经济体系：生态思想史[M]．侯文蕙，译．北京：商务印书馆，1999：40-41、167、494．

② 徐湘荷．生态教育思想研究[D]．济南：山东师范大学，2012：48．

③ 王素玲．教育生态观与教育生态化：我国高等教育发展的新思路[D]．合肥：合肥工业大学，2006：11．

④ 衣宛霞．生态学视角下幼儿园安全教育研究[D]．沈阳：沈阳师范大学，2016：22．

有的生物都是网络之结，它们之间相互依赖、相互影响、相互制约。① 类似这样的联系不仅存在于生物与生物之间，同样存在于人与自然之间。人的生存是由自然来维系的。……我们与地球联系紧密、息息相关、忧喜与共。② 这都是生态学联系观的体现。生态学认为世界是普遍联系、不可分割的，在相互影响中得以发展。生态学的联系性体现在教育领域主要表现在教育活动中的人、事、物之间的相互作用与影响中，主要涉及幼儿的学习与发展、教师的教学行为、环境的创设及三者之间的相互联系。

二、教育生态观下幼儿园环境创设的基本思路

幼儿园生态环境教育作为一种有准备的教育环境，是重要的教育资源，在幼儿思维能力、想象能力和创造能力的培养、语言表达能力的发展、社会交往能力的提升等方面具有重要的价值。当前幼儿园环境创设标准在与幼儿发展的适应与探索过程中，不可避免地存在着忽视幼儿真实的兴趣和感受、忽视真实活动情景的创设、忽视幼儿活动过程中的体验与情感流露等缺陷。从生态学视角来看，当前幼儿园环境创设主要存在缺乏对环境与儿童发展关系的科学认识、忽视环境创设中的幼儿参与、没有充分利用园外生态教育资源等问题。③ 为此，幼儿园生态环境的创设应以幼儿为本，以课程为导向，重视幼儿多种感官参与，同时注重园内与园外资源的有机整合，在动态发展的过程中支持和促进幼儿的全面发展。

(一)注重幼儿园生态环境的系统性、整体性与和谐性

好的幼儿园环境创设，是一个系统，从户外环境到室内环境，从环境布置到班级设定，都具有内在系统性和整体性，且有着丰富的教育内涵。当前，大部分幼儿园在某种程度上仍然过于注重园舍建筑、园内绿化、家具陈设等物质环境的创设，而缺乏对幼儿园园风、园貌、办园指导思想、工作作风、人际关系及情感氛围等核心文化内容的关注。④ 教育生态背景下的幼儿园环境创设要与生态系统的特点相适应。生态系统以整体和联系、系统和平衡为基本思想，因此，幼儿园生态环境的创设也应体现系统性、整体性与和谐性相统一的原则。首先，幼儿园的办学理念与教

① 徐湘荷.生态教育思想研究[D].济南：山东师范大学，2012：49.

② 康芒纳.封闭的循环：自然、人和技术[M].侯文蕙，译.长春：吉林人民出版社，1997：8.

③ 李林烛，刘一春.生态学视野下幼儿园环境创设的理性回归[J].中华女子学院学报，2019，31(1)：105-110.

④ 李亚娟，于海燕.生态学视域下幼儿园环境创设实践的解读[J].上海教育科研，2012(12)：84-86.

师的教育观念要体现生态教育的理念，幼儿园的课程体系构建与教育活动的设计也应与生态理念相协调。其次，幼儿园的整体环境设计、室内外活动场地、公共活动区及活动室的设计也要体现协调统一的原则，以此提升幼儿园环境创设的整体和谐性。

（二）幼儿园生态环境的创设应因地制宜、因园制宜

幼儿园生态环境的创设不仅要结合幼儿园所在地区的自然生态环境特点，因地制宜，同时应依据幼儿园自身的园所特点和资源，因园制宜。在环境创设的过程中，幼儿园可以结合所在地区的风土文化，充分利用当地的气候环境、特色资源及民俗风情等条件，引导幼儿发现家乡自然生态环境的特点，激发幼儿对家乡生态文化的认同感与自豪感。

（三）发挥幼儿的主体性，引导幼儿参与到环境创设中来

陈鹤琴先生认为，通过儿童自己的思想和双手布置出来的环境，可以使幼儿对环境中的事物认识得更加清晰，也更加爱护。幼儿是在与环境相互作用的过程中实现自身发展的。然而，在幼儿园环境创设的过程中，还存在忽视幼儿主体性发展的问题，包办式、注入式、定型式现象依然存在。这反映出教师对环境创设的主客体关系、“环境为谁创设”及“怎样创设环境”缺乏清晰的认识。教师往往站在“我应该怎样布置”的角度，过于追求成人要求的完美，而忽视了孩子的想法。还有些教师把幼儿参与环境创设简单等同于作品展示，认为把孩子的画、孩子的手工作品贴到墙上，既省时省力，孩子和家长也一定会喜欢。殊不知，这样的作品展示毫无意义，不能起到促进孩子与环境互动的作用，教育的过程性难以体现，也违背了环境育人的基本理念。因此，幼儿园室内外的环境创设也应以幼儿为主，充分体现幼儿的主体性。教师可以引导幼儿参与幼儿园室内外环境材料的选择；组织幼儿参与环境创设与制作的过程，并鼓励幼儿自己动手操作，发挥幼儿的主动性和创造性，亲身体验创设环境的乐趣。譬如，在制作墙面吊饰的过程中，让幼儿体验各种材料的特性，自主设计自己所感兴趣、想表达的作品，这样不仅可以提高幼儿布置环境的积极性，也有利于教师实现寓教于乐的教育目标。

三、教育生态观下幼儿园生态环境的建构

加强幼儿园生态环境教育是养成公民环境意识的关键一环。幼儿园生态环境教育不仅是幼儿园的责任，更需要家庭、社区及政府部门等各方面的配合，多方合作，共同为幼儿园教师开发生态环境教育课程营造有力的支持型环境，唯有如此，幼儿园生态环境特色课程才能切实形成特色。

(一)确立生态和谐、可持续发展的教育目标

教育生态主义的整体观认为,课程目标的设置应体现整体性,在人与自然、社会的有机融合中促进幼儿情感、态度、价值观、知识与技能等领域的和谐发展。情感、态度与价值观是个体意识倾向性的表现,属于德育范畴。我们要培养学生与自然、社会、文化、自我的和谐共处,培养学生对整个生态系统的责任感,这是课程目标的重要内容。①

幼儿教育作为人生发展的奠基阶段,以培养幼儿初步的生态环境保护意识、养成基本的生态道德习惯为主要任务。幼儿教师可以根据幼儿身心发展的不同特点,从幼儿的实际生活出发,设计、组织和实施活动。例如,教师可以在活动室内设置小动物饲养角、自然观察区等,引导幼儿观察动植物的生长规律,让幼儿在与自然的亲密接触中感受人与自然的关系,促进幼儿生态意识和环境保护态度的和谐发展。

知识是人们在长期社会实践活动中对获得经验的概括和总结;技能是由个体通过练习形成的、顺利完成某项活动必需的完善的动作方式或心智活动方式。从生态主义的视角看,知识与技能的和谐发展应该建立在幼儿对自然科学知识、人文科学知识和社会科学知识全面了解的基础上。幼儿园可以通过各种形式的户外活动,借助大众传媒,引导幼儿获取各个领域的知识。例如,在开展以"水"为核心的主题活动时,教师可以引导幼儿认识水是透明的、无色无味的;也可以与被污染后的浑浊的水做对比,让幼儿思索"水为什么会变脏""如何防止水的污染"等问题。这种主题活动既丰富了幼儿的自然、社会与人文科学方面的知识,又在潜移默化之中进一步培养了幼儿的生态意识,实现情感与态度、知识与技能多重目标的有机统一。②

(二)选择多样化、整合性的教育内容

生态主义世界观认为,我们生活的世界是一个联系日益密切的整体,我们应该以联系、系统的观点来看待人与自然、物与我等方面的关系。我们把知识划分为学科、单元、课,然而幼儿往往不理解学科之间、学科中的事实之间的联系,或者学科与生活的相互关系。生态式教育以整体、联系为基本理念,从系统出发,强调各学科内容间的联系。课程内容的多样化、综合化现已成为教育改革的大势所趋。幼儿园教育不应只注重某一领域的内容,而更应该注意到多领域之间的共生关系。

根据生态式教育的观点,幼儿园生态环境教育也应是综合的,从整体到局部,

① 王牧华,靳玉乐.课程目标研究的生态主义解读[J].河北师范大学学报(教育科学版),2003(3):32-36.

② 张青青,王冰.幼儿园教育中的生态性体现[J].幼儿教育(教育科学版),2007(5):19-21.

让幼儿了解认识事物之间的相互关系，构建一个大致框架，然后再局部对号入座。具体来说，如以“交通工具”为主题，可以发散开来，让幼儿了解能源、人、资源、不同的职业等。设计多次相关活动，培养幼儿的整体思维，以一带多，从中心辐射开来，构建一个内容生态网，从而使幼儿整体地把握事物之间的关系。

幼儿园教育内容的多样化、综合性最早可以追溯到20世纪二三十年代陈鹤琴先生提出的“五指活动”。陈鹤琴先生以单元教学法为组织形式，将健康、社会、语言、科学、艺术五类活动作为一个整体，在活动的整合过程中消除了学科界限。这种整合性的教育内容以儿童的经验为主线，既强调各领域间的有机渗透，也强调认知、情感、技能等目标的融合，强调在整合活动中促进幼儿的发展，实现人与自然、社会、文化的和谐统一，符合教育生态的理念。

（三）采用多元开放、灵活多变的组织形式

多样化、整合性的教育内容为幼儿在活动过程中的自我发展提供了可能，但这种可能性的实现还需要幼儿园生态系统中的其他环境因子发挥作用，包括幼儿园环境、幼儿同伴群体、幼儿园教职工人员等。

例如，自然环境作为外部因素只能对幼儿发展产生间接影响，但通过教师的引导，使其了解自然的运行规律、多重变化，可以为幼儿打开倾听的大门，让幼儿体验不同的感受，明白生命的哲理。当然，同伴和幼儿园其他人员也是影响幼儿成长的重要因子，他们通过多维度的交往，互动与合作，使幼儿获得全面而丰富的发展体验。①

学前儿童发展心理学的研究表明，幼儿的好奇心和求知欲非常强烈，但由于身心发展水平的限制，幼儿注意力的稳定性不强，专注度不够，做事往往只有三分钟热度。生态系统作为一个复杂多样的系统，处在该系统中的各因子都会受到其他因子的影响，并且这种影响的途径和手段更是多种多样。

（四）创设支持性的幼儿园外部环境

幼儿园生态环境的建构并不仅仅是幼儿园一方的责任，要重视与社区、其他幼儿园及专家、高等院校的合作，加强幼儿园外部环境的支持力度，为幼儿园生态环境的建构营造一个支持型的氛围。

幼儿园要创设支持型的生态教育外部环境，一方面要与家长和社区密切联系，充分利用幼儿园所在社区的生态资源。另一方面，还要与同行专家、科研院所和高等院校建立信任关系。针对存在的问题，幼儿园应主动寻求专家、科研院所的意见；对于其他幼儿园、专家和高等院校的研究需求，也应尽量满足，为其提供生态环

① 李彬，徐丽娟．教育生态学视域下的幼儿园课程建构[J]．桂林师范高等专科学校学报，2019，33(3)：146-149.

境理论实践的机会和场地，实现优质资源的互补与置换，例如建立生态环境教育的试验基地。通过多方合作，采集、整合生态环境教育的相关资料，把幼儿园建成生态环境教育的资源库，为幼儿园生态教育的开展提供源头活水。

（五）提升教师生态教育特色课程的开发水平

幼儿园生态课程的开发与实施，关键在于教师。只有先唤醒幼儿园教师生态环境课程的开发意识和提升幼儿园教师的课程开发能力，才能让幼儿园生态教育课程的开发落于实处。

要提升幼儿教师的课程开发水平，首先，要安排生态教育的课程培训。以生态环境特色课程开发为培训主题，邀请课程专家进行现场指导，通过专业和系统的培训，来提高教师对生态环境问题的认识能力。其次，成立幼儿园生态教育课题组，培养生态环境特色课程骨干教师。组建生态教育环境研究小组，让教师真正成为园本课程开发的组织者和引导者，不仅可以提升教师生态环境课程的开发意识，而且有利于调动教师开发特色课程的主动性和积极性，以此促进幼儿园教师特色课程开发能力的整体发展。

第二章 幼儿园生态教育的特征

第一节 幼儿园生态教育的主体性

一、生态教育中儿童主体性的概念

当今社会，部分幼儿在家长的过度保护和不正确教育之下逐渐呈现"塑料化"发展态势，即在脱离大自然、脱离自身发展水平下"不健康"地生长。党的十九大报告指出，我们要加快生态文明体制改革，建设美丽中国。目前我们国家正致力于建设人与自然和谐相处的现代化社会，学前教育发展也应该顺应趋势，在生态教育的引领之下积极建设有利于幼儿可持续发展的教育。①

生态教育包含两层意思。第一，指在教学活动中有组织、有目标地向学生传授自然生态的思想，这种意义上的生态教育，是让学生在生态教学活动中了解生态现象，认识生态，学习生态知识，掌握生态技能，是学生主动认识大自然、探索大自然的过程。第二，指目前生态学的教育观点，在教学活动中克服向学生灌输知识、死板教学等一系列落后教育观念，从而产生符合现代化教育理念的新型教育观念。②幼儿园教学中的生态教育是指生态教育在幼儿园的一日活动中充分展现。生态教育在幼儿园的推广可以使幼儿了解生态知识，感受生态环境，在生态中自然发展。

① 黄子熠."活教育"思想下对幼儿园生态教育的思考[J].基础教育参考，2020(11)：68-70.

② 侯波，周稽裘.生态教育视野下高职教育的课程改革[J].职教通讯，2006(6)：34-36.

最重要的是幼儿园的生态教育可以使幼儿保持其主体性，在符合其身心发展水平和符合规则的条件下，幼儿可以自主选择其感兴趣的领域，通过主动探索、发现、感悟来了解生活和世界，主动促进自身发展水平的提升。

古希腊哲学中最早提出的主体性思想，是传统的西方哲学的基本思想之一，这一思想在近代得以确立。很多教育家、哲学家都曾从多方面对人与其主体性进行分析，例如笛卡尔的“我思，故我在”、康德的“人为自然立法”等。马克思认为主体性生成的最重要依据便是社会的实践活动，他从社会实践的角度来谈论人的主体性发展。人和自然如何统一呢？通过实践。人类通过社会实践与大自然、社会互相联系，产生关系，从而成为自然的、社会的还有自我的主体。① 第二次世界大战之后，有更多的学者针对人的主体性发展问题进行了进一步的调查研究，诸如布鲁姆的“掌握学习”理论、布鲁纳的“发现法”和“学科结构”理论、赞可夫的“教学与发展”实验等。诸多关于主体性的理论大都强调要积极发展学生的自主性、创造性、能动性，促进教学过程中的民主与个性化发展。20 世纪 80 年代，我国的教育学者开始强调学生的主体性，强调学生学习过程的主动性，并以此提出“教师主导，学生主体”的概念，也开始深入研究学生主体性发展的问题，例如吴永熙的“主体性教学与素质教育”研究、裴娣娜提出的“发展性教学与学生主体性发展”理论等。

针对幼儿的发展，思维意识的独立性培养是幼儿发展阶段中重要的一部分。只有具备独立的思维意识，幼儿才能自主独立地观察、学习和思考，并积极地发挥自己的主动性，对周遭世界及发生的事件进行思考，展开行动，进而认识和改变世界。因此，独立性是幼儿可以认识社会、了解社会、在社会中学习并发展创造力的基础，也是培养幼儿主体性的重要组成部分。

综上所述，幼儿作为社会主体，其本质属性便是幼儿的主体性，包括自然性、独立性、主动性、创造性这四个基本方面。在教学活动中我们可以将幼儿的主体性概念具体地定义为：在自由自在、充分放松、友好和善的教育环境下，教师通过对幼儿的启发与引导，满足幼儿本能及其内在的需求，促使幼儿独立地、主动地、积极地参与到游戏活动中，并促使幼儿以想象、创造的方式主动搭建幼儿及成人社会。② 据此，生态教育的幼儿主体性可以界定为：幼儿园的生态教育要以幼儿为发展中心，围绕幼儿的发展水平与认知水平展开活动。在幼儿园生态教育中幼儿占主体性地位是促进幼儿了解基本生态知识与自然环境，促进幼儿健康成长的基本条件，也是

---

① 和学新.主体性教育视野中的主体性内涵、结构及其存在形态[J].教育理论与实践，2004(17)：5-8.

② 袁洁，高振宇.构建儿童主体性发展的精神家园：儿童哲学的探索与实践[J].陕西学前师范学院学报，2018，34(10)：5-10.

促进幼儿心智发展，提升幼儿好奇心与创造力的有效途径。

二、学前儿童主体性的四个维度

（一）从“一板一眼”到“自然流露”：自然性的抒发

在传统的幼儿教学过程中，教师往往会根据活动目标与活动设计施教，可能会因没有全面观察幼儿从而忽视个别幼儿的特点。幼儿之间认知发展有一定的差距，若教师没有充分掌握幼儿身心发展水平的情况，个别幼儿可能在练习过的情况下还是不能紧跟教师的思路，无法完成课堂要求。幼儿教师在课堂上提出的问题会充分调动幼儿的好奇心，引导幼儿积极主动探索答案。传统的或者缺乏经验的教师往往会直接告诉幼儿答案而不去引导、不去提问，这通常不利于幼儿的好奇心与独立思索能力的发展，逐渐使课堂失去活力，对幼儿身心发展产生消极影响。教师要注重幼儿在课堂上思维发散的过程，注重幼儿自然真实流露自己想法的过程。从“一板一眼”的课堂到“自然流露”的课堂的转换过程，是促进幼儿自然发展的生态教育过程。

（二）从“帮我做”到“我自己做”：独立性的提升

独立性需要从小培养，是对人的发展具有重要意义的品质。具备良好的独立性是幼儿适应社会生活的基础，也是日后身心健康发展的基础。这里的独立性不仅指生活上的独立，还指幼儿具备独立思考的能力。随着现代社会的发展，面对“4＋2＋1”的家庭结构，许多幼儿失去了独立探索的机会，家长、老师包揽一切，使当代幼儿越来越缺少“独立”的能力，缺少独立发展精神世界的可能性。

幼儿园生态教育更应该注重培养幼儿的独立性，教师在日常教学活动中应加强幼儿在这方面的认识。首先，在幼儿园中，教师可以鼓励幼儿自己完成盥洗、吃饭、午休、穿衣、脱衣、上厕所等，从日常生活的小事开始培养幼儿的独立性。其次，在课堂活动或游戏活动中，教师可以鼓励幼儿积极思考，自主地完成游戏任务，以提升幼儿的独立思考能力。日积月累，幼儿便可潜移默化地提升自己的独立性。

（三）从“教师课堂”到“幼儿主动探索的课堂”：主动性的发展

我们所了解和接受的传统教育活动或家庭课后活动中，幼儿所获得的独立思考的机会并不多。幼儿园生态教育要求教师要积极与幼儿进行交流沟通，引发幼儿主动思考。以绘本课《天生一对》为例，教师问：“看这四张图，请小朋友们两两组合，看它们是如何配对的？”面对苹果、大树、电脑、卡车四张图片，幼儿往往会说出意想不到的答案。传统的答案是“大树上长苹果，卡车可以运输苹果或者大树或者电脑”。但是面对教师的开放性提问与引导，有的小朋友说“可以将电脑与苹果联系起来，因为有苹果牌电脑，也可以在电脑上买到苹果”，也有小朋友会说“我们可以在电脑上网购，买到其他东西，卡车可以运输其他三样东西”。学龄前儿童的学习并非通过记忆大量的抽象符号来进行，其发展是通过体验来实现的，幼儿园开展教育需要以儿童为主体，激发儿童主动性，要强调人与自然、社会之间的和谐共存。①

（四）从“教师为幼儿提供解决问题的办法”到“幼儿可以自己解决问题”：创造性的提升

随着经济社会的快速发展，许多家长被“赢在起跑线上”这句话“吸引”，于是，家长会选择向孩子灌输许多与其身心发展规律不相符的知识，用许多类似于“你应该”的标准裹挟幼儿。长此以往，生活在这样环境下的幼儿会很快地丧失其创造性与好奇心。幼儿园的生态教育要求教师时刻发现和保护幼儿的创造能力，引导幼儿进行创造性思考，主动提出解决问题的方法。以数学活动课“测量树的高度”为例，幼儿就在教师的引导下，主动思考出了很多解决问题的方法，例如“将气球放到和树同样高的位置，测量气球线的长度就可以了”“还可以将树和影子的长度做比较”“可以用梯子爬上去测量树的高度”等许多具有创造性的回答。美国儿童哲学促进协会（IAPC）文本中也向大家展示了许多极具创造性的活动，例如角色扮演、木偶戏、搭建游戏等都可以为教师提供借鉴。② 幼儿园生态教育也要求教师可以通过多种游戏活动、教学活动在一日生活中发现、培养、促进幼儿的创造能力，从而促进幼儿健康可持续发展。

三、幼儿园生态教育中发挥儿童主体性的途径

（一）增强幼儿园生态教育实施中的安全意识

幼儿安全问题是幼儿园发展的重要环节之一，幼儿园安全工作的落实也进一步为幼儿健康快乐发展提供了保障。所以，在幼儿园实施生态教育活动的过程中，幼儿教师也要重点关注幼儿的安全问题。幼儿园在进行生态教育活动尤其是户外活动时，一定要及时与家长沟通，征求家长的同意，并要求家长给幼儿准备适合的户外活动装备。同时，对如何保证幼儿在户外的安全这一问题，幼儿园可以积极借鉴丹麦、德国等国外森林幼儿园的案例。例如，丹麦的森林幼儿园会提供非常详细的风险管理措施。大自然的森林中会存在各种各样的危险与不确定性，幼儿教师

---

① 黄静．生态体验视域下的幼儿园德育[J]．学前教育研究，2020(7)：93-96.

② 高振宇．儿童哲学论[M]．济南：山东教育出版社，2011：22，127，139.

会提前通过危险评估掌握处理危险情况的措施，以保证幼儿可以安全、顺利地进行活动。所以在带领幼儿进入森林进行教学活动时，教师会携带相应的风险评估表、危险确认表、控制行为表等资料。同时，教师还会邀请幼儿参与对危险情况的辨别与解决的谈论，积极引导和鼓励幼儿发表自己的看法，这在一定程度上也会加强幼儿的安全意识，可以进一步保护幼儿的安全，促使活动顺利开展。①

幼儿园生态教育的开展需要多种多样的户外活动来支撑，要紧紧抓住幼儿主体性这一核心内涵，引导幼儿主动体验、尝试、创造与发现。幼儿园可以充分利用幼儿园的户外区域和周边区域，为儿童创造可以自由跑跳的活动范围；同时可以在保证安全的前提下，为幼儿提供丰富的自然材料，幼儿可以展开丰富的想象力，与同伴一起搭建自己的理想活动区域，在良好的生态教学活动中进行锻炼与发展。

（二）实施途径与大自然教育息息相关

其一，幼儿园的环境创设要与大自然教育息息相关。幼儿园环境创设包含室内和户外两个部分。幼儿园的户外生态教育活动应该和自然相联系，所以整体的环境创设主题也要跟生态自然息息相关，不仅要展现大自然的生物多样性，还要体现幼儿园班级的生态文化。例如，教师在进行室内环境创设时，可以增加一些生态因素如绿植、插花、动物标本等。教师也应该利用环保的废弃材料，带领幼儿动手进行环境创设，与幼儿共同创设属于自己班级的生态文化；教师在进行户外环境创设时，也应坚持凸显生物多样性与绿色环保的原则，为环境创设注入大自然的因素，打造一个具有幼儿园特色的生态环境。但是环境的创设不仅仅局限于罗列自然植被与花草等，幼儿教师应该把握让幼儿通过环境创设能有所发现、有所认识、有所想象这一基本活动准则，去打造一个特色且蕴含丰富内容的幼儿园生态环境。

其二，课程设置与大自然息息相关。课程是教育的载体，幼儿园中生态教育课程是幼儿园生态教育的载体，以幼儿为中心展开，充分体现幼儿主体性。课程的设置可以以生态、自然、生物等为切入点，使幼儿通过课程设置可以充分简单了解生态。例如：教师在给幼儿讲述常绿树和落叶树的概念时，可以先通过课程让幼儿对常绿树和落叶树有一个基本的了解，然后可以作为课程延伸把幼儿带进自然中让他们自己探索寻找常绿树和落叶树，通过启发与提问，让幼儿主动发现有关常绿树与落叶树的相关知识；教师还可以抓住“植树节”这种与保护环境相关的节日，以此为主题开设课程，激发幼儿对生态环境产生更多的好奇心进而更充分地了解生态。在生态教学结束后，教师们也应该针对教学活动的问题与收获展开交流分享，及时地反思活动，总结经验，幼儿教师可将这些经验整理成册，逐步演变成幼儿园特色

① 阳思思. 亲自然教育实践的分析研究——以欧洲森林幼儿园为例[D]. 宁波：宁波大学，2019：18-20.

的体系的生态教育课程。①

其三，田园课程与田园生活体验紧密结合。田园课程就是感受自然的课程，田园课程的开设让幼儿深入田园生活，以此来感受、探索、发现大自然的美好。在幼儿园田园课程的教学过程中，教师通过播放田园生活的视频、带领儿童阅读田园生活绘本等活动来增加幼儿对田园生活的好奇心与想象力，然后在保证幼儿安全的前提下，带幼儿进行实际操作。例如，幼儿园可以在户外开设班级小菜园、小花圃等，从松土到播种再到浇水、施肥等让幼儿亲自动手操作，幼儿感受大自然中一草一木的来之不易，从而激发他们保护环境、爱护生态的良好意识。田园课程，是当今倡导人类保护环境的有效措施之一。让幼儿在学习中真实地感受到田园播种和呵护的不易，重视到环境需要时刻去观察，去保护，更加明白生命绽放时的美好与伟大。②

（三）幼儿园生态教育的评价策略

其一，幼儿园生态教育评价手段要丰富。幼儿园生态教育的实施途径十分广泛多样，幼儿教师应注意保留在生态教育活动实施过程中的资料，包括图片、视频、幼儿作品、教师教案及评价反思等。幼儿教师应该利用这些资料，了解幼儿在生态教育中的进步与发展，并记录幼儿成长过程。同时，在进行教育评价的过程中，教师和幼儿可以同时对以往学习进行一定程度的回顾与情景再现。教师可以以此进一步了解自己在活动中的不足；幼儿也可以通过观察自己以往的行为来主动反思自己，从而有目的地学习与发展。

其二，基于生态教育过程，强化生态教育结果，充分考虑幼儿在幼儿园生态教育中的主体性。因为幼儿生理心理的发展是可持续的发展，所以我们不仅要考虑到幼儿园生态教育的评价结果，也要充分重视幼儿园生态教育的评价过程。幼儿园生态教育过程的评价有利于加强我们对幼儿园生态教育实施过程的思考，便于教师更好地基于儿童主体性特征实施幼儿园生态教育的内容，以此促进幼儿健康可持续发展。同时，幼儿园生态教育过程的评价是对幼儿园生态教育的及时反馈，教师以幼儿为主体，充分发挥幼儿的主动性，在教育过程中对幼儿进行适当的引导与鼓励，以此来增强幼儿对生态教育活动的兴趣与参与度。例如，在每次的活动结束时，教师可以组织幼儿一起讨论分享，主动说出自己在活动过程中的发现与想法。同时，教师还可以组织生态活动之后的美术活动，引导幼儿画出自己的探索发现与想法，并及时给予幼儿奖励。这种持续改进生态教育过程的发展将生态教育

---

① 黄子熠．"活教育"思想下对幼儿园生态教育的思考[J]．基础教育参考，2020(11)：68-70.

② 张艳姝．生态教育理念下幼儿园田园课程的探索[G]//华南教育信息化研究经验交流会论文汇编(八)．福建省商贸协会，2020：396-398.

过程视为一个可持续发展过程，教师要积极引导幼儿主动探索，观察大自然中的点点滴滴。

第二节　幼儿园生态教育的系统性

一、布朗芬布伦纳的生态系统理论

心理学家布朗芬布伦纳认为，发展个体应嵌套于相互影响的一系列环境系统之中，在整个发展的过程中，系统与整体相互作用并影响个体发展，由此他提出个体发展模型观点，这就是发展心理学中生态系统理论的重要组成部分。

在布朗芬布伦纳看来，自然环境是个体发展的主要影响源，这是脱离生态环境的实验室研究所忽视的，个体像俄罗斯套娃一样嵌套在对应的嵌套结构之中，同时受着直接环境和间接环境带来的影响。继班杜拉之后，他明确提出了环境影响理论。他的观点在一定程度上影响了这一领域思考问题的方式，人们不再单纯地考究遗传和家庭的影响，开始将眼光延展到环境的作用，这种环境效应在心理学界产生了重大的影响。

布朗芬布伦纳将生态系统分为四个系统，即微观系统、中间系统、外层系统和宏观系统。微观系统是指环境层次最里层的部分，这一层与个体的发展息息相关，直接影响着个体心理成长。在很多情况下微观系统里指家庭因素，大多数幼儿依从于家庭成员的影响，父母的生活作风、家庭的生活氛围对幼儿的身心成长始终有着潜移默化的影响。当孩子走进校园，对他影响最大的微观系统自然就变成了校园环境，校园生活是学生群体世界观人生观的形成时期，恰逢青春期是个体独特风格的形成时期，良好的学校风气才会被争相追捧。随着个体的不断成长，他的微观环境也扩大，各方面的环境影响自然随之增大，这便是发展心理学之“发展”。

但是值得注意的是，布朗芬布伦纳认为，这一阶段的个体发展影响是相互的，即个体成长受环境的影响，同时对环境有一定的影响，并且这种影响会随着个体微观环境的扩大而缩小。比如哺乳期的婴儿成长依赖母亲，受母亲的影响，但他也会通过哭泣、寻求食物等反应来影响母亲的行为，我们称之为环境效应的双向性，这种双向影响经常发生时，会对个体成长产生持久的影响。随着微观环境的扩大，儿童会受到多方面的影响，当第三方影响介入时，上述影响的持久性会受到一定程度的冲击。当第三方影响为积极影响时，亲子关系会变得更加密切，反之便会遭到破坏。此外，布朗芬布伦纳的模型还包括时间维度和家庭生态系统理论。

布朗芬布伦纳的理论拓宽了心理学发展研究中的环境概念，使人们不再只专注于即时环境，研究讨论的视角延伸到儿童周围的环境与影响儿童发展的文化和社会环境。基于多重环境之基础，实验研究的内容将更加贴近真实，研究的结果也更加有意义。布朗芬布伦纳的四个系统理论，各自都有着紧密的联系，它们之间相互作用，影响着个体的成长。如儿童在学校这个微观系统受到委屈，可以到家庭系统去寻求慰藉，这又牵扯到父母的生活系统，与更多的外层系统形成了相应的联系。布朗芬布伦纳的生态系统理论将个体成长环境中的必然性和偶然性结合起来，强调个人成长的动态性，同时又推动了发展心理学的发展。

对于环境影响的过度注重，布朗芬布伦纳的生态系统理论有着显而易见的局限性。首先，他过分强调环境对个体发展的影响，虽然从一定角度上认同生物和环境的双重影响，但他的研究还是更加偏向于环境作用。受其影响，后世的心理学家也过多注重环境对个体发展的重大影响，足见布朗芬布伦纳有将环境对人的影响扩大之嫌。其次，对于环境影响的过度注重，这必然导致了其对生物影响的忽视。生物性即遗传对人类的影响，在环境和遗传哪一因素对个体发展影响更大的争论中，布朗芬布伦纳采取了折中的说法，在他生态系统理论的四个系统理论中，对于儿童发展的生物性影响也没有明确的论述。①

但是不可否认，布朗芬布伦纳的生态系统理论是认识发展心理学的前沿理论之一，他强调个体发展过程中与环境的相互作用，强调环境对儿童发展的影响，同时生态发展观进一步扩大了“环境”的概念，突破了以往心理学研究中存在的局限性，将环境看作一个动态的发展过程。虽然在现在的眼光看来，他的理论有着不可避免的局限性，但在当时对儿童发展的影响因素做出了更加全面的解释，在心理学发展的过程中有着不可估量的价值，值得我们进一步研究。

二、家庭、幼儿园、社会的教育合力

《纲要》中指出：“幼儿园教育要注意家庭和社会的密切配合，幼儿良好教育环境的构建，需要挖掘家庭、社区、大自然、社会中的各项资源，让这些成为活的教材，才更容易激发幼儿的综合学习能力。”使家庭教育的合力参与到幼儿园的建设中，让幼儿园在全方位的支持下得到更好的发展，这是幼儿园发展生态教育的重要组

① 刘杰，孟会敏．关于布朗芬布伦纳发展心理学生态系统理论[J]．中国健康心理杂志，2009，17(2)：250-252.

成部分。

(一)幼儿园"三位一体"教育的概述

学前教育的生态系统包含了各种因素，例如家庭、社区、幼儿园，还有与之相配合促使其运转的其他因素，这些因素之间相互作用，相互帮助，相互交织，从而构成了一个复杂的关系网。[①] 在这个复杂的关系网中，各种因素熟练配合，协同发展，不断地推动着学前教育的发展与进步。幼儿园教育中的合力主要是指幼儿园、家庭、社区之间的协作发展，通过自己的能力，配合其他因素促进幼儿发展。在三位一体的教育中，幼儿园、家庭、社区可以从不同角度为幼儿提供教育材料。同理可得，幼儿园的生态教育也要通过幼儿园、家庭、社区三位一体的教育，为幼儿发展提供教育材料与教育方式，共同促进幼儿更好的发展与成长。[②]

幼儿园三位一体的教育对幼儿教育的发展具有重要的意义。首先，幼儿不能离开周围的实际环境而独立存在，生活化是幼儿园对幼儿进行教育的基础，也是幼儿必须掌握的技能。幼儿教师需要通过引导，让幼儿在实际的环境中掌握生存所需要的各种技能。通过三位一体的教育，幼儿可以享受更丰富的资源配置，在含有丰富教育资源的环境中成长，获得物质、精神上的同时满足。其次，三位一体的教育可以使幼儿园、家庭、社区之间进行更好的合作交流，方便对幼儿进行生态教育。在全面的、实际的环境中，幼儿更容易被激发出创造力、想象力，幼儿的思维与认知及情感也会得到进一步的发展，这对幼儿的多元化发展及个性化发展具有重要的意义。再次，幼儿园生态教育也是幼儿教育中的一个有力手段，只有幼儿园、家庭、社区三位一体教育，才能激发幼儿的想象力与灵感，促进幼儿更健康地发展。综上，三位一体的教育对幼儿园生态教育的发展具有重要的意义。

(二)幼儿园"三位一体"生态教育模式的作用

首先，"三位一体"生态教育中最基础的便是家庭教育。广义的家庭教育是指家庭中父母或其他长辈有目的、主动地对子女进行教育。家庭教育的任务有两点：其一，在幼儿入学前，通过言传身教，对幼儿进行教育，使幼儿可以适应社会生活并具备一定的常识；其二，在幼儿入学后，家庭教育可以配合幼儿园对幼儿进行更好的教育，为幼儿的未来发展奠定良好基础。[③] 家庭教育作为幼儿教育的重要组成

---

① 王永峰，李勇. 生态化：社区学前教育模式的新视角[J]. 吉林省教育学院学报，2007(3)：12-13.

② 严菁菁. 三位一体教育视角下幼儿生活化艺术课程构建研究[J]. 考试周刊，2021(8)：167-168.

③ 陈利花. 对消除当前我国学校体育教育中性别歧视问题的若干思考[D]. 长沙：湖南师范大学，2006：24.

部分，在幼儿成长过程中发挥了重要的作用，许多幼儿的品行都受到家庭教育的影响。同时，家庭教育在幼儿生态教育过程中也发挥了重要的作用，保证了幼儿身体和心理的健康成长。

其次，幼儿园教育是"三位一体"教育中最主要的部分。幼儿园教育，从字面上理解，便是幼儿在幼儿园得到的教育，幼儿园是对三周岁及以上幼儿进行教育与保育的社会机构，是学校教育阶段的重要组成部分。幼儿园教育的目标是促进幼儿身心和谐发展。①

最后，家庭教育与幼儿园教育发展过程还需要社区教育的参与。社区教育展现的是全方位的教育，主动对社区的每一位成员进行教育，社区成员也会在社区接受潜移默化的教育。②

总之，在幼儿教育阶段，家庭教育、幼儿园教育、社区教育都发挥着各自的作用，只有幼儿园、家庭、社区三方联合起来，才能对幼儿进行良好的生态教育，才能充分培养、挖掘幼儿的能力，促使幼儿独立自主更好地适应社会生活，也可以更好地开发幼儿的创造力、审美能力，提升幼儿的认知发展水平，为儿童的发展打下良好的基础。

（三）"三位一体"教育视角下幼儿生态教育实施策略

首先，在幼儿园、实施良好的生态教育可以积极开发所在社区中的自然资源，通过挖掘自然资源，搭建积极向上的幼儿生态教育环境。在社区中集合了许多社会组织与社会集体，是宏观社会下的幼儿生长环境的缩影。在幼儿园生态教育中有效融入社区资源，一方面可以借助社区这个自然大环境，让幼儿在社区中探索自然、认识自然、发现自然，在自然环境中培养幼儿的想象力与创造力。另一方面，社区中的公益组织、志愿者与教育工作者们也可以为幼儿园开展生态教育提供有效的帮助，社区组织为幼儿园提供最新的生态教育成果，为幼儿园生态教育的发展提供良好的素材。例如，社区志愿者和教师可以带领幼儿到绿化林、图书角、美术角等地方参观玩耍，让幼儿积极主动地发现新事物，培养幼儿的好奇心与想象力及思维拓展能力。同时，社区还可以组织幼儿走进社区，观察社区。例如，幼儿教师、家长、社区志愿者等可以带领幼儿到社区的公园、花坛周边玩耍，让幼儿认识更多的花草树木和动物。幼儿教师还可以将课堂带进社区，教幼儿区分落叶林和针叶林，带领幼儿感受春夏秋冬的季节变化等。在社区丰富的环境之中，幼儿不断地发现

---

① 赵雅庆. 信息技术在幼儿园教育中应用的现状与对策研究——以天水市为例[D]. 兰州：西北师范大学，2014：4.

② 陈鹏，刘阳. 构建"三位一体"生态学前教育模式的策略[J]. 陕西学前师范学院学报，2016，32(10)：13-16.

新事物，实现自身经验的积累。

其次，要进行多元教学资源的整合，将生态教育贯穿课堂始终。家庭、社区、幼儿园共同为幼儿提供教育资源，有利于促进幼儿更加全面地发展。社区、家庭的教育资源丰富了幼儿的课堂内容。社区为幼儿园教育活动实施提供天然的场地和自然资源，幼儿园中有专业化的幼儿教师，两者结合，资源融合，既能促进幼儿在生态环境中健康发展，又能向社会提供合理的教育观念。幼儿教师在家园活动中向家长展示正确的教育观念，家长在家庭教育中也秉持尊重幼儿的原则对幼儿施教，家长与幼儿教师的友好交流不仅能促进幼儿在教育活动中得到更多的提升，及时掌握社会技能，还可以增强亲子关系，让家长与幼儿更加和谐相处。幼儿园中有相对完善的玩具教具与基础设施，将这些设施与社区的资源进行互换共享，社区居民享受到更多资源的同时也会主动对幼儿进行潜移默化的良好教育。诸如幼儿园可以邀请家长们一起参加户外活动或者亲子活动等。互动过程中也向家长传递正确的生态教育理念，家长与时俱进，配合幼儿园进行生态教育，促进幼儿的成长。幼儿和谐发展需要家庭教育、社区教育、幼儿园教育的和谐发展，幼儿园生态教育的发展也需要三者的和谐发展，它是社会发展对幼儿园提出的具体要求，也是创建幼儿和谐生长环境的重要内容之一。社会对幼儿园提出了具体的要求，为幼儿创建一个健康安全的成长环境便是其要求之一，幼儿园只有更好地融合社区教育资源，积极发展家园合作，与幼儿家长进行有效良好的沟通，提升家庭教育的质量，才可使幼儿在三力合育的作用下健康成长。

第三节　幼儿园生态教育的互动性

一、幼儿与环境的互动性

环境是教育活动中的一种重要教育资源，幼儿教师可以通过环境引起幼儿的兴趣，有效促进幼儿身心发展。幼儿园的环境创设、区角材料应该对幼儿具备一定的吸引力，有利于促进幼儿与其相互作用。幼儿教师创设可以互动的环境，幼儿在丰富的环境中体验生活，同时环境还具有教育作用，为幼儿提供了展现自己的场所。①

创设环境，即教师要探索幼儿与环境的互动性，教师需要创设温馨开放的环境，吸引幼儿参与的热情，鼓励幼儿自主学习，创设温馨物质空间，平等对话，可以营造良好心理氛围。而融入情景的空间，可以引发幼儿探究的欲望，利用有限空间，营造主题氛围，使环境随主题的扩展而丰富，明确环境创设的过程即是幼儿学习过程。创设目标物化的环境，提供支持幼儿学习的支架，将目标物化于区域材料、班级墙饰、主题环境之中。同时教师还要搭建交流互动的平台，鼓励幼儿大胆表达，创设信息展示台，提供自主表现舞台，布置主题展示墙，真正让环境成为课程的一个重要资源。②

生态教育是顺应自然的教育，它是一种生存的态度，也符合了教育者们提出的终身教育观。生态教育可以唤起人心底的和谐与友善，在面对困难的时候做出正确的、符合道德的价值判断。

现代文明社会的可持续发展需要我们接受生态教育，生态教育的过程便是将生态教育的理念、方法、原则传授给大众的过程。

倡导创设生态教育，必须遵从自然和谐、交流合作、开拓思维、多元交融、动态平衡的原则。

（一）自然和谐的生态教育

“顺木之天，以致其性”是植树之道，“天命之谓性，率性之谓道，修道之谓教”是育人的道理。幼儿园教育中也需要加入自然和谐的理念，以回归教育本质，焕发师生生命激情，打造自然和谐的原生态课堂，加强幼儿园中生态理念、生态游戏、生态文化和生态实践四个方面的建设，打造出别具一格的生态幼儿园文化。

具有生态文化的幼儿园，可以让幼儿充分感受自然生命的气息，让幼儿在潜移默化的熏陶中开阔眼界与思维，发展自己的想象力与创造力。“生态幼儿园”是幼儿园生态规划的目标，注重幼儿园生态环境的建设，让教师与幼儿都沉浸在放松愉悦的环境中。

德育的培养也是生态教育中的重要环节，友好善良的品行可以滋润孩子的心灵。幼儿园生态教育理论下的德育培养，要在尊重幼儿主体性发展的基础上，在和谐友好、自然放松的环境创设中，尽可能地提升幼儿认知、生活技能、情感等各方面能力，促使幼儿身心全面健康发展。班级的环境创设也应该纳入生态教育的德育教育中去，让幼儿在生态环境中潜移默化地发展。如幼儿教师开展“画出我心中的文明行为”主题活动，将幼儿的作品集中展示。幼儿园每学期举行一次“争做文明

---

① 苏静.浅谈幼儿园教育环境与幼儿互动[J].课程教育研究，2015(12)：173-174.

② 黄静.让幼儿互动，让环境说话[J].科学大众(科学教育)，2011(1)：130.

人”竞选活动，让幼儿主动养成良好的行为意识。

生态教育离不开生态课堂，生态课堂的学习要成为学生的常态，成为生命的需要。幼儿园生态课堂能营造一种平等、民主、自由、宽容的师生关系，教师通过和幼儿谈心来引导幼儿的行为和思想，促进幼儿愉悦成长。

实践活动也是生态教育中的重要组成部分，幼儿可以在实践活动中探索发现新事物，提升自己的认知能力。幼儿园应该是一个可以让幼儿自由自在成长玩耍的地方，幼儿园生态教育活动中的实践不仅可以让幼儿形成良好的行为习惯，还可以培养幼儿独立思考的能力、想象力与创造力。

幼儿园在丰富生态教育实践活动的同时也应该形成健康的幼儿园生态教育理念。自然和谐的生态教育体现了“环境是育人的力量”和“人与环境互助服务”的生态理念①，它不仅可以提升幼儿教师的专业化水平，还可以帮助幼儿健康独立地成长。

（二）交流合作的生态教育

1．家庭与幼儿园之间的合作

在家园合作中，家庭与幼儿园都会把幼儿看作受教育的主体，对其进行支持。家庭与幼儿园虽处于不同场所，但都对幼儿成长起到了积极作用，二者联系互动，共同促进幼儿认知水平、知识水平与情感的全方位提升。② 在幼儿园生态教育中，教师的教育对象是幼儿，所以教师所制定的活动目标应以幼儿身心全面发展为主要参考内容，幼儿园与家长以积极的态度来沟通处理幼儿在成长过程中遇到的问题。在幼儿成长过程中，家长具有很大的责任与义务。家长需要在生活中给予幼儿足够的关爱，同时也应积极与教师配合，督促幼儿健康成长。同时，教师应与家长进行及时有效的沟通，及时向家长分享幼儿在成长过程中的进步并沟通教育过程中出现的问题。幼儿园要定期向家长传递幼儿的发展信息，并向家长传授科学的育儿知识。家园合作是促进幼儿园生态教育发展的一种重要形式，可以让幼儿充分全面发展。不论是在幼儿园环境中还是在家庭环境中，教师与家长都应该为幼儿打造一个和谐的教学环境，引导幼儿全面发展，使幼儿逐步培养良好的行为习惯，增强幼儿的自理能力，促使幼儿健康成长。③

幼儿园也要担负起帮助家长科学育儿的责任，为家长提供交流学习的机会与平台，多种途径促进幼儿的身心发展。为此，幼儿园可以通过建立家校平台、创设

① 胡胜林．打造和谐自然的生态教育[J]．湖北教育（综合资讯），2011(5)：44-45．

② 许娟，李艳，美热阿依·吾甫尔，等．幼儿园合作教育中的“家园共同体”构建策略[G]//全国科研理论学术研究成果汇编（二）．北京：华教创新（北京）文化传媒有限公司，2020：308-313．

③ 潘亚萍．浅谈幼儿园家园合作策略[J]．读写算，2020(15)：36．

幼儿园公众号、开展家长入园参观、举行亲子活动、开办家长学校、在班级外设置家园合作区角等多种方式来向家长宣传家园合作的重要性及必要性；家长可以通过家园合作活动了解育儿知识，得到在教育孩子过程中遇到问题的解决方法，树立正确的教育观；幼儿在家长及幼儿园的共同努力下健康成长。具体实施的家园合作途径可以参考以下几种活动的方式。

首先，老师要不定期地收集家长在教育过程中出现的问题，向家长开展丰富的讲座活动与答疑活动。在家园合作活动或者教师家长日常交流过程中，教师要注意收集家长在教育幼儿过程中所面临的问题与困惑，以问题为导向开设有针对性的课程与讲座。例如，为小班幼儿家长开设“如何顺利度过入园困难期”“如何帮助幼儿摆脱过度依赖”等讲座，还可为大班家长开设“怎样实现从幼儿园到小学的顺利跨越”讲座。这些讲座课程的内容都是当前家长最关心的问题，是家长感兴趣并迫切想了解的话题内容，因此利用这些讲座与课程可以很好地激发家长学习的兴趣，也可使家长用正确的教育观教育儿童，促使幼儿全面健康地发展。

其次，幼儿园可以经常开设主题亲子活动。例如：围绕运动会，幼儿园可以开展“亲子运动会”“亲子趣味游戏”等活动；围绕手工展，幼儿园可以开展“亲子手工创意制作会”“亲子艺术展”“亲子手工大赛”等活动；围绕科技节，幼儿园可以开展“亲子科技节”“亲子科技知识竞答”“亲子乐高搭建”“亲子科学课堂”；针对环保主题活动，幼儿园可以开展“环保我最强”“废旧纸盒创新”“我会垃圾分类”等活动；关于阅读节，可以开展“亲子共同讲故事”“图书义卖”等活动；围绕迎接节日的主题，可以开展“一起包粽子”“夸夸我的祖国”等亲子活动。幼儿园通过各种各样有趣的活动来加强家长与幼儿园之间的联系，这不仅可以向家长传授正确的育儿观念，还可以增强亲子关系。

最后，要注重榜样的力量，将优秀的育儿实例作为经典案例，向家长分享育儿的典型优秀案例。家庭教育在幼儿成长过程中发挥着重要的作用，每个家庭接收育儿知识的途径不同，所以幼儿园要积极与家长进行沟通，向家长传递正确的育儿观念。为了让家长及时接收到有效的育儿信息，幼儿园要充分发挥育儿范例指引作用。幼儿园可以开设园区公众号，及时分享家长的优秀育儿经验，也可以为家长们搭建育儿平台，向家长分享育儿知识和育儿经验。同时，幼儿园还可以定期开展“家长育儿经验分享”“家长教师育儿经验交流会”“专家答疑”等活动，家长之间相互学习、取长补短，积极汲取正确的育儿经验，同幼儿园一起全面促进幼儿健康发展。利用网络课程与实际课程相结合的方式，积极向家长推广幼儿的教育案例和育儿经验，提升家长的参与热情，促使家长形成正确的教育观念，推动幼儿健康成长。①

2. 教师引导幼儿学会合作交流

首先，教师要把握幼儿的爱好与兴趣，在一日活动中促进幼儿合作意识的提升。兴趣可以让幼儿主动地展开对事物的探索与学习、发现和学习新事物，幼儿教师可以在活动中多鼓励幼儿，引发幼儿的好奇心，促使幼儿主动与同伴进行各种互助，幼儿也会逐步克服胆小羞怯的心理，树立正确与同伴交往的观念。例如，在“天生一对”的活动教育中，教师就可以鼓励幼儿合作猜谜语和完成任务来体会“天生一对”的快乐，来激发幼儿与同伴合作的兴趣。在活动“拔萝卜”中，教师也可以为幼儿展示故事中的具体情节，让幼儿模仿学习，主动并乐于与同伴合作解决问题，感受合作带来的乐趣，以此来培育幼儿的合作意识。同时，在幼儿园生态教育的户外部分，教师可以开设许多有利于培养幼儿合作意识的区角，例如种植区、饲养区等，让幼儿在户外活动时，也可以通过与同伴间的合作来感受游戏的快乐。

其次，教师要引导幼儿学会主动邀请同伴合作，充分发挥幼儿的主动性。《纲要》明确指出了：“引导幼儿参加各种集体活动，体验与教师、同伴等共同生活的乐趣，帮助他们正确认识自己和他人，养成对他人、社会亲近、合作的态度，学习初步的人际交往技能。”幼儿主动性的发挥与其综合能力的提升呈正比例关系，幼儿的主动性也影响着幼儿发展的各个方面。教师要引导幼儿学会掌握自己的主动权，以促进幼儿在一日生活中更顺利地与同伴交往、与他人合作，为以后身心全面发展奠定良好的基础。幼儿学会掌握主动性离不开家长与教师的共同努力，在日常生活中，家长与教师应时刻注意幼儿的各种行为习惯，根据实际情况，结合游戏活动来促进幼儿主体性发展。

再次，教师在教学活动与游戏活动中也要有意识地培养幼儿与同伴间的合作意识。在游戏活动中，幼儿可能会不自觉地表现出与同伴的合作行为。例如，多个幼儿一起搭建积木，在科学实验室或者娃娃家等区角多个幼儿一起完成活动目标，等等。在游戏活动过程中，幼儿可能并不知道要如何与同伴进行良好的合作，这时候，便需要教师引导幼儿去进行合作交流。教师也可以经常有意识地组织一些需要幼儿合作的活动，如“拔萝卜”“传礼物”等，让他们在游戏中自觉地形成合作意识，感受合作的快乐。发展神经心理学家詹姆士·柏锐斯柯特医生认为婴幼儿相互搂抱接触是社会性发展的一种表现。比如，在“找一个朋友碰一碰”的游戏活动中，幼儿一边唱一边与同伴碰碰脸、碰碰头、碰碰脚等，这样能够消除彼此间的陌生感，营造良好的合作氛围。他们在游戏过程中不知不觉地产生了合作意识。教师应该在活动中时刻注意观察幼儿的行为，可以为每一个幼儿提供合作的机会，使幼

---

① 吴含. 交流、合作、互补——浅谈家园共育的思与行[J]. 好家长，2020(36)：14-15.

儿潜移默化地形成合作意识。

最后，由于幼儿心智发展尚未成熟，较缺乏生活经验，身体机能发展也不完善，在活动以及一日生活中，教师应该提醒幼儿间互帮互助。例如：在擦手的时候，高个子的幼儿帮助矮个子的幼儿拿毛巾；在午睡时，幼儿互相帮助对方换衣服、铺床等。在互相帮助的过程中，幼儿知道了遇到困难便可向身边人寻求帮助，同时，幼儿也体会到了帮助同伴的快乐，从而幼儿就可以在合作活动中感受到快乐。幼儿的良好行为习惯不是一日速成的，良好行为习惯的形成靠的是身边人对其潜移默化的影响。要使幼儿主动形成合作意识而不是刻意让幼儿接受合作，需要教师在一日生活中一点一点向幼儿渗透合作意识，不断对幼儿的行为进行纠正与鼓励。[①]

（三）开拓思维的生态教育

首先，通过创设生活情景，激发幼儿求知兴趣。心理学研究表明，幼儿的学习兴趣与动机不是与生俱来的，需要在成长过程中不断地引导，是通过外界事物的新颖性、独特性来满足幼儿产生的好奇而引发的，在幼儿园生态教育的活动创设中，教师可以为幼儿创设符合幼儿身心发展规律的，可以引发幼儿兴趣与好奇心的活动情境，充分调动每一个幼儿的自主性、积极性，最大程度地增强幼儿的好奇心，提升幼儿的探索能力，开拓幼儿的思维。幼儿在妙趣横生的生态教育环境之中愉快而自觉主动地探索自然界的奥秘并有所进步，逐步提升自己。

其次，要开发幼儿的想象空间，激发幼儿的创新精神。在幼儿教育教学活动中，培养创新意识是一项集科学性、系统性、长期性、连续性和艰巨性的教育任务。[②] 教师在实施教学活动的过程中，要把对活动的总结与反思当作培养幼儿创新意识的出发点，要把提升幼儿的综合素养作为重要的教学内容。教师还应注意幼儿在成长过程中遇到的问题，根据实际情况制订创新教育的教育计划与教学环节，这样才能确保幼儿可以在教学活动中提升自己的创新能力与创新素养。同时，教师还应该为幼儿提供丰富的生活情景，使幼儿在具体的生活情景中发现问题，然后通过自己的探索、思考提出解决问题的办法，在实际情况中提升自己的创新能力与创新素养。

最后，教师与家长应该注意提升幼儿的认知能力，使幼儿养成思考的习惯。因为幼儿最初通过模仿学习来使自己获取知识提升自己，所以在幼儿的学习过程中，我们要引导幼儿主动探索、主动思考来发现和解决难题，从而促进提升幼儿认知水平，开拓幼儿的思维水平。例如，在动物教学过程中，教师首先可以通过展示动物的声音或者展示动物身体的某一部分来引导幼儿猜测这是一个什么动物，在幼儿

---

① 石淑琴.幼儿园一日生活中幼儿合作意识的培养[J].甘肃教育，2020(11)：58.

② 郭倩.激发探索兴趣　开拓幼儿思维空间[J].青年文学家，2014(3)：183.

思考说出答案后，教师还可引导幼儿模仿动物，这不仅能使幼儿通过主动的思考来认识动物，从而促进幼儿思维的开拓，还考察了幼儿在日常生活中的观察模仿能力。同时，在教育活动中，教师也可多向幼儿发问，引发幼儿对活动内容的好奇心，从而促使幼儿仔细思考、开拓思维，给出对问题的想法。

（四）多元交融的生态教育

关于多元化教育，张燕认为："多元化教育其实就是教育多元化，包括教育思想多元化、教育目标多元化、办学模式多元化、教学形式多元化、教学评价标准多元化等内容，是社会生活多样化和人的个性化的发展在教育上的直接的反映。由此看来，多元化教育思想的推广对于幼儿教育来说更为重要。"[①]在幼儿园生态教育中，教师也要注重实施多元化教育。那么，如何在幼儿园生态教育中开展多元化教育呢？以下几点建议可供借鉴。

首先，幼儿教师应该认清楚自己的角色，不能忽略自己教育功能的存在。幼儿园可以开展讲座、培训、园与园之间的互动活动来对幼儿教师实施多元化教学进行培训，培养幼儿教师的多元化教育思想，更好地促进幼儿教师开展多元化教育工作。

其次，幼儿教师在制定幼儿活动教案时要注重教育目标的多元化。这就要求幼儿教师可以充分了解每一个幼儿的发展程度，在设定教育目标的过程中，幼儿教师应该根据幼儿的发展程度，同时依据促进幼儿全面发展的原则设定相对应的教学目标。例如，在教学目标的设定过程中，教师不应该局限于让幼儿学习知识，还应注重培养幼儿的好奇心、对自然的兴趣、对艺术的感知能力、团队合作意识等。

再次，教师在实施教育活动的过程中要注意教育形式的多样化。幼儿教育在强调幼儿的动手能力和实践能力的同时也应该注重对幼儿精神层面的培养与熏陶。例如，增强音乐、美术素养，对一些传统文化进行简单的学习。在提升幼儿素质的同时促进幼儿身心全面发展。

最后，以适当简单的方式向幼儿传授一些人生哲理。幼儿时期的是非观认知并没有达到一个很清晰的程度，往往是似是而非的存在，适当地讲授人生哲理可以在一定程度上明确孩子的是非观和初步形成孩子的人生观。[②]

幼儿时期是人生发展时期中的重要时期，幼儿教育为日后学习基础教育和高等教育打下了重要的基础。多元化教育在幼儿园生态教育中的有效实施对幼儿的成长十分重要。所以在幼儿园生态教育中，教师要积极实施丰富多元教育，促进幼儿身心全面健康发展。

---

① 张燕. 多元化教育在幼儿教育中的应用[J]. 科普童话，2019(48)：140.

② 张燕. 多元化教育在幼儿教育中的应用[J]. 科普童话，2019(48)：140.

(五)动态平衡的生态教育

动态平衡按不同的专业领域主要分为:物理动态平衡、化学动态平衡、生态平衡、生理平衡、经济平衡、社会发展与人口平衡等。课堂生态系统动态平衡是指在课堂这一特定的生态系统体系之下,各个要素都处于较为合理的发展状态,在功能上保持相互的一致性。课堂生态系统动态平衡的运行机制主要包括人际关系动态平衡,学习目标动态平衡,学习内容动态平衡,学习方法、学习环境和学习反馈共同趋向动态平衡。努力探索课堂生态系统的动态平衡机制和保障措施,寻找课堂生态系统的运行规律,对于提高学生的课堂学习效果、促进师生共同成长,甚至实现教育现代化都有重要意义。①

曾经有一位教育学家描述了一种教育状况,他说:“在当今中国的教室里,坐着的是学生,站着的是先生,而在精神上,局面刚好打了个颠倒——站着的先生占据了至尊的地位,坐着的学生体内却隐藏了一个战战兢兢的灵魂。”这是对生态教育最大的侮辱。培养和谐的师生关系,亦师亦友的合作关系应该从小培养,从小在孩子心目中埋下老师伴我成长的种子,培养社会范围内动态平衡的生态教育,促进教育改革进一步发展。②

曾经有研究者认为,作为教育学体系之下的一个概念,其间进行教学活动的教室称为课堂,其本身是班级授课制下的一个生态系统,同时也是幼儿园生态系统下的一个子系统。课堂生态系统通过不断地向前发展追求各要素之间的“和谐相处”,同时各要素在动态发展中逐渐趋向平衡。身为幼儿园生态系统子系统的课堂生态系统,凭借教师和学生两大活力要素也组成一个完整的生态系统,其中,学生的学习和教师的教学组成组织结构系统,而教师、学生和环境相互作用形成恢复系统。其中具体有学生、目标、方法、环境、反馈和教师六大要素,而学生作为学习的主体,自然也是学习过程的最大受益者。

课堂生态系统趋向平衡是指在课堂这一特定的生态系统中,各要素都能在合理的发展状态下保持功能上的一致性。

课堂生态系统的诸要素中,“人”是最活跃的因素,学生与学生的交往,学生与教师的交往是系统的两大动力。学生与教师的基本关系是合作关系。幼儿园的教师要注意与幼儿的沟通,更要着重朝着双赢的目标发展。学习目标与课堂生态系统的发展有一致性。课堂学习目标以学生为基点,规定学生具体的学习方向和学习目的。幼儿的学习目标在于树立正确的兴趣,向往健康地成长。学习内容是师生协商性合作的结果,是实现学习目标的重要凭借。幼儿的学习内容应平衡课标

① 尹达,田建荣.课堂生态系统动态平衡机制研究[J].教育理论与实践,2014,34(20):10-12.

② 李松瑜.坚持人本立场　建动态、平衡的师生生态[J].北京教育(普教版),2015(10):57.

要求与教师的具体安排，根据幼儿的具体情况达到动态平衡。学习方法的选择依赖于教师的指导和学生的自身经验积累，这决定了课堂生态系统平衡的有效性。幼儿的学习方法还未成型也无经验，依赖于教师的指导，结合幼儿的性格特点达到平衡。说到底，“人”与环境的和谐才是课堂生态系统健康发展的重要条件。教师与学生应当尽量优化学习环境，减少甚至克服学习环境的负功能。在课堂学习环境中，“人”的因素只有教师和学生，这就要求师生共同努力，营造适宜学习的学习环境。幼儿园教师应努力去为幼儿搭建健康轻松的学习环境，使幼儿在欢声中健康成长。

二、幼儿与教师的互动性

师幼互动目前已成为幼儿教育中教育研究和教学实践的一个重要研究内容，研究者们也从不同的角度对其含义进行了界定。

陈小凤认为，师幼互动是教师与幼儿在教育活动的双向交流中产生的行为和心理上的影响。① 黄娟娟认为，师幼互动是指在幼儿园一日的生活各环节中，教师和幼儿之间发生的各种类型、性质、程度的心理交互作用或行为的相互影响。② 而王梅金认为，师幼互动具有双向性(可以由任何一方发起)、平等性、多样性(可以是语言或非语言的方式，也可以是显性或隐性或两者兼有的方式)。③ 在幼儿园生态教育的师幼互动中，有两种活动类型很常见，一是教师主动发起的师幼互动，二是幼儿主动发起的师幼互动。

(一)教师主动发起的师幼互动

教师主动发起的师幼互动可以分为两种途径。第一种途径是教师向幼儿抛出问题，在这个前提下，教师抛出的问题又可以分为两种情况。第一种常见的情况是，教师向幼儿提问教学、游戏活动中的重难点，引发幼儿思考的兴趣；第二种是在活动的实施过程中，教师通过和幼儿的交流来了解幼儿对活动的了解、掌握情况，从而了解幼儿对知识的接受程度。第二种途径是，教师精心布置活动区域、环境创设，按照教学主题内容来创设环境。例如，学习植物的时候，在教室中摆放一些植

---

① 陈小凤. 幼儿园社会领域集体教育活动的师幼互动研究——基于 CLASS 课堂评估计分系统分析[D]. 重庆：西南大学，2017：112-117.

② 黄娟娟. 师幼互动类型及成因的社会学分析研究——基于上海 50 所幼儿园活动中师幼互动的观察分析[J]. 教育研究，2009，30(7)：81-86.

③ 王梅金. 师幼互动——幼儿教师领域教学的核心要素[J]. 科教文汇(上旬刊)，2020(10)：142-144.

物，学习天气的时候，在教室设置天气表等，幼儿在学习的时候仿佛身临其境，充分引发幼儿的好奇心与想象力，增加幼儿教师与儿童的互动和师幼沟通的能力。①

（二）幼儿主动发起的师幼互动

幼儿主动发起的师幼互动可以分为三种途径。第一种途径，幼儿以提问的方式主动和教师进行互动。这种途径是在幼儿园中最常见到的，幼儿在教学活动中积极回答老师提出的问题，或者是在教育活动中积极向老师求助，解决自己的疑问。第二种途径，幼儿向老师寻求帮助。这是幼儿经常使用的请求教师帮助的发起方式，教师要及时、不厌其烦地给予回应。第三种途径，幼儿主动邀请教师共同做某件事而发起的互动。这种途径的师幼互动多发生在互动基础较好的师幼之间。

（三）针对幼儿园师幼互动水平的提升给予建议

虽然教育部等部门针对学前教育质量的提升下发了许多文件，政府及有关部门也加强了对我国学前教育的监管，但是想真正提升学前教育的质量，除了上面的措施，还需要幼儿教师的付出。提升师幼互动的水平，幼儿教师有不可推卸的责任。幼儿教师要主动处理好自己与幼儿的关系，不仅要提升教育质量，及时提升自己的专业化水平，还要考虑幼儿身心的发展。在幼儿园生态教育中提升师幼互动水平可以从以下三个方面进行。

首先，教师要学会尊重幼儿的"主体性"，教师要主动和幼儿进行深度互动。幼儿在生态教育中的主体性可以体现在，幼儿愿意积极参与活动，愿意探索感受，而且愿意与同伴和教师沟通并表达自己的想法。

其次，教师可以细心发掘幼儿的"敏感"，促使教师与幼儿进行有温度的互动。幼儿正处于身心水平全面快速发展的阶段，会通过周边的人或事去更好地感知世界。所以，教师在与幼儿相处的过程中一定要细心体贴，要保护幼儿。北京师范大学的朱旭东老师说过这样一句话："教育的美妙境界——有心而无痕。"能否做到有心而无痕的教育与老师是否可以读懂幼儿息息相关，它要求教师真正地懂幼儿，而不是在意幼儿教师的外在条件。

最后，教师要对幼儿的每一个天马行空的想法包容开放，促使教师与幼儿进行有意义的互动。世界上没有完全相同的两片树叶，每一个孩子都是不一样的。每个幼儿都有不同的性格、不同的思考能力、不同的发现并解决问题的方式。正是这些不同的特点造就了每一个不同的孩子，在幼儿园中，教师要用真正的爱、尊重、宽容去对待幼儿。幼儿就如同海绵，环境就是水源，幼儿可以轻松吸收环境中因素传

---

① 王梅金.师幼互动——幼儿教师领域教学的核心要素[J].科教文汇（上旬刊），2020（10）：142-144.

递给他的信息，所以环境中的教师更应该用善良体贴去化解幼儿成长中所面临的各种问题，用理解对待幼儿的不同体验和感受。幼儿教师这种真正爱孩子的心，能够快速打开教师与幼儿之间沟通的渠道，与幼儿进行情感间的互动。幼儿在充满爱、放松、自由、包容、开放的生态教育环境中成长进步，并和教师建立起良好的关系，达到生态教育的目的。①

综上，在生态教育中，教师与幼儿之间的互动是非常重要的，幼儿教师在工作中可以多加观察，仔细记录幼儿的成长手册，了解幼儿的习惯、习性、行为变化等，并对此进行认真有效的分析，帮助幼儿更好地成长。同时，在幼儿园生态教育活动的实施过程中，幼儿教师一定要尊重幼儿身心发展规律，尊重幼儿的天性。活动设计需要符合现阶段幼儿的发展特征，教师要做到在活动中与幼儿进行有温度、有深度、有意义的互动，使幼儿在生态教育中的认知能力、情感能力、知识能力、社会交往能力、交流沟通能力等有最大程度的提升。

① 王梅金. 师幼互动——幼儿教师领域教学的核心要素[J]. 科教文汇(上旬刊)，2020(10)：142-144.

第三章 幼儿园生态教育的目的

说到生态教育，我们最先对它产生的是一种狭义的理解，比如通常会把它理解成是专门教授与自然环境相关的理论性知识的一种学科教育，包括宣传如何保护生态环境、如何保护动植物，以及生态环境恶化会对人类产生哪些危害。可以说这是一种浅层的理解，是一种窄化的环境教育。而本书所说的生态教育不仅是一种自然环境生态的教育，还是涉及人的价值观、世界观的一种人文的生态教育，即使教育本身生态化，这是一种深层次的生态教育。① 幼儿园生态教育就是生态学理论在学前教育阶段的具体运用，也就是从生态学理论中寻找解决学前教育中出现的问题的合理解释。学前教育的问题总是发生在真实而具体的环境中，这些问题的出现总是与周围的各种环境因子存在着或简单或复杂的联系。因此，在学前教育运用生态学理念，就是强调幼儿、教师、园所，与社区、家庭、社会等各个系统之间保持动态平衡与积极互动，这关系到幼儿自身成长、教师专业发展、园所质量提升等各个方面。

从这个角度来看，幼儿园生态教育的目的就是生态教育所要实现的理想和价值，或者说是所要达到的预期和结果，这个理想和价值、预期和结果起着导向、激励、评价等作用，成为学前生态教育实施的重要价值取向，也是实践层面对教育生态理念展开的一种现实追求，在整个生态教育体系中占据核心和基础的位置。幼儿园生态教育的目的内在浓缩地回答了幼儿园生态教育是什么、为什么和怎么样等一系列问题，是幼儿园建构生态教育的指南针和导航仪。因此在本章，我们主要围绕幼儿园生态教育的价值指向来具体论述幼儿园生态教育的目的，以帮助儿童教育工作者更好地理解生态教育的理念与意义。

---

① 张春香.生态教育理念下人性化教育的重建[D].长春：吉林大学，2019：20-23.

第一节　引导儿童认识、感受、参与所处的环境

“生态学”一词源于希腊文，从原意上理解是指对人对环境及其二者间关系的研究，也即对自然界的研究，自从其诞生以来，其理论范围已经延伸到人类社会的各个方面。尤其是20世纪中期以后，随着科技的进步、经济的发展，工业文明取得了巨大成就，人类在享受物质利益的同时，也感受到了牺牲环境带来的惨痛代价。随着生态环境的恶化，人与自然矛盾的突出，出现了越来越多的环境问题，冰川融化、海平面上升、海洋生物减少、雾霾与沙漠化频现……这些问题时刻威胁着人类的生命与安全，这也使得更多的人意识到保护生态环境的重要性。生态文明理念在党的十八大就曾被鲜明地提出，党的十九大更是提出建设生态文明是中华民族永续发展的千年大计，也就是将其上升到国家发展战略的高度上。因此，生态文明的理念也渐渐深入人心，得到广大公众的认同。正是因为人的发展与生态环境之间是息息相关的，所以任何微小的环境问题都会给人类的生命生存带来极大的挑战，这本身就是生态学的基本理念和内涵之一。反映到教育领域尤其是学前教育领域则意味着教育也要利用生态学的理念来关照儿童的发展，幼儿教育作为基础教育的基点，承担着为幼儿进行生态环境启蒙教育的责任。引导儿童认识、感受和参与所处的环境，唤起儿童对周围环境变化的敏感性，建立儿童对环境及环境问题的粗浅认识，这是生态教育的目的之一。

生态教育要指向儿童对周遭世界开放性的启迪，让儿童对与自己生活密切相关的自然生态环境和社会生活环境有基本的了解，并结合《纲要》、《3—6岁学前儿童学习与发展指南》（简称《指南》）的精神，启蒙儿童对环境及生态等问题的感知与理解，从而激发并培养儿童热爱环境、保护环境的积极情感和责任担当。研究结果表明，对幼儿进行适当的生态教育既有助于提高幼儿生态环境保护意识，丰富其生态环境知识；又有助于增进幼儿生态环境情感，增强生态环保技能；更有助于推动幼儿素质教育改革，促进幼儿良好发展。由于幼儿处在生命发展初期，其认知、情感、审美、道德都处在重要的发展阶段，此时进行保护环境的教育，有助于帮助他们从小了解生活与环境的关系，对日后增强环保意识、提高环保的自觉性有重要作用。从布鲁姆的目标分类学说来看，教育目标可以分为“知识与技能”“过程与方法”“情感态度与价值观”，这种分类比较符合儿童的认知发展特点，由于生态教育是一种关涉“知、情、意、行”互动发展的过程，是一种知识理念的教育，也是一种行

为操守的陶冶，这就决定了幼儿园确定生态教育的目的时也应该遵循儿童心理发展、认知发展的规律，从感知与认识周围环境着手，再到激发尊重、热爱与保护自然的情感，最终落实到儿童的具体行为实践上来。简言之，生态文明具有科学性、体验性、实践性，决定了生态文明教育需要遵循“认知—情感—行为”这一逻辑。因此，我们把引导儿童认识、感受、参与所处的环境作为幼儿园的生态教育目的之一，以突出儿童对环境的“知”的基础性和重要性。

一、引导儿童初步了解一些关于环境与人类发展的基础知识，使其对身边的环境及环境问题有一定的感性认识

《纲要》明确指出，“环境是重要的教育资源，应通过环境的创设和利用，有效地促进幼儿发展”，《幼儿园工作规程》（简称《规程》）也提出为幼儿创设与教育相适应的良好环境，因为幼儿本身就处在丰富多样的环境中，通过积极主动的活动获得知识经验的积累与身心全面和谐发展。综上所述，可以看出重视环境资源的教育价值一直都是我国学前教育展开的重要内容之一，关注儿童发展与环境创设之间的联系，并把环境作为一种隐性的教育手段加以运用，这就是教育生态理念的一种凸显，也是生态教育的一种实践。如今，随着工业文明的快速发展，生态环境问题越加严重，人类自身的生存与发展也受到了极大的威胁和挑战，人和自然的关系从来没有像今天这样紧密过。可以说，人与环境息息相关，任何微小的变化都会影响整个共同体的发展与稳定。儿童是未来的接班人、民族的希望、世界的公民，他们有权利了解认识自己所处的生活环境，并以独立人的身份参与其中，这也是幼儿园生态教育的首要出发点和落脚点：生态教育实践引导儿童加深对环境及环境问题的认识与理解，丰富儿童关于生态文明建设的感性认识，从而激发儿童对自身所处环境的敏感性，为提升其生态文明意识和科学的生活观念奠定认知基础。这意味着教师需要提升自身的生态文明素养，根据不同年龄段的儿童及其特点，科学合理地选择环境与人和社会发展等相关的知识经验，链接儿童的实际生活经验和儿童感兴趣的环境问题，如儿童比较熟悉的节能灯、垃圾分类、汽车尾气排放等与他们生活密切相关的环境话题，增加他们的好奇心和求知欲。教师可以深入浅出地向儿童展示这些环境问题中所蕴含的一些基本知识，辅以游戏活动、科学实验、社会实践等形式来引导儿童对身边环境的感知与关注，从而帮助儿童积累一些必要的有关环境与人类和社会发展的知识经验。

当然，我们不能为了目的而目的，不能把生态教育的过程变成知识传授的过程，甚至变成教师说教，儿童“记忆、背诵”的“小学化”行为，这其实是对生态教育目

的的窄化与扭曲。生态教育的含义本身就涵盖了两个不同层面：第一，在教育中有目的、有计划地向学生传递生态思想，让学生认识生态，理解生态，掌握生态知识，从而培养生态技能，解决生态问题，感受大自然、亲近自然；第二，克服以往的灌输式教育、园丁式教育等一系列教育方式的不足，而产生新型教育理念。① 因而，生态教育不仅仅是让儿童获取一些关于环境保护的知识经验和行为技能，更重要的是形成一种新的生态伦理观、生态价值观和可持续发展观，为实现人类与自然的和谐发展迈出坚定的一步。② 也就是说，生态教育的落脚点不在于儿童掌握多少关于环境的理论知识，而在于启蒙儿童对自身所处环境的感性认识并帮助儿童理解环境与人类社会发展之间的紧密关系，激发儿童关于环境问题的敏感意识，提高他们切身参与保护生态环境的实践意识与能力，并在这个过程中充分调动儿童的感觉器官，满足儿童与环境作用、互动的发展需要，并创设一种自然、人性、和谐的成长环境。③

二、引导儿童积极参与大自然大社会，激发儿童对周遭世界的探索欲

生命源于自然，生命只有回归自然，并亲近自然，身心才能拥有健康。④ 人的发展离不开自然和社会所提供的物质条件，人类的所有物质生产和精神活动也都发生在自然环境中，与自然有着天然密切关系的儿童更是离不开大自然的陶冶。在自然中，儿童的生命充满生机和活力，与自然紧密相连。⑤ 我国著名儿童教育家陈鹤琴先生也说过："大自然、大社会才是活的书、直接的书。"⑥当儿童真正置身于自然和社会环境之中，能够感受它的无雕饰的美和灵气，培养其质朴的情趣，种下以欣赏生命为取向的审美种子。⑦ 那么生态教育的目的也就潜移默化地在这个过程中得以实现，这个过程绝不是在封闭的灌输的课堂说教中完成的，而是在儿童敞开自我、积极寻求与外在环境的生命联系中实现的。生命教育的视角曾启示我们：

---

① 李帮琼，冯维. 课堂生态观的研究进展[J]. 新课程研究（基础教育），2007(3)：3-5.

② 李帮琼，冯维. 课堂生态观的研究进展[J]. 新课程研究（基础教育），2007(3)：3-5.

③ 苏雪梅. 树立生态教育意识，促进学校健康发展[J]. 出国与就业（就业版），2011(6)：19-20.

④ 赵璐. 高中地理自然体验式教学研究[D]. 开封：河南大学，2018：1-2.

⑤ 姚伟. 儿童观及其时代性转换[M]. 2版. 长春：东北师范大学出版社，2015：161.

⑥ 唐淑. 学前教育史[M]. 2版. 北京：人民教育出版社，2009：179.

⑦ 张国平. 幼儿的自主游戏[M]. 北京：中央编译出版社，2017：107.

“人同时具有自然、精神、社会三种属性。”①自然属性是指人的生存与发展离不开自然提供的各种物质与能量，人的生命发展过程是自然进化的一部分，是不可抗拒的自然规律运作的结果；精神属性指的是人除了现实世界之外存在一个超越世俗功利的精神追求，人的自我思想、自我意识，对崇高事物有着本能的欲求和渴望；而社会属性则是指人需要在人际交往的关系结构中实现自我建构，从而将自我的生物性属性转变成社会性属性，从而更好地适应与生存。这三种属性处于相互依存与相互作用的统一状态中②，因此，儿童也是三种属性共存的统一体，无论是自然性的发展，还是精神性的完善，抑或社会性的提升，都不能孤立存在，只有共同建构生命的这三个维度，教育才能完成对人、对生命的教化与涵养。换言之，理想的生态教育需要回归儿童、回归自然，让儿童与自然接触，通过自然环境本身来激发儿童对周遭世界的敏感性，这意味着儿童有充分的时间和空间去亲近自然。自然对幼儿来说是一本神奇的教科书，是一个绚丽多姿、充满无数情趣的世界。③ 比如和幼儿一起通过户外活动、参观考察、种植和饲养活动，感知生物的多样性和独特性，以及生长发育、繁殖和死亡的过程……逐渐懂得热爱、尊重、保护自然。④ 总之，自然不能被窄化为幼儿园内小小的动物角和植物角，而应是一种丰富多彩、充满生机与活力的真情实景，是花草丛生的公园，是蜿蜒崎岖的山脊，是神秘野性的森林，更是野生世界的生物多样性。⑤ 当儿童沉浸在真实的自然生态环境中，他们会充分调用自己的感觉器官，用眼睛去看一看，用耳朵去听一听，用嘴去尝一尝，用手去摸一摸，通过这些感觉通道，儿童能够由内而外地感受自然之美、自然之大，不仅能认识外在的自然物，更能触及内在的自然性。这种由外及内的交融必然会培养出有生命感悟和自然灵性的儿童，在未来处理与自然的关系时也必然会更有伦理关怀和道德意识。⑥ 同时，在对自然生态的参与与体验过程中，儿童与同伴会对某些自然现象和规律进行观察、记录、探索、讨论，这能有效激发儿童对周遭世界的探索欲，让他们以一颗包容与接纳的心去看待生命的多样性和丰富性，并更加积极主动地参与生态环境的互动，这不仅丰富了儿童对自然现象的感性认识，也提升了儿童对神秘自然的热爱与探索之情，更重要的是儿童敞开自我，与生态环境之间建立起

① 张平，甘超. 基于儿童生命教育的幼儿园环境创设思考[J]. 通化师范学院学报，2020，41(5)：134-138.

② 王双桥. 人的自然、社会、精神三位一体的存在论[J]. 邵阳学院学报，2003(4)：6-10.

③ 李顺夏. 生活回归教育，教育源于生活——对儿童进行环境保护教育的研究[J]. 作家天地，2020(6)：113-114.

④ 刘静. 生态教育的内涵、意义及实施路径[J]. 哈尔滨市委党校学报，2010(6)：92-95.

⑤ 陈梁. 生态伦理视域下的儿童自然教育[J]. 现代教育科学，2019(12)：14-20.

⑥ 陈梁. 生态伦理视域下的儿童自然教育[J]. 现代教育科学，2019(12)：14-20.

一种稳定的和谐的生命联系。

三、激发并培养儿童热爱自然、保护自然的积极情感，陶冶儿童对自然环境的敬畏之情

儿童是在特定背景中成长起来的，其发展过程及发展结果受到各种直接或间接、外显或内隐的背景因素的影响[①]，当然，这些影响因素本身也是一个有机组成的整体，体现了生态系统观的特点。所以说，儿童发展的本质就是儿童与这个生态系统互相适应的过程，对儿童教育的理解和研究需要在一个大的环境背景下才得以充分展开，这是幼儿园生态教育展开的理论基础。正是因为儿童与其所处的环境背景之间构成了一个生态系统，那么处在这个系统中核心位置的人——儿童，必然需要以主人翁的姿态和意识对自身所处的环境进行情感态度上的接纳与认同，与自然环境建立起正向、牢固的情感联系，陶冶儿童的生态价值观，并且让孩子形成初步的社会责任感。[②]"儿童是自然之子"，儿童天生就具有亲自然性，正如卢梭所说，事物教育和人为教育都要服从自然教育，在他看来自然教育具有最高价值，是最符合人性发展需要的教育。在此基础上，引导儿童热爱自然、保护自然，既符合儿童内在成长的需要，又能促进儿童纯朴的亲自然情感升华为敬仰自然、尊重自然规律的精神。只有真正地对地球与生态环境萌发感情，才能从心底认同生态环境的重要，产生对于自然的依恋与感激之情。[③]

如果说儿童对自然的粗浅认识是开启儿童生态教育的前提和基础，那么激发儿童对自然的尊重、热爱与敬畏的情感则是开启儿童生态教育的动力和关键，它既是在儿童对生态环境基本认知的基础上升华出的一种情感，同时又对儿童的生态文明行为起着导向和激励的作用。尊重、敬畏意味着儿童能够认识到生态环境的重要性和独特性，认识到生态环境也像人一样具有平等的生命、尊严和价值，以对待人一样的方式去对待环境，并以切实的行动践行生态文明理念，如不随意践踏草地、不肆意伤害动植物、不轻易浪费一颗粮食等，正是"因为懂得，所以慈悲"。因为儿童身心发展尚未成熟，思维具有泛灵性等特征，这就使得儿童看待事物的角度和方法常常以自我为中心，即从自身的思想情感出发来认识周围世界，大自然的一花

---

① 常娟．儿童入学准备生态化环境的建构[J]．幼儿教育（教育科学版），2006(7/8)：9-11．

② 贺晓红．家园共育生命生态还原本体——幼儿园"户外自然体验"亲子社团活动之探究[J]．中国教育学刊，2017(S1)：17-19，23．

③ 李改．幼儿园生态文明教育及其实践路径探析[J]．教育探索，2013(6)：152-153．

一草、一山一水都容易被儿童带上自我情感，从而成为他们对话交流的对象，他们之间天然地形成一种亲密关系，这其实能为幼儿园生态教育的展开提供一种优势和便利条件。所以说，幼儿园不能把生态教育活动局限在某个孤立的事实或知识范畴内，而要教给幼儿一种思考的方式和观察的方法，以情感教育为核心，并与幼儿的个性发展有机结合。①

从某种程度上讲，对儿童实施生态教育启蒙不仅仅是儿童理智上的培养，更是一种情感的激励，也即陶冶儿童对大自然的热爱与敬重之情，促进儿童对美好生活和事物的向往与欲求，由此把儿童对自然的淳朴之情提升到一种人文素养的精神高度。这不是一种关于具体事物体验的获致，而是一种情感的开启，一种对生态文明的向往，一种人与自然荣辱与共的期待。这种情感的种子一旦在儿童幼小的心田中生根发芽，就会源源不断地为儿童的生态成长输送营养。幼儿对环境认知是建立在跟环境互动的基础上的，他们的环境体验是否丰富影响着他们日后的态度、价值观及行为。② 知识固然重要，但是没有情感浸润的知识是枯燥的，没有生命力的，不能打动人心的。儿童的理智发展尚处在萌芽阶段，直观、想象、情感、激情、兴趣等感性因素才是他们面对世界、处理问题的本能反应。因此我们需要明确生态教育的目的不仅仅是让幼儿停留在对自然生物多样性简单认识上，情感的激发才是更为重要的一面，让幼儿了解生物与我们生存及环境的关系，从而萌发保护自然和保护环境的情感，并最终落在行为养成的层面。③

第二节　引导儿童树立生态意识，学会与自然、社会和谐相处

我国曾经以粗放型经济发展方式和巨大的环境代价换取经济的高速发展，其直接后果就是我国生态系统的恶化。今天，生态文明治理成为我国“五位一体”战略的重要方面，保护生态环境已经上升到国民素质的高度，而幼儿园的生态教育则是提升国民素质、培养国民环境意识的重要组成部分。生态教育是全民教育、终身

---

① 彭蝶飞.幼儿园生态环境教育探析[J].学前教育研究，2007(7/8):73-75.

② 李子健，马庆堂，黄群英.幼儿环境教育——校本课程的经验[M].南京：南京师范大学出版社，2005:27.

③ 陈丽湘.实施幼儿生态教育初探[J].福建广播电视大学学报，2015(6):84-88.

教育，是生态文明建设过程中的一项基本内容，也是保证生态文明建设顺利进行、促进社会文明不断进步的一项战略任务。① 党的十八大就曾提出重要论断："必须树立尊重自然、顺应自然、保护自然的生态文明理念，把生态文明建设放在突出地位，融入经济建设、政治建设、文化建设、社会建设各方面和全过程，努力建设美丽中国，实现中华民族永续发展。""美丽中国"不应该只是口号，不应该只是梦想，而是我们切实努力的方向和未来。

因此，对儿童进行生态教育的目的之一是开启儿童对生态环境及其与自身发展、与人类发展之间关系的初步的感性认识，但这只是生态教育的开始。光是了解和认识是远远不够的，必须把儿童对生态环境的认识提高到实践的高度，做到言行一致、知行合一，才能真正提高儿童的环境素养。这就是幼儿园生态教育的目的之一，即引导儿童从自我做起，树立生态意识，学会与自然、社会和谐相处，这意味着儿童不仅要"坐而论道"，更要"起而行之"，从点滴的小事做起，自觉养成生态环境意识，把外在的文明行为内化为内心的优良品质，让生态文明素养的种子从幼小的心灵生根发芽。这一目的的实现需要儿童从"做中学"。换言之，生态教育目标的实现需要落实到生态实践中来，让每位儿童都充分参与进来，生态教育的目的不仅在于培育人们的生态意识，提高人们的生态素质，更重要的是动员人们投身到生态保护运动中，时时处处做一个地球村公民。②

一、提高儿童的行动能力，从点滴的小事中践行环境保护

我国著名教育家陶行知先生曾经说过："我们要活的书，不要死的书；要真的书，不要假的书；要动的书，不要静的书；要用的书，不要读的书；我们要以生活为中心的教学做指导，不要以文字为中心的教科书。"也即"生活即教育"的思想，这一思想在幼儿园的生态教育中不仅有思想上的启迪作用，更有方法论上的意义。简言之，幼儿园生态教育的目的也应该具有生活教育的精神内核，把生态教育与儿童生活紧密结合起来，善于在生活中挖掘丰富的教育资源，激发儿童参与的热情，让儿童在生活中学，在生活中做，在生活中长进。通过与环境、动植物、大自然的直接接触和探究活动，孩子们逐步感受和体验到了人与环境及动植物之间，与环境的依存关系，这将成为他们生命的引航，指引他们一生的航向，这将使他们成为一个有环保意识和环保技能的人，使他们成为一个有爱心的人。③

---

① 刘静．生态教育的内涵、意义及实施路径[J]．哈尔滨市委党校学报，2010(6)：92-95.

② 刘静．生态教育的内涵、意义及实施路径[J]．哈尔滨市委党校学报，2010(6)：92-95.

③ 钟亚明，侯淑丽．关爱环境 珍爱生命[J]．中国科技信息，2005(9)：297.

因此，生态教育需要着眼于儿童的实际生活，重视儿童在生活中表现出来的主观能动性，将儿童视为一个具有生命关怀意识的独立个体，帮助儿童从点滴的生活小事做起，把儿童对生态环境的感性认识落实到具体的实践操作中来。也就是说，幼儿园的生态教育目的需要从儿童的实际生活出发，从熟悉的生活环境出发，让儿童亲自参与自己生存环境的创设，才是增强儿童生态意识的最有效途径。如照料班级的动植物角，参与“变废为宝”的创意美劳，体验“断水断电一小时”的倡议活动，等等。这些点滴的实践活动能够帮助儿童获取一些简单的关于保护环境的操作技能，养成相应的环保行为。当儿童在照料花花草草和小动物时会情不自禁地萌生爱意，感受生命的可爱与可贵，能将这种感受付诸保护动植物、保护环境的具体实践中。这些实践活动离儿童并不遥远，相反，动植物、废旧物品、水和电等这些生态资源是儿童生活中触手可及的。正是在与这些熟悉和亲近的生活环境的接触过程中，儿童逐步积累关于生态文明行为的技能和习惯，感受良好的生态行为带来生活环境的美好便利，从而反过来进一步加深儿童对环境保护和文明生活习惯重要性的认识，巩固儿童对生态环境保护的积极情感。

儿童生活在一定的环境之中，儿童的学习是在与环境的积极互动中发生的。幼儿园生态教育目的的实现要遵循儿童的学习特点和发展规律，为儿童提供一个充满探索性和求知欲的生态环境，促进儿童与周围环境的积极互动，发挥环境本身的隐性教育价值，让环境做儿童的“第三位老师”。儿童与环境互动一次，对环境的理解就加深一次，实践经验积累到一定程度，就会慢慢感知人与人之间的亲密联系，人与动植物之间是相互依存、相互促进的命运共同体，保护动植物，就是保护环境，保护环境也就是保护人类自己。这些认识都是儿童从生活中的点滴小事中感受到的，都是儿童从亲身实践中体验到的，这些“感受与体验”是通过儿童的自我行动生发出来的，远比教师的“口头说教”来得真实、强烈，真正实现了生态教育“做中学”的目的。生态教育本身是一件事关全人类的事业，尚在人生发展初期的儿童未必能够深刻理解保护生态环境与人类福祉之间的辩证关系，但儿童天生具有的亲自然性为幼儿园开展生态教育提供了天然的优势和便利的条件。质言之，幼儿园的生态教育需要从儿童的身心发展特点出发，从儿童与自然的亲密联系出发，把生态文明理念渗透到儿童的一日生活之中，培养孩子们的节约意识，并注重从细节入手，倡导绿色生活模式①，如首选公共交通工具出行，随身携带口袋，减少一次性餐具的使用，随手断水断电，等等。为儿童提供各种参与环境创设与环境保护的活动机会，儿童自然会在做的过程中不断提高行动力，养成从我做起、从小事做起的良好习惯。

---

① 涂艳，黄效白.幼儿教育阶段中教育的生态功能建设研究[J].教育文化论坛，2016，8(2)：55-60.

二、增强儿童环境意识的自觉性，从“要我做”内化为“我要做”的良好品质

理想的幼儿园环境教育不仅仅停留在具象的环境知识和实践操作层面，还要超越理论与实践的理性与客观，上升到儿童的精神层面，提高儿童对待环境问题的兴趣。当儿童在没有教师、没有家长、没有他人在场的时候，能自觉地捡起脚下的一片纸屑、一只空瓶时，生态教育才是成功的。也就是说，幼儿园开展生态环境教育需要立足于儿童的精神世界，唤醒儿童的亲自然性，培养儿童热爱自然、保护自然的自觉意识，鼓励儿童把文明的生活方式与行为习惯变成一种自觉追求，即帮助儿童养成一种“我要做”的良好品质，把对生态文明的感性认识转变成一种启蒙，一种意识，一种自觉。当儿童内心深处认同良好的生态环境对于人类生存、社会发展、生命延续等方面存在的崇高价值与意义时，其尊重与保护环境的意识就会逐渐加深甚至强烈，并随着儿童理性认知能力的提高、自我意识的发展以及生活经验的积累，他会渐渐发展出一种自觉性，如能够在没有老师和家长的提醒与要求的情况下，做到不乱丢垃圾、节约水电资源、不随意践踏草坪、关心爱护小动物等。这看似是一些很简单的行为习惯，但要真正坚持下来确实不是一件容易事，尤其是对于一个身心发展尚未成熟的学前儿童来说，把生态文明理念贯彻到一日生活与行为当中是一项重大挑战。因为它不仅需要儿童具有一定的人文关怀精神，如同理心、换位思考等，更要求儿童具有高度的自觉性，这个自觉性是出于儿童个体的意愿，自发做出保护环境等行为的一种能力。如果说儿童认识环境问题需要理智的参与，那么保护环境则需要儿童理智与意识的共同坚持，并通过自觉的行为表现真正促进生态文明理念的内化。

可以说，儿童环境意识自觉性的增强并不是一朝一夕就能实现，换句话说，幼儿园的生态环境教育不是简单的集体教学，具有固定的时间和场所，相反，幼儿园的生态教育是一个细水长流、润物无声的过程。因为生态环境是儿童生活展开的基础与背景，贯穿于儿童生命发展的全过程，幼儿园的任何教育活动的展开都不能脱离生态环境而孤立实现。这就意味着生态环境教育应当成为儿童的一种生活，正如儿童每天吃饭、喝水、睡觉那般自然的生活，儿童就在这样自然的生态环境背景下习得一些基本的环境知识与保护技能，而无须成人过多的言语说教与刻意训练。因此，要想培养儿童对待生态环境的自觉性，一个具备良好生态环境的幼儿园本身就是对生态教育的最好诠释，因为生态教育的目的就蕴藏在那无声的环境中：绿绿的草地、清清的池水、蓝蓝的天空、整洁的地面、优美的园所……这一切生活环

境的呈现都在激励并召唤着儿童，让他们真切地感受到身边人和物的美，从而唤醒他们内心深处真善美的天性，并自觉做出珍惜与保护自然的行为。这种行为从无意识的冲动慢慢转化为一种稳定的行为习惯并最终内化成儿童自觉的品质与素养，即我要做而不是要我做的自觉意识，这是幼儿园生态教育的终极目标之一。

西南大学高教研究所曾以《中国公民人文素质调查问卷》对西南地区四百多位教师与中学生进行调查，结果显示：成年人与青少年相比，环保知识和环保意识并不占优势。这说明幼年时接受良好生态教育、养成保护环境的自觉意识比成年时再接受相应的教育更重要，生态意识和文明行为只有从小重视、从小培养，才能取得长久之效。只有使人们从小就懂得生态保护的重要性，树立正确的生态价值观和道德观，才能在人们的心灵深处构筑起牢固的生态屏障，自觉地规范自身对待生态环境的行为，并通过自己的努力促进生态环境的改善和生态文明的生成。① 没有自觉意识参与的生态教育是空洞的，不能长久的。只有从儿童内心深处引发他们对环境的热爱与保护之情，文明的生活方式、绿色的发展方式才能如约而至。当儿童意识到保护生态环境不是教师布置的“任务”或“作业”，而是作为世界公民所应该秉承的基本态度和素养，那么“保护生态”必将成为儿童行动的信仰和指南，成为根植于儿童心灵深处的深厚品质与素养！

三、培育儿童良好的社会性，引导儿童学会与自然、社会和谐相处

儿童的成长离不开一个良好的生活环境，这种生活环境具有双重含义：一是指自然环境，也即儿童赖以生存与发展的物质基础，包括大自然所形成的空气、阳光、水、生物、土壤等组合而成的综合体，接触自然使得整个世界都变得更加亲近，对儿童的身体、心理及社会关系都产生积极的影响。二是指社会环境，即儿童生存及活动范围内所需的社会物质、精神条件的总和。如果说自然环境是儿童生命存在与发展的基础，那么社会环境则是儿童生命拓展与提升的条件，在儿童生命发展的初期，自然环境起着奠基作用，帮助儿童获取生命发展所需的基本物质与能量。但人的发展不仅仅是自然性的过程，更是一个社会性的过程，也即儿童的成长需要超越生物学的意义上升到社会性存在的高度，从自然人转变成社会人。正如维果斯基的“社会历史文化理论”，儿童是在社会交往过程中逐渐习得文化符号，实现心理机

① 涂艳，黄效白．幼儿教育阶段中教育的生态功能建设研究[J]．教育文化论坛，2016，8(2)：55-60．

能的高级发展。从这个意义上来说，一个良好的社会生活环境也是儿童持续发展、健康成人的关键因素。社会，是幼儿学习的大课堂，让幼儿走出幼儿园到社会中去，亲眼看看环境污染对人类的危害，初步体验人类对环境所担负的责任。①

这意味着儿童不仅需要大自然的滋养，同样也需要社会文化的熏陶，并具备一定的社会适应与交往能力。那么这个能力何以生成？很大程度上就是依赖儿童与大自然、大社会的互动交往，也就是说生态环境与社会生活是儿童得以健全成人的重要因素。其中，生态环境是基础，社会生活是条件，没有生态环境，儿童的生命就会失去自然真实的底色，脱离社会生活的背景，儿童的成长就没有了文化的润泽，两者不可分离。传统的生态教育容易把生态教育的内涵窄化为单纯的环境知识教育，习惯把理论知识的传授与现实社会生活相割裂，导致儿童在面临实际生活中的环境问题时不知所措、无所适从，环境知识的学习就变成机械枯燥的记忆，对于实际问题的解决并无真正的促进作用。

因此，新时代背景下的幼儿园生态教育强调生态教育的本质是面向自然的生态教育，是面向社会生活的生态教育。正如托马斯·贝里所言，“应把教孩子理解自然作为其人生中的一件大事对待”。生态教育的根本目的就是要促进每个儿童树立起科学的生态文明观，使其从小就知道生态系统对人类社会生存与发展的重要性，掌握一定的保护生态环境的技能技巧，养成自觉维护环境的良好文明习惯，学会与自然、社会和谐相处，这个和谐相处就是幼儿园生态教育的理想状态。当儿童感受到与自然交往带来的心灵震撼时，他会把对自然界“孤独的爱”转化为对人本身、对大自然和对社会的“循环的爱”，在爱的循环中，儿童实现了与自然与社会的和谐共处。

当然，幼儿园生态教育不局限于孤立的事实，而要教给孩子从生态角度来观察事物②。幼儿园生态教育要走出课堂，着眼于儿童社会性品质的培养，唤醒儿童积极的社会情感和责任担当，回归儿童的实际生活，促进儿童与自然和社会和谐相处，即儿童因自然而生，因社会而成，儿童与自然和社会是一种共生关系，对自然和社会的不利行为最终会伤及人类自身，这也是“生态”的本义。幼儿园的生态教育的核心就在于帮助儿童理解人与自然和社会之间的共生关系，学会尊重自然，顺应规律，保护身边的生态环境，维护与自然和社会形成的共同体。此外，生态教育不是坐而论道，而是起而行之，切实地引导儿童树立科学文明的生活方式，形成节约资源、保护环境的良好理念，把儿童对自然环境的喜欢与热爱之情转化为具体的实

---

① 李顺夏.生活回归教育，教育源于生活——对儿童进行环境保护教育的研究[J].作家天地，2020(6):113-114.

② 鞠阿楠.幼儿“生态教育”的路径研究[J].新智慧，2020(19):43-44.

践行动，通过微小的举动带来人类社会文明的整体进步，实现儿童与自然与社会的和谐相处，就是实现幼儿园生态教育的价值回归。

第三节　引导教师树立教育生态理念，从教孩子成长到孩子自己成长

如果说幼儿园的生态教育是一种课程实践的过程，那么教育生态则是一种教育价值理念的彰显。教育生态理念就是一种回归自然的理念，一种教育思想的转变，其本质在于把教育过程视为一个由各种教育因子组成的网络系统，并考察其中各种组成因子，因子之间、因子与系统整体之间的各种结构关系，关注整个教育系统的动态发展，并把教育对象——人——视为整个系统的核心，视教育过程为人的自主自发成长的过程，其他教育因子作为影响人发展的各种潜在力量以隐性的方式存在。

因此，教育生态最根本的着眼点在于把成长的主动性还给生命机体，促进有机体在生态平衡的环境中获得自主发展的力量，这就是幼儿园生态教育的目的之一：引导教师树立教育生态理念，从教孩子成长到孩子自己成长。

一、尊重生命发展的自然规律，展现儿童成长的真实性

早在300年前，著名的思想家和教育家卢梭就高举“发现儿童”的鲜明旗帜，提出“自然教育”的伟大设想，他认为儿童教育的首要出发点就是要把儿童当作一个生命，一个不染纤尘、天真无邪的自然生命，让他们按照自然界本身的规律发展。他看到了生命成长本身具有的自然规律，这个自然规律就是人生存与发展的内在规定性，是人性使然，而不受一切外在力量指使，教育也不例外。教育如果忽视生命发展的自然规律，就好像“揠苗助长”一般，脱离生命之本的泥土和水分，拔得再高再用力，禾苗本身也不会得到任何滋养，更遑论“助长”，因为“揠苗”本身就已经脱离了禾苗生长的自然规律了，脱离规律办事是不可能取得成功的。教育也不能脱离人的发展规律而孤立存在，在某种程度上是遵循人的天性和规律而使人性臻于完善的一门艺术。这门艺术需要在合理的人性尺度范围内进行“表演”，方能实现理想的效果。而在当代中国，“儿童是自然之子”的呼吁者刘晓东教授大力倡导要“解放儿童”，“解放”的背后也就是要给儿童“松绑”，帮助儿童去除过多的束缚，

由此他们的好奇心、创造力等宝贵的生命品质才能更好地展现出来。社会竞争的激励、生存压力的增大、地球生态的恶化、国际环境的不稳定……这些来自外在的危机与挑战不断促使我们反思：生命是什么？教育的使命是什么？人怎样才能获取幸福？这些问题的核心就在于我们如何对待生命，如何成就生命。

今天，我们谈幼儿园生态教育，也是在谈生命教育，生态背后不仅仅是花草树木、山河湖泊，也是人与生态共处的和谐状态。我们在幼儿园实施生态教育，不仅要向孩子们传达不乱丢垃圾、保护环境这样简单基本的经验，更重要的是要启发孩子们对生命、对规律的尊重与敬畏，透过具象的物体看到生命的崇高，这是教师承担教书育人的根本职责所在。教师是实施课程的桥梁和中介，因此生态教育需要教师自身具有高度的生态意识和生命意识，只有这样才能更好地向儿童传递人与自然和谐共处的理念。俗话说，“学高为师，身正为范”，只有教师能够真正尊重规律、关怀生命、保护环境，儿童才有了学习与模仿的最好榜样。

“尊重”一词在《汉语大词典》中，有敬重与重视，尊贵与显要，庄重与自重之义；在《伦理学大辞典》中，“尊重”表示对待他人及其价值的态度的道德观念，它要求人们在与他人交往过程中，承认他人的人格尊严，肯定他人的权利和自由，重视他人的智慧和才能，理解他人的信念和情感，相信他人的处世和为人，对他人富有同情心、正义感，举止礼貌，诚恳谦逊，以礼待人。在拉丁文中，“尊重”一词就是“关心你周围”。关心周围就是尊重他人的一种表现，即要考虑他人的感受。弗洛姆在《爱的艺术》一书中指出，尊重意味着能够按照其本来面目看待某人，能够意识到他的独特个性。尊重意味着关心另一个人，使之按其本性成长和发展。尊重生命就意味着要尊重自己、尊重他人、尊重我们周围的所有生命形式及滋养我们的环境。尊重自己就是要认真对待自我的生命和价值；尊重他人就是要平等地对待他人；尊重一切生命形式和环境就要求我们保护我们赖以生存的脆弱的生态系统。教师在实施生态教育之时，不仅要尊重自己，也要尊重教育对象，更要尊重自己周围的环境。今天，我们之所以如此重视生命、重视生态，是因为在生命世界里，每个生命都是独一无二的，任何人都无权轻视生命的尊严和价值。

回归到幼儿园的教育场域，我们强调教师在实施生态教育时要学会尊重儿童，其实就是尊重自然、尊重规律、尊重生命，也就是尊重生态。首先，尊重儿童就是要尊重儿童生命发展的规律，其核心就是平等，教师要平等地关怀每位儿童，不因儿童的身份、家庭、相貌、智力等外在因素去给儿童分类别、贴标签，因为每个儿童都有属于自己的尊严和价值。其次，尊重儿童就是要尊重儿童个体的独特性和生命需求。每个儿童都是生命遗传与外界环境交相互动的结果，因此，每个孩子进入幼儿园时是带着属于自己的基因和生活经历的。他们的独特性就是通过其经历的生活与感受、体验表现出来，又以这些经验来感受生活、感受他人、感受世界并予以理解。所以，尊重儿童需要尊重他们已有的生命体验和经历。而尊重儿童的生命需求就在尊重规律，尊重人的本能。因为生命需求是一个人生命发展过程中各种状态合理化的表现，尊重其生命需求意味着要承认需要存在的必然性和得到恰当满足的合理性，正如马斯洛提出的人的五种需求一样，这是人性所致，无法抹杀。相反，教师要承认正在成长过程中儿童的各种发展需要，并满足他们的天性，尊重他们身上表现出来的“奇怪特质”，并以宽阔的胸怀去理解、去宽容。教师应该始终保持人文关怀和生命意识，时刻牢记自己工作的对象是人，而不是物，对所有儿童的生命常怀敬畏与尊重之心，才能感受生命的高贵与美丽。当然生命是存在于关系之中的生命，教师与儿童就是在关系中构成教育者与受教育者，师幼在其中既是自己作用力的施与者也是相应反作用力的承担者。教师在尊重儿童的同时不是单方面地给予，它是在关系的平等中获取双赢，也就是说教师自己也会得到儿童的尊重，尊重儿童的生命存在就是尊重教师自己的生命存在。“遵循幼儿的身心发展规律，顺应孩子的天性与本能，是开展幼儿生态文明教育的基点和中心。”①

二、提供良好的自然生态环境，满足儿童成长的多面需求

自然孕育并滋养着人的生命，同时自然也为人的生命体验提供了广阔的舞台。幼儿园环境创设要立足于儿童是自然之子，回归自然，向自然开放。② 良好的自然生态环境是儿童成长的重要条件和支撑，并为儿童的生存与发展提供了最基本的水、氧气、阳光等资源。儿童在与环境的互动过程中吸收经验，发展智力，离开环境的支持，儿童的生命成长就成了“无源之水、无本之木”。正如刘晓东教授所说，“儿童是自然之子”，让儿童回归大自然的怀抱，激发蕴藏在他们生命深处的活力，释放其好奇、好动、好游戏的天性，从自然环境中汲取发展的力量，能够促进儿童在接受生态环境教育的同时，培养其观察力、专注力、合作性、想象力和创造力等重要品质，从而促进儿童的全面发展。蒙台梭利曾经指出，为幼儿提供有准备的环境要让幼儿的天性在适宜的环境中得到充分且自由的发展。③ 生态环境不仅是幼儿园的重要课程资源，也是儿童成长、发展的重要条件和依托，儿童在与环境相处的过程中体验生活、感知他人，同时逐渐形成了完善的自我意识和健全的人格。

随着社会生活压力的增加，人类生活空间的窄化，儿童与大自然接触的机会正在减少，很多儿童生活与玩耍的地方变成钢筋水泥混筑而成的小区单元楼或是各

---

① 李改.幼儿园生态文明教育及其实践路径探析[J].教育探索，2013(6)：152-153.

② 张卫民，王兵.从生命教育视角审视和建构幼儿园教育[J].学前教育研究，2019(4)：57-65.

③ 郭法奇.外国学前教育史[M].北京：北京大学出版社，2015：185-186.

种塑胶游乐场，商家则利用各种宣传手段，假借促进儿童发展之名把家长和孩子吸引至此。那些功能单一、玩法单一的大型器材在满足一波又一波的儿童兴致后，很难再次激起他们的欲望。“忽视感知的教育理念、城市化的生活导致活动空间的狭小、家庭结构的小型化和少子化、儿童活动主动性的减弱以及成人对儿童行为的诸多限制，尤其是生活的网络化导致儿童与自然的疏离等原因，造成儿童感知方式单一、感知体验肤浅、感知经验贫乏等，这些都严重影响和制约了儿童的身心发展。”①人为制造出来的环境总是会有人的“功利性”，人们总认为通过各种各样的行为一定能促进儿童这样或那样的发展，比起过程人们可能更在意结果，但往往忽视了一个重要方面，那就是人的复杂性。后现代理论认为人的发展并不简单地遵循线性规律，某个原因并非必然导致某个结果，很多时候一果多因，一因多果，呈现出复杂性和多样性。当教育面对儿童的复杂性时，要做的不是逃避和掩盖这种复杂，而是要抽丝剥茧，化繁为简，才能真正看见问题所在。那么自然生态就是覆盖在儿童身上的“丝”和“茧”，一方面儿童通过这些“丝”和“茧”来为明天的“化蝶”做准备，另一方面，这些“丝”和“茧”将以一种潜在的形式继续存在在儿童身上，与儿童翩翩共舞。之所以如此强调生态教育的必要性，那是因为儿童在成为社会个体的同时就天然地具有自然的属性，这种属性不仅意味着幼儿是自然生态系统的组成部分，同时也意味着幼儿的成长要基于自然环境。②

开展生态教育的目的就在于为儿童提供良好的生长环境，满足儿童多方面的需求。儿童天生就具有亲自然性，儿童的学习与发展都是在环境中完成的。陈鹤琴认为儿童的天性表现为他们喜爱游戏、野外生活、具有好奇心。③ 无论是生态教育还是生命教育抑或是其他教育，都应该遵循儿童喜爱游戏、喜欢野外生活等天性，为其生命活力的舒展提供自然的场域。田园游戏因其情境真实，是一种生命与生命的直接对话，是自我与环境的充分接触，因而对于孩子的发展起着更为直接的影响。④

儿童自由奔跑、自由说话，亲亲和风、听听鸟语，为一朵路边的野花也能驻足和怦然心动！生活是美的，生活的美有很多种，其中自然界的美最为纯洁、最能感动人心，而人的天性中就有审美的因素存在，当美的环境与美的心灵碰撞，必然会引发生命的活力与灵气。儿童正处在人生发展的初期和最为关键的几年，其为人处世的态度尚未成型，其思想与价值观有待雕琢，倘若在此时为儿童的生命点亮一盏

---

① 田良臣，吴传敏. 儿童感知综论：内涵、价值与现状[J]. 教育生物学杂志，2017(4)：177-187.

② 张更立. 异化与回归——走向“生活批判”的中国儿童教育[D]. 南京：南京师范大学，2011：106-107.

③ 陈鹤琴. 家庭教育[M]. 武汉：长江文艺出版社，2013：16.

④ 谢翌，邱霞燕. 童年的味道：寻找田园中的课程资源[J]. 课程·教材·教法，2015，35(7)：37-45.

灯，擦亮一丝火花，帮助儿童感知生活世界的美好，激发其灵魂深处的慈悲与关怀，就能引领儿童的精神超越物质的束缚，从而走向较高的境界。

为儿童提供良好的生态环境，意味着要尽量为儿童保留原生态的环境体验。无论是室内还是室外，都要最大程度地保留环境之天然属性，减少人为的刻意修饰，只有相信自然的教育力量，才能真正把天性还给儿童。例如，一些幼儿园会合理设计和利用空间，在内部建有专门的植物园、沙水区等区域，可以通过这些区域开展活动。① 儿童在面对真实的绿草地而不是塑胶跑道时，在饲养活泼可爱的小动物而不是仅从图片中学习时，在亲自回收垃圾变废为宝而不是空喊口号时，儿童对生命的认识、对资源的珍惜、对美好生活的向往之情才会被进一步激发出来。这种情感一旦上升到精神世界就会慢慢转化成儿童的信仰或价值观，成为儿童行动的指南和向导，那么他们自然地就学会如何与人相处、与物相处、与整个生态环境相处。正如苏霍姆林斯基所言："一个人只有在其童年和少年时期同大自然和人们打交道的那种条件下使他的心灵不平静、忧虑、柔弱、敏感、易受刺激、温柔、富于同情感，他才会成为有教养的人。"这个过程是通过儿童在环境中生活、在环境中行动完成的，是潜移默化地习得的。教师要做的就是探索如何为儿童提供一个更好的生态环境，如何提升儿童的生态意识。

三、营造宽松自由的心理氛围，做儿童自主成长的引路人

幼儿园是花园，也是一个小型的生态系统。② 处在整个生态系统中核心位置的是我们的孩子，整个系统是为孩子服务的，服务于孩子幸福的当下生活和光明的未来。陈鹤琴也曾说："凡是儿童自己能够做的，应该让他自己做，凡是儿童自己能够想的，应该让他自己想。"儿童是一个具有自主成长愿望的人，他的身心发展受制于他的内在力量，忽视儿童的主观能动性就是忽视教育内因和基础。因此，幼儿园生态教育整个课程体系的目标应该要以人为本，以儿童发展为中心，充分发挥儿童的主观能动性，启发儿童追求美好生活。在此基础上引领儿童走向更高层面的追求，从教儿童成长到引导儿童自己成长，把生命之舵交还给儿童，做儿童自主发展的引路人。自主性是指一个人能够自主决策、自主行动做出符合一定社会规范的行为倾向，包括自我依靠、自我控制和自我主张三个维度：自我依靠的明显表现就是自己做自己的事；自我控制的明显表现就是能够克制自己的不合理冲动，服从规

---

① 张平，甘超. 基于儿童生命教育的幼儿园环境创设思考[J]. 通化师范学院学报，2020，41(5)：134-138.

② 杨宁. 关于生态幼儿园建设的思考[J]. 教育导刊(下半月)，2015(10)：5-8.

则；自我主张的明显表现就是在一定程度上能够坚持自己的看法，而不是盲目从众。[①] 自己的事情自己做，学会管理自己的行为，坚持自我的看法，不盲从……这些都涉及儿童自主性、自我意识的发展，在《指南》的社会领域目标中，也提到教师和家长要有意识地培养儿童的自尊、自信，促进儿童主观能动性的发展。今天的儿童是祖国的未来。世界的公民，今天培养儿童就是为人类孕育明日的希望，生态教育就是要立足于儿童本身，既关心当下，也展望未来，只有唤醒儿童内在的向上的自我发展的能量，教育方能使人走得更远。这就好比一辆汽车，真正提升汽车行驶力的不是多么昂贵的汽油，而是一个好的发动机，或者说汽油不是汽车跑得更快更久的决定性因素，一个能够把其他形式的能转化为机械能、促使汽车跑起来的发动机才是整个汽车配置的核心。教育就好比是汽油，是一种助推力，儿童的自我主动是"发动机"，是将一切教育形式转化为内在发展动力的桥梁。生态教育的目标不能忽视的就是儿童的主观能动性，生态教育目标的实现既需要依靠儿童的主观能动性来实现，更要通过教育过程的本身来促进儿童的自主成长。生态教育的意义不仅在于保护我们赖以生存的地球环境，更在于改变我们人类的思维方式和行为习惯，把生态意识贯穿到自我发展的全过程，以生态观、系统观来昭示生命，实现人类的自我更新和永续发展。

之所以强调幼儿园生态教育的展开，是因为生态不仅与环境相关，更与生命相关；不仅与大千世界的动植物的生命相关，更与我们每个人的生命相关；不仅与那些处在生命之初的儿童相关，更与整个人类、整个世界的前途命运息息相关。现代达尔文主义的积极倡导者迈尔认为，没有任何特殊的物质、物体或力量可以和生命等同。正是那些植物、动物、人等多种多样的生命形式才构成了丰富多彩的世界，构成了人与自然和谐共处的生态系统，而人作为这个系统中最具有能动作用的因素，承担着改变自我、改变环境的重大责任。教师如何引导学生的自主性向着好的、积极性的方向转化而不至于形成毁灭性的力量，这是生态教育乃至教师首要考虑的问题。正如前文所述，自主性是生命发展的最核心动力和要素，是生命的一种特性，它启示教育者生命不是一个被动系统，而是一个主动系统，生命体的一切活动不是反射和反应，而是自主呈现和自我发展。那么一切教育所应该做的就是"顺势而为""因势利导"，激励儿童的内生力量，促成儿童实现自我教育，正如苏霍姆林斯基也说过"促进自我教育的教育才是真正的教育"。自我教育的关键就是发挥人的自主性，使人以人的方式、有尊严地进入世界，承担人作为世界之部分的责任。[②]

可以说，真正的自我教育是灵魂自我完善的教育，而不是一味地向儿童心灵堆

---

① 侯林，邹晓燕．母亲人格与5岁儿童自主性的相关研究[J]．学前教育研究，2009(10)：34-37.

② 孙圆．儿童自主性及其教育意蕴[D]．金华：浙江师范大学，2018：105.

积那些枯燥的知识和道理，这些知识和道理不上升到灵魂的高度，无法被生命吸收和转化。因此，生态教育的目标需要立足生命，立足生命的自我完善与积极主动，启迪儿童的心灵与智慧，使儿童凭借自身的能动作用使其成为自由的自己。也就是说生态教育的目标只能由儿童自己来完成，其中蕴含的真理就是我们不断强调的终究教育是某种唯有个人自身才能成就的事情。这里说的教育及自我教育更像一种积极的学习状态，是儿童积极主动地同化或顺应某些知识经验的一种过程，遵循自主性便是所有教育所应倡导的重要原则。当生态教育遵循儿童自主性发展的规律时，它意味着儿童自我意识的敞开。儿童对生态的认识、对生命的感受不是在封闭的课堂教学中学到的，而是儿童在自身自主性的实践与对话中获致的，使得儿童对世间万物的认识超越某种规训从而获得自由。

第四章 幼儿园生态教育的内容

在幼儿园生态教育的课程中，对于内容的选择是多维度、多取向的。有些学者认为幼儿园生态教育应包括认识自我、肯定自我的内容；引导幼儿感受自然、感受生命的内容；在生活中主动探索、发现问题的内容；尊重幼儿个体差异、获得学习和发展的内容；并坚持从幼儿园、家庭和社区中着手。

结合布朗芬布伦纳的生态系统理论，幼儿园生态教育内容的选择将从生态教育的起点、生态教育的基点和生态教育的落脚点三方面来考虑。其中生态教育的起点——“认识‘我’自己”作为整个生态教育的内容的起始部分为接下来生态教育的基点做准备。生态教育的基点意味着“根本、基础及重要的意思”，即生态教育中最重要的部分：认识大自然并感受自然。生态教育的落脚点——生态教育的内容的选择对幼儿发展的影响很大，但是所选择的内容不能只停留在书本上，也不能停留在老师和幼儿的交谈之中，应该落脚在幼儿园一日生活、幼儿家庭及周围社区中，充分发挥教育合力，共同促进幼儿健康茁壮地成长。

第一节 认识“我”自己：生态教育的起点

《纲要》在社会领域中指出幼儿在与他人进行交往时，要具有自尊、自信、自主的表现，要使幼儿具有这些表现，前提是幼儿能够充分地认识自我。儿童存在于小系统中的一部分，受到各种复杂的环境因素的影响。秦姜艳认为应将生命教育的内容定位在人与自己、人与他人、人与环境、人与宇宙四方面。① 在复杂多变的环境中,幼儿如何能够正确认识自我是生态教育的起点。其中人与自己分为认识自己、欣赏自己、接纳自己、保护自己、塑造自己五个方面。②

一、在生态教育中认识自己

认识自己包括认识自己的身体、情绪和基本信息。③ 建立起积极正向的自我概念,对自己各方面进行评价,包括身体能力、认知能力、社会接纳。能意识到自己是属于社会群体中的一部分及自己对于重要他人的作用,自尊而不自卑,自信而不自负。此外,他人评价也是儿童认识自己的一面镜子,有助于儿童形成客观、完整、具体、清晰的自我认识。幼儿园生态教育贯穿于幼儿一日生活中的各个环节,处处都有生态教育的内容。

(一)认识自己的身体、情绪及基本信息

我是男孩还是女孩?他们有什么不同?在为娃娃穿衣服、上厕所的游戏中,幼儿了解保护小身体的方法。幼儿在一岁前不能把自己作为一个主体同周围的客体区分开来,直到一岁之后才开始区分主客体,知道手和脚是自己身体的一部分,这是幼儿自我意识最初的萌芽。在一岁前幼儿的思维只与动作相联系,直到两岁,幼儿的思维与语言开始出现交叉。第一次交叉的标志是给物体命名,例如:看见了自己的妈妈来了,能喊出"妈妈"。幼儿能表达自己身体的感觉,然后更加爱护自己的身体,幼儿之间有时候会趴在对方的胸部,相互听对方的心跳,嘴里说着:"里面有个小东西在跳呢!"有个幼儿生病了,说自己肚子疼,妈妈摸着他的胸口问幼儿:"你是这里疼吗?"然后又摸着他的肚子,问:"还是这里疼呢?"幼儿很清楚地表达出:"不是心脏疼,是肚子疼。"幼儿在自然、轻松、愉悦的日常生活中了解自己的身体的基本信息,学会表达喜怒哀乐的情感,无疑是一个非常合适的选择。

(二)建立积极的自我概念

自我概念不是与生俱来的,是在后天的生活环境中,与客体不断地相互作用的过程中建立和发展起来的,幼儿在成长的过程中,非常在乎别人对自己的态度和评

① 秦姜艳.人类发展生态学视野下幼儿园生命教育活动研究——以长春市三所公立幼儿园为例[D].长春:东北师范大学,2015:25.

② 秦姜艳.人类发展生态学视野下幼儿园生命教育活动研究——以长春市三所公立幼儿园为例[D].长春:东北师范大学,2015:25.

③ 秦姜艳.人类发展生态学视野下幼儿园生命教育活动研究——以长春市三所公立幼儿园为例[D].长春:东北师范大学,2015:25.

价,自我概念的形成对于孩子人格的形成和发展也非常重要。自我概念分积极的自我概念和消极的自我概念,并相应地引起自身积极或者消极的行为、态度、情绪等。[①] 具有积极自我概念的幼儿会认为自己有价值、受到他人重视、有能力、独特,并对外界事物充满好奇心,兴致勃勃。[②]

幼儿的自我评价也从个别性评价逐渐向多面性评价发展。比如,大班的幼儿在评价自己的时候说:"我不仅会唱歌,还会跳舞,但是我画画不行。"区角活动时,明明想和豆豆一起搭积木,豆豆不答应,他说:"你那么笨,肯定什么都不会,只会拖我们后腿,我才不要跟你一起玩呢!"说完就噘着嘴走开了。明明在原地低下头,很是伤心。事实上,明明并不是什么都不会,只是比豆豆搭积木的能力弱一些。老师在旁边观察了之后,决定在此刻进行直接介入,把明明抱到怀里,跟大家说:"我发现明明很有爱心呀,在幼儿园里经常帮助保育老师打扫教室,给其他小朋友提供帮助,我非常想和明明成为好朋友,明明你愿意做老师的好朋友吗?"虽然大班幼儿对自己的评价能力较差,但是成人的态度对儿童的自我评价仍有着很大的影响。因此,经过老师的介入,其他小朋友们对明明的态度都有所改变,愿意去发现明明身上的闪光点,争着和明明做好朋友,也让明明重拾了信心,不再自卑,进而建立积极正面的自我概念。

(三)意识到自己是社会的一部分

正如埃里克森提出的心理社会发展阶段中的第三阶段,幼儿体验着目的的实现,为将来成为一个有责任感、有创造力的人奠定了基础。幼儿点点和两岁时候相比有很大的进步,比如幼儿以前吃糖果要成人剥开,现在却说:"我会剥,我来剥。"无论是自己能做还是不一定能做到的事情都抢着要做,幼儿觉得自己可以独自完成,这时候成人需要满足幼儿的需要。我经常会看见幼儿模仿成人的行为、动作,比如幼儿要帮妈妈推买菜的小推车,妈妈如果不同意,幼儿会大哭大闹。这样的现象表示幼儿意识到自己的力量,认为自己有能力完成成人的任务,进而意识到自己是社会的一部分。

二、在生态教育中欣赏自己

欣赏自己包括了解自己的独特、优点、努力,对自己有信心,主要是对自己的认可与肯定,能对自己进行积极正面的评价。欣赏自己不是以自我为中心,也不是骄傲狂妄,而是在欣赏自己的同时也要看到他人的优点。

---

① 岳小芳.论幼儿自我概念的培养[J].山西煤炭管理干部学院学报,2013,26(3):156-157.

② 岳小芳.论幼儿自我概念的培养[J].山西煤炭管理干部学院学报,2013,26(3):156-157.

(一)了解到自己的优点和长处

幼儿在不断地探索认识外界世界中慢慢认识自己,慢慢成长。每一个孩子都有优点,关键是教师能否发现幼儿身上的闪光点,从而帮助幼儿了解自己的优点。有一本故事书,主人公小爱认为自己个子矮、力气小、跑步慢,这些都让她觉得自己是个没有优点的孩子。后来她的好朋友朵朵帮助她找到了许多的优点,其中最大的优点就是小爱能为别人着想,用热乎乎的双手给别人带来温暖,从此,小爱变得自信、快乐、阳光。

我们经常会看到幼儿园组织关于了解自己优点的集体活动,比如社会活动小小"闪光点"、我的优点,语言活动夸夸自己、夸夸别人等。这些活动都是为了让幼儿对自身发展变化感兴趣,先了解自己的能力,找出自己的优点,其次愿意在集体面前表现出来,最后肯定自己的价值,对自己做出积极正面的自我评价。

有一个故事向我们说明了正确认识自我的重要性。小毛驴和小猴生活在主人家里,一天,小猴玩得起兴,就爬到了主人家房顶上蹦蹦跳跳。主人看见了,便夸奖小猴灵巧。小毛驴见了也想要得到主人夸奖,于是费好大劲爬到房顶上,却把主人家房顶的瓦片踩坏了,主人见了,对小毛驴又打又骂。小毛驴觉得非常委屈,为什么小猴爬到房顶上可以受到表扬,而他却不能呢?显而易见,小毛驴不够了解自己、不认识自己的能力。一个连自己的优点、能力和水平都不清楚的人,是没有办法在自己的领域中获得成功的。

(二)进行积极、正面的自我评价

幼儿的自我评价是一项非常重要的心理活动,是主体在对自己身心特征认识的基础上,产生的某种判断。自我评价高的幼儿在今后会表现出更多的自信,遇事不怕困难,面对困难也以积极的态度去面对;相反,自我评价低的幼儿在以后的发展中会认为自己处处都不如别人,遇事不求上进,容易退缩,甚至在尝试之前就说"我不会、我不行"。

幼儿的自我评价能力受自身发展水平的限制。幼儿的认知能力较低,对自我评价的水平也低,幼儿对自己的评价从很大程度上都依赖于成人的评价,特别是幼儿教师、父母等幼儿熟悉的人,因为幼儿的自我评价带有很强的主观性,还不能客观地认识并评价自己。因此,我们要解决的一个问题就是,尽量用客观公正的语言、态度来评价幼儿。

(1)家长应该多用纵向评价,慎用横向评价。纵向评价指的是对幼儿不同年龄阶段进行前后的比较,评价幼儿在不同时期的表现是进步还是退步,以及进步或退步的程度如何,并肯定幼儿进步的情况。横向比较是指在同一时间内对多个幼儿的特性进行比较,如幼儿学习习惯、学习能力、学习态度、学习兴趣、性格特征等方面的总体水平和发展平衡情况。横向比较存在于幼儿与幼儿之间。我们经常会听到家长们谈论："某某家的孩子真聪明，会认多少字，会写多少字……我们家孩子就知道玩。""某某都会背多少首古诗了，我家孩子一首都不会背。"显然，这是家长将自己孩子和同伴进行了横向比较，当同伴成了爸妈口中"别人家的孩子"，并且这个"别人家的孩子"那么优秀，深得父母的喜欢，那父母是不是不喜欢我了，更喜欢"别人家的孩子"呢？家长片面的评价让幼儿形成了错误的自我评价：我不够好，我比不上别人，我做什么都是错的。由此想让幼儿形成积极、正面的自我评价，成人对幼儿积极、正面的评价是关键。

（2）要鼓励幼儿收获成功，体验成就感。在幼儿园教育中要注意到幼儿的个别差异，教师需要了解幼儿现有发展水平，设置一个目标：这个目标既不能太高，幼儿没有办法实现，产生自卑的心理；也不能太低，幼儿过快实现目标，丧失兴趣，产生自满的心理。过高或者过低的目标都不利于幼儿积极正确地评价自我。因此，老师需要有意识地将目标的高度设置在幼儿跳一跳就能够实现的范围内，让每位幼儿都能在原有发展水平上，经过自己的努力获得成功。举个简单的例子，以体育游戏为特色的幼儿园内，设置了许多游戏项目，发展幼儿的跑、跳、爬、钻、平衡等基本动作的能力，在保持平衡的走独木桥项目中，教师设置了两条路线，一条是窄一点的田间小路，另一条是稍微宽一些的乡间小路，两条难度不一的路径供幼儿自己选择。对于一直选择乡间小路的幼儿，鼓励他们尝试更窄一些的田间小路，以此来促进这一阶段幼儿现有发展水平过渡到最近发展水平，实现幼儿平衡能力的发展。

我们要创设一个宽松、自由、温暖的环境，让幼儿能够畅所欲言，自由自在地发表见解；创设一个丰富刺激的环境，让幼儿在对环境的不断探索中获取环境中的信息。在生态化的教育环境中帮助幼儿进行积极正面的自我评价对幼儿今后的成长具有非常重要的作用。

三、在生态教育中接纳自己

接纳自己包括了解自己的缺点，接受自己的缺点，不只看到自己的优点，也要看到自己的缺点，接受自己的全部，并能在逆境中保持乐观积极的态度。我们都会说"人无完人"，没有人从生下来起就是完美无缺的，正是因为每个人的不同才造就了不一样的我们，组成了个性化的世界。当成人在评价幼儿的时候，也不能仅夸奖好的地方，而忽视不好的地方，这样的评价是不客观的，也不利于幼儿形成正确的自我认识。当幼儿了解到自己的缺点后，能够有意识地改正错误、扬长避短，接纳自己，才能够正确认识自我。

处在幼儿期这一年龄阶段的幼儿，受思维发展水平的限制，多会出现以自我为中心的状况，具有强烈的表现欲，他们对于自身优缺点没有过多的概念。幼儿园组织的语言活动小小“闪光点”，不仅要让幼儿看到自己的优点，增强自信心，也要认识到自己的缺点，对自己有全面的认识，扬长避短。夸夸自己优点的同时也夸夸别人的优点，相互学习，建立互助互利的同伴关系，互相监督，互相影响，并思考如何才能把自己的缺点变成优点。

有研究表明，幼儿园生命教育活动内容涉及欣赏自己、接纳自己的相关内容很少，大多是涉及“建造”自己的相关内容，当然不同年龄阶段的幼儿在内容上又有差异。①

四、在生态教育中保护自己

保护自己包括幼儿在幼儿园、家庭或在其他地方对危险来临时保持镇定、机智，懂得如何向他人求助，在认识自己身体的基础上，预判危险的动作，保护自己。保证幼儿的安全永远是幼儿园所有活动的重要前提条件，安全教育工作也是幼儿园头等大事，针对幼儿年龄特点进行有针对性的安全教育，从幼儿生活出发，通过事例，由近及远，由浅入深，增加幼儿的感性经验，以预防为主，培养幼儿自我保护意识和安全意识。幼儿生活经验贫乏，很难预见行为产生的后果，也不会分辨安全行为与危险动作，因此在学习保护自我时要将分辨安全行为和危险动作及学习保护自己的方法作为难点去突破。

（一）分辨安全行为和危险动作

幼儿期的孩子活泼好动，对任何事情都充满了好奇心，什么事情都想要摸一摸、闻一闻、试一试，可是处于这个时期的幼儿，身体协调能力较差，缺乏必要的生活经验，认知水平比较低，常常不能预见自己行为的后果。幼儿生活在幼儿园和社会环境中，意外事故的发生常常是不可避免的，成人不能因为怕幼儿受伤害而控制幼儿的所有行动，限制幼儿的自由，要知道看护、爱护不如自护。成人应该以榜样示范等直观的方式教会幼儿分辨常见的安全行为和危险动作，预防意外事故发生。

幼儿园教师应善于观察和发现一日活动各个环节中幼儿的安全行为和可能出现的危险行为，做好照片或者视频的记录，及时与幼儿讨论什么行为是安全的，什么行为可能造成不安全的后果，运用榜样的示范强化幼儿安全行为。同时建立同伴互相提醒的机制，同伴互相提醒既是在监督他人行为，也是对自己行为的进一步规范，让幼儿逐渐明白什么事情可以做，什么事情不可以做，什么是安全行为，什么

---

① 秦姜艳. 人类发展生态学视野下幼儿园生命教育活动研究——以长春市三所公立幼儿园为例[D]. 长春：东北师范大学，2015：28.

是危险动作。

（二）学习保护自己的方法

前面提到，幼儿常常由于生活经验的缺乏、认知水平低下的原因受到伤害，因此可以通过丰富幼儿的生活常识，创设环境提醒幼儿，组织多种多样的教育活动，教师提醒、同伴互相提醒，抓住教育契机、进行随机教育等方式帮助幼儿学会保护自己。

丰富幼儿的生活常识，学习自我保护的方法。如拿出一杯冒着热气的开水，让幼儿讨论："可以马上喝吗？如果不能喝，你是怎么判断的？那要怎么做才可以喝呢？"幼儿对这个话题很感兴趣，开始了激烈的讨论，幼儿 A 说："不能马上喝，好像很烫的样子。"幼儿 B 补充："老师，我可以摸一摸吗？"幼儿 C："可以喝，先吹吹，再小口小口喝，这是妈妈教给我的。"幼儿 D："妈妈说，我以前还被热水烫伤过呢，可疼了，现在手上还有一道疤。"因为幼儿对于生活中常见的热水的知识，还算比较丰富，知道冒着热气的水会烫伤自己，所以要先摸摸杯子外面，确认水的温度，小口小口地喝。后面老师拿出一些五颜六色的药丸，幼儿便开始猜测："这是巧克力豆吗？我以前吃过这样的巧克力，可好吃了。"显然幼儿是将这些五颜六色的药丸当作好吃的东西，而这些药丸可不是随便吃的。老师和一名幼儿进行情景表演，当幼儿假装吃了这种药丸之后，会出现肚子疼、头晕的情况，让幼儿直观地看到乱吃药丸的结果，意识到药丸是不能随便吃的，看到了这些药丸也要告诉老师、告诉爸爸妈妈，如果自己生病了要吃药，在家要请爸爸妈妈帮忙，在幼儿园要请老师帮忙。

创设环境，提醒幼儿保护自我。环境是一个隐形的课程，环境为幼儿学习提供物质支持，一个充满智慧刺激的环境可以促进幼儿积极与客观世界相互作用，从体验探究中学习。幼儿经常在幼儿园教室里面跑来跑去，轻一点就是磕磕碰碰，严重一点就是擦伤流血，于是教师和幼儿商量如何才能减少发生这样的意外。在教室里面显眼的位置画一些安全标志的图片，提醒幼儿，比如：在柜门上贴上小心夹手的图画，在窗台上贴上禁止攀爬的图画，在楼道里贴上不推不挤的图画……在班级区域活动里增设一个安全区，提高幼儿保护自我的意识。

组织多种形式的教育活动，促进幼儿自我保护能力的发展。在幼儿园集体教育活动中，不仅在安全教育活动中科普安全知识，而且要在各大领域活动及一日生活中进行安全教育。如在科学活动中，认识五官，讨论耳朵、眼睛、鼻子、嘴巴的功能和特点时，明白各个器官对于人来说都是特别重要的，所以我们要保护好我们的五官，不让它们受伤，它们都是脆弱的，不能用锋利的工具伤害我们的眼睛、耳朵、嘴巴；在社会领域活动中，通过故事、情景剧、视频等多种形式让幼儿明白不能吃陌生人的东西，不能和陌生人走，遇到危险要大声呼叫，寻求身边人的帮助。

教师的语言、同伴的互相提醒，增强自我保护能力。刚进幼儿园时，小班幼儿还不能习惯幼儿园的教学生活，因此很容易出现危险。教师需要不断地提醒幼儿，慢慢地养成好的习惯，减少意外的发生。除了教师语言的提醒，同伴的提醒也很有效，请一些常规习惯养成较好的幼儿当值日生，监督其他幼儿某一项常规活动的养成情况。适时地也可以让还没有完全养成习惯的幼儿当值日生，这样可以在提醒他人的同时也提醒自己。这时教师要注意及时强化，给予幼儿适当的表扬和奖励。除了明示的语言外，还可以进行语言暗示：在教室接水的地方贴一些小脚印，提醒幼儿要排队；在区域入口处贴上进区规则，提醒幼儿阅读区要保持安静，建构区要收拾材料，表演区要整理衣物，美食区要节约粮食……

抓住教育契机、进行随机教育，加强幼儿自我保护意识。幼儿的不安全行为经常是在无意之间发生的，因此教师需要细心观察，一旦发现幼儿的危险行为，及时进行教育，效果最好。比如：在幼儿园午睡的时候，经常会有幼儿偷偷带着自己的小玩具进到被子里面，有的拿在手上，有的含在嘴里，有的放在枕头下面。只要教师在幼儿午睡前让幼儿集体将身上的物品放在指定地方，这些不安全的行为都是可以预防的，如果还是有幼儿将物品带进被子里，便要对幼儿进行及时、针对性的教育。

教师进行的所有安全教育都不是为了限制幼儿的活动，使幼儿丧失探索的积极性和兴趣，而是让幼儿能够在自己可控的程度上与外部世界相互作用，这是所有教师都应该明白的。

五、在生态教育中塑造自己

塑造自己包括从动作技能、基本生活能力、生活和卫生习惯等方面发展自己。幼儿园教育活动非常关注对幼儿的塑造，小班幼儿注重良好生活习惯的养成，中班幼儿侧重于走、跑、跳等大动作的发展，大班幼儿注重个人卫生习惯、安全、指令动作的发展。①

良好卫生习惯的形成必须从小班抓起。小班幼儿年龄小，总爱把小手放进嘴里，还有一些幼儿喜欢在地上摸爬滚打，之后用小脏手擦擦鼻子、摸摸脸，甚至放进嘴里。在幼儿园生态教育中要注重从小养成良好的卫生习惯，为将来一生奠定良好的基础。在幼儿园中，老师是幼儿主要模仿的对象，因此老师要树立正确的榜样，暗示幼儿哪些事情可以做，哪些事情不可以做。例如：教师和幼儿同样做到饭前便后洗手，然后擦手。此外，幼儿有良好的生活卫生习惯同样表现在幼儿有独立

① 秦姜艳.人类发展生态学视野下幼儿园生命教育活动研究——以长春市三所公立幼儿园为例[D].长春：东北师范大学，2015：28.

自理的能力，玩过的玩具，物归原位，做错的事情自己承担后果。做自己力所能及的事情，逐渐要追求自己的事情自己做，自己学会穿、脱衣服，收拾玩具，整理书籍……

中班和大班幼儿精力更加充沛，身体更加结实、体力更好，跑、跳等基本动作掌握更灵活，除了大动作的发展，精细动作也逐渐发展起来。比如：熟练地穿脱衣服、扣纽扣、拉拉链等。幼儿意识到自己的力量和能力，知道自己对于世界是有用的，获得无限发展的动力。人也只有在认识自我和洞察自我之后，对自我有一个明确的认识、判断，我们才能真正开始独立外部世界，才可能去认识和改造外部世界。

第二节　认识大自然并感受自然：生态教育的基点

生态环境是人们赖以生存和发展的基本条件，人们对生态环境的开发与利用，既要做到充分合理利用生态资源，又要做到珍惜、保护、爱护生态环境。幼儿在认识大自然的基础上还要尊重和保护我们的生存环境，懂得生态环境的命运与人类的命运息息相关。著名教育家陶行知先生指出“解放儿童的双手，使之能干”，所以我们要给儿童自己动手操作的机会，让儿童在亲身感知、实际操作中获得发展，在手脑并用中，冲破传统的束缚，不断创新创造。

一、认识大自然

城市化进程加快，科技的迅速发展，让人们越来越远离大自然，教育越发偏重课堂化、校园化、书本化。因此，有越来越多的教育家提出“要让教育回归自然。”近些年，受到国外自然教育、森林教育成功实践经验的影响，我国也越来越重视幼儿教育的生态化。

（一）将生态教育因素渗透到幼儿园游戏活动中

游戏是幼儿园的基本教育活动，贯穿于幼儿一日生活之中，是幼儿最喜欢的活动，也是最符合幼儿年龄特点的一种独特的活动形式。游戏也是对幼儿进行基础性、常识性教育的基本手段，让幼儿以一种轻松愉悦的方式学习。游戏满足了幼儿对成人世界的探索，他们可以在游戏中扮演不同的角色，体会不同职业的工作，以游戏的方式认识世界。因此，生态教育的内容也可以渗透到幼儿园游戏活动和游戏材料中，在游戏情境中完成生态教育的内容。

大班幼儿剪纸活动“构建你的花园”中，在学会了剪纸的基本操作后，幼儿使用各种树叶剪出喜欢的图案或者物品，放置在小组设计的花园设计图纸上。中班音乐活动“音阶与蔬菜”，让幼儿将所学习的内容与瓜果蔬菜联系起来，虽有一定难度，但也充满了趣味性。小班艺术活动“春天的画报”，让幼儿选择春天一种有代表性的、令人印象深刻的东西，在画板上画下来，并在全班幼儿面前讲述自己的作品表达的内容，在完成作品的同时，也有自己对于春天的思考。①

(二)将生态教育因素渗透到幼儿园游戏材料中

教师按照幼儿生存环境及幼儿园周边的自然景观，因地制宜地选择材料进行投放，引导幼儿将自然生态因素的材料融入区域游戏材料，既达到对周围生态环境探索的目的，又在此过程中培养幼儿的实践能力。当幼儿投入材料之后，教师引导幼儿对材料进行处理。在这一阶段中，教师的作用并不是帮助幼儿完成创作，而是引导幼儿创新，得到新的主意，支持幼儿的合理想象。有研究者提出，在生态教育理念下的幼儿园区域材料投放的游戏具有培养幼儿实践能力、道德品质、理论能力的价值，带领幼儿学习、生活和游戏，让幼儿得到全面发展。②

(三)通过直接感知、实际操作和亲身体验认识大自然

受幼儿思维发展水平的限制，3～4 岁幼儿思维以直观行动思维为主，思维依靠具体直接的行动，动作开始，思维则开始，动作停止，思维也停止；4～5 岁幼儿以具体形象性思维为主，不再只依靠动作来思维，能够摆脱动作和动作的对象进行思维，依靠头脑中的表现来思维；5～6 岁幼儿的抽象逻辑思维开始萌芽，但还是以具体形象思维为主，能够进行简单的概念判断推理。不同年龄阶段的幼儿虽然感受理解事物的方式不同，但都离不开具体实物，必须通过幼儿亲身感知、实际操作来认识理解大自然。《指南》提出幼儿要通过直接感知、实际操作和亲身体验来获取经验。之前提到要将生态教育因素融入游戏活动和材料中，必定需要幼儿通过多感官途径，亲身体验游戏活动，要寓教育于游戏活动中，潜移默化地帮助幼儿树立环保意识，保护生态环境。

在幼儿园的集体教学活动、一日生活各环节及家园合作中引导幼儿运用多重感官感受大自然的魅力，组织专门的科学活动认识大自然，亲身到附近的公园、树林中感受大自然，让幼儿对大自然的印象不仅停留在图片和视频中。在幼儿园设置的种植区和自然角，要鼓励幼儿自主参与日常管理，同时也要培养幼儿良好的生

---

① 吴敏.幼儿园生态教育与课程整合的研究[J].教育界，2020(19):85-86.

② 张燕.生态教育理念下的幼儿园区域材料投放的游戏价值研究[J].课程教育研究，2019(43):18-19.

活习惯，如节约用水用电、不乱扔垃圾、讲究个人卫生等，还可以组织清理草坪垃圾、浇水、施肥等活动，让幼儿在实际操作中感受和学习如何保护生态环境。[①] 此外，争取得到家长的支持，在幼儿日常生活中引导幼儿感受大自然的美妙，并愿意和爸爸妈妈用语言大胆表达自己对大自然的感受。

幼儿园的种植园地也可以作为幼儿园生态教育的内容，设计一系列活动。比如，大班组织的科学探究活动"种植园的生物种类计数"，中班组织的活动"认识种植园的植物"，小班的故事会"种植园的植物姑娘"。根据不同年龄阶段幼儿的身心发展特点，将生态教育与幼儿一日生活活动融合，既有生活经验，又有科学知识，幼儿更加了解变化万千的生态世界，只有对大自然有更深切的认识，才能在此基础上萌发热爱和保护生存环境的意识。

二、热爱和保护生存环境

生态教育试图让幼儿在周围环境更加紧密的互动状态下实现自身的完整发展，做到在幼儿日常生活中就有学习，从生活中学习，在幼儿园课程中也选择与幼儿自身生活紧密联系的内容。在幼儿教育中虽存在很多并没有列入幼儿园教育课程的隐性课程，但同样对幼儿身心发展有重要影响，我们需要将生态教育因素渗透到幼儿园环境创设中，萌发幼儿热爱大自然的情感。

（一）将生态教育因素渗透到幼儿园环境创设中

将生态因素融入幼儿园室内环境。幼儿园办园理念始终要体现生态教育理念，才能在此基础上开发幼儿园生态教育的课程体系，设置各类教学活动、主题活动等。[②] 进行室内环境创设时，使用的材料要生态环保，将生态因素、自然因素引入幼儿园室内环境中，创设一个活泼有生气的班级环境。比如：让幼儿收集枯木、花、草及石头等材料来装饰幼儿园环境，面对自己的劳动成果，幼儿会倍加珍惜，保护幼儿园环境的同时，也萌发幼儿保护大自然环境的意识。幼儿园生态教育的环境创设要具有整体性，班级内的环境设计和幼儿园整体环境和谐统一，确保幼儿园和谐有序，整体协调。幼儿园室内环境是幼儿经常接触的地方，要充分发挥环境的教育功能，创设一个既具教育性，又充满趣味互动性的环境，激发幼儿的兴趣，促进幼儿完整地发展。

保持幼儿园环境的天然性当然少不了户外环境的创设。[③] 户外活动是幼儿进

① 吴敏.幼儿园生态教育与课程整合的研究[J].教育界，2020(19)：85-86.

② 马碗玲.关于生态教育背景下幼儿园环境创设研究[J].求知导刊，2020(4)：12-13.

③ 马碗玲.关于生态教育背景下幼儿园环境创设研究[J].求知导刊，2020(4)：12-13.

行大型活动的重要场地,在这里幼儿解放天性,可以尽情地玩耍,适宜的环境创设当然必不可少。户外活动场地尽可能使用天然的绿草地,提供给幼儿更多的机会去接触大自然,同时也培养幼儿保护大自然的情感,不伤害绿草地。此外,在设置户外活动场地时,遵循一个“活”字,既有动作训练区,又有自主游戏区,比如“快乐向前冲”“穿越森林”“探险迷宫”等。这些动作训练区的材料都是家长、教师及幼儿一同准备的,保证材料充足。另外,自主游戏区的材料大多是废物利用,收集幼儿家中不需要的纸盒子、报纸、轮胎等结构材料,和幼儿一起出主意,想出这些材料如何组合可以有新的玩法。

(二)萌发热爱大自然的情感

幼儿园许多关于大自然的集体教学活动中都少不了一个情感目标,那就是萌发幼儿热爱大自然的情感。但是单从一个集体教学活动,又或者单在幼儿园教室里进行的集体教学活动就可以做到萌发幼儿热爱大自然的情感吗?我们不得不打出一个问号。幼儿期的思维以具体形象思维为主,抽象逻辑思维只是初步萌芽,在幼儿对大自然接触不多的情况下来谈热爱大自然、保护大自然,这是没有任何用处的。只有在等幼儿亲密接触,用心感受,深深喜欢上大自然之后才能萌发幼儿热爱大自然的情感。因此,幼儿园生态教育要通过创设幼儿园生态教育的环境、认识大自然、感受大自然等方式,来萌发幼儿热爱大自然的情感。

第三节 认识并生活在幼儿园、家庭和社区之中:生态教育的落脚点

早在1981年,联合国教科文组织提出了学前教育必须从学校这个封闭的环境中解放出来,扩展到家庭与社区。这一精神现已成为世界幼儿教育共同发展的方向。幼儿园、家庭和社区已经成为幼儿学习和生活的重要场所,也承担着重要的使命。如何让幼儿园、家庭和社区三者形成教育合力,共同促进幼儿发展,是学前教育者一直探讨的问题。家园合作对幼儿身心发展、良好习惯的养成都有极大的促进作用。只有充分利用各种教育资源,发挥各自的优势,才可能形成教育合力,共同促进幼儿身心全面发展。布朗芬布伦纳的人类生态学理论将人的行为和发展置于一个相互联系、相互作用和影响的稳定的生态系统之中,并指出环境对个体行为和心理发展的重要影响,并指出家庭环境、学校环境、社会环境是影响人发展的关

键因素，并在此基础上提出了新的观点。[①]

幼儿园生态教育的实施，仅依靠幼儿教师的力量是微薄的，教师可以与家长合作，充分利用社区资源开展生态教育，达到促进儿童发展的目的，因此幼儿园生态教育最终落脚于幼儿园、家庭和社区之中。

一、明确幼儿园科学的生态教育理念

说到生态教育，我们就不得不提到“教育生态学”的概念，即用生态学的原理来指导教学，解释在其范围内教育的发生发展规律。[②] 特别是在学前教育这一阶段，生态教育让我们从生态的角度去探析，教育源于生活，也回归于生活。具体来说应该从教育观念和教育环境两方面出发，来明确科学的生态教育理念。

（一）幼儿园及教师应树立正确的教育理念，传播科学的教育思想

受到传统教育的影响，一部分幼儿园和幼儿教师缺乏科学的教育思想，教育小学化，教学内容上重知识、轻德育；教学评价上，使用片面横向的评价方法，而忽视幼儿纵向取得的进步。[③] 幼儿园要树立正确的教育理念离不开园所文化、管理方式和工作理念。专业的师资队伍是幼儿园一直在追求的，国家出台的许多相关政策性文件都在鼓励地方培养大量优秀创新型的幼儿教师。教师的专业知识过硬，专业能力强，在幼儿园管理层的带领下，选择最适合园所的教育理念，形成科学的教育理念便不是问题。接下来，便从儿童观、教育观、课程观三方面讲述幼儿园及教师如何树立正确的教育理念。

教师的儿童观直接影响着教师的教育观，而教师的教育观直接关系到教育活动中所采取的教育方式。[④] 对外界事物的探索，不是通过看和摸，而是多通道，多感官相结合来认识外界，幼儿只有亲身体验、实际操作，才能产生真实的感受，并在困难的情境中学会思考，寻找解决问题的办法，不断完善认知结构。

幼儿园大多数采用目标模式的课程设计，但是在实际的教育活动中，教师预设的目标和内容不一定是幼儿真正感兴趣或需要的，而在活动中生成的目标和内容却容易被老师忽视。教师在实际教学活动中应该巧妙地将预设的目标内容和实际

---

① 马富成，马雪琴. 尤·布朗芬布伦纳的发展生态学理论与幼儿亲社会行为的养成[J]. 中华女子学院学报，2011，23(4)：112-115.

② 吴冬梅. “社区＋”幼儿园发展模式探究[J]. 学前教育研究，2019(2)：93-96.

③ 郑龙香. 论学前儿童生态化支持体系的建构[J]. 河南教育(幼教)，2020(1)：38-42.

④ 尕旦木草. 树立正确观念，科学开展幼儿园教育活动[J]. 湖北成人教育学院学报，2013，19(3)：34-37.

生成的目标内容紧密结合，在幼儿感兴趣的内容上多作停留，留给幼儿更多的时间去发现和探索，给予幼儿充分的肯定，实现幼儿学习的主体地位。

幼儿是独立的个体，具有独立的人格和尊严，有主动活动、自由选择的权力。幼儿天生就具有对外界事物的探索欲和求知欲，也只有在与环境积极主动地相互作用中才能得到发展。幼儿是学习的主体；教师是幼儿学习的引导者，环境材料的支持者，学习和发展的促进者。教师要关注幼儿需要什么，了解幼儿身心发展特点，知道幼儿此时的最近发展区，挖掘幼儿身上的闪光点，适时地提供建议，进行指导。

(二)营造良好的教育环境，以学前儿童发展为本

幼儿的发展离不开生活的环境，无论是家庭环境、幼儿园环境，还是社区环境都需要营造良好氛围。幼儿是未来社会的希望，幼儿的认知来自所接触到的社会环境和自然环境，因此，应当创造良好的育人环境，促进幼儿的发展。

幼儿园环境创设包括心理环境创设和物质环境创设。心理环境能在不知不觉中熏陶和感染人的行为，良好的心理环境能促进员工的工作效率，有利于形成良好的人际关系，教师的工作状态自然也能影响幼儿的生活和学习。相反，消极的心理环境使得幼儿园工作人员处于压抑之下，大大地打击工作的积极性，从而也影响到幼儿的情绪，形成消极、不良的思想方式和行为习惯。干净、整洁、安全、舒适的物质环境对于创设良好的心理环境起必不可少的作用，物质环境还应做到随季节、教学内容变化做出相应改变。一个好的物质环境不仅仅满足美观的特点，还应该具有教育的作用，满足幼儿对环境的可操作性，探索欲望，激发幼儿的求知欲，培养幼儿良好的生活习惯。

二、充分挖掘家长资源开展幼儿园教育，重视家园合作

在幼儿园教育中，家长的理解、参与和支持是不可或缺的。家长参与幼儿园教育不仅有助于提升教育质量，还能促进家园之间的紧密合作，共同为幼儿的全面发展创造良好环境。然而，在实际的教学中很多老师对于家长参与的价值、方式、时机等方面，仍存在一些疑惑和误解。笔者认为需要从以下几个方面来加强家长和幼儿园之间的沟通，在这个过程中可以引导家长更多地参与幼儿园的各项活动，而幼儿园可以充分地挖掘家长本身所具有的教学资源。

(一)家长树立正确的教育观念，配合幼儿园开展各项教育活动

在进行幼儿园教育活动之前为了能够充分利用家长的教育资源，幼儿园工作者首先要取得家长的信任与支持。已有调查研究表明，家长对于幼儿园教育活动

的理念理解不到位，认识不足，甚至出现误解。比如我们在幼儿园经常碰到的一些误解。某次在幼儿离园时，李老师听见多多奶奶说："今天又没有作业呀，其他幼儿园的孩子都学会加减了，怎么这里什么也不教，天天玩游戏。"在一旁的帅帅妈妈也说了一句："是啊，别的幼儿园的孩子教孩子背古诗，一学期下来会背好多首诗了。"另外，幼儿园经常要带领幼儿做手工活动，需要许多的材料，比如易拉罐、酸奶盒子、纸筒……刚好这些材料是家庭垃圾，于是老师想要废物利用，让幼儿从家里带废旧物，可是家长却不理解了。某次入园活动中，大宝的妈妈送大宝进班级之后并没有马上离开，而是在门外小声地叫带班张老师，悄悄地说："张老师，我家宝贝说罗老师要没用的卫生纸筒。我很奇怪，收集这些又有什么用呢？"大宝妈妈用不能理解的眼神看着张老师，欲言又止，好像要说："幼儿园老师不是教孩子学唱跳吗？怎么又要收这些废弃物？"有些家长认为幼儿园的教育仅对幼儿进行日常的保育活动及简单的游戏活动，学习文化知识是幼儿教育的首要任务。可见家长对于幼儿园教育理念、教育内容理解的偏差之大，家长这样的教育理念与幼儿园教育的理念是完全相违背的，幼儿园根据幼儿身心发展特点，在幼儿的最近发展区内选择合适的教育内容和教学方法，做到最科学、最合适，但是仍然有部分家长对幼儿园所做出的努力不理解，当然，这不仅仅是家长单方面的问题，其中幼儿园也有部分责任。因此幼儿园不仅要树立正确的教育理念，而且要帮助家长树立科学的教育理念，加深对幼儿园教育的认识与理解，从而让家长在思想层面上得到转变。

(二)鼓励家长参与幼儿园一日生活的各项活动中

家长和幼儿一样都是具有差异性的，他们不是一模一样的群体，有自己思想，有自己的生活、工作、责任和担当。每个家庭之间存在着很大的区别，对这个家庭有效的活动方案，并不一定对另一个家庭也有效，只有在我们对每个家庭都有清晰深入的了解下，才能组织出令绝大多数家庭满意的活动，才能吸引家长愿意参与到幼儿园组织的活动中，并对每次活动做出有效的建议和反馈。促进家园合作的深入开展。鼓励家长参与幼儿园各项活动，并不只包括幼儿园组织的亲子活动，还包括家长在家中对幼儿行为的观察和记录，并在一段时间内与班内老师沟通，学习科学的育儿方法。当然，除了和班内教师沟通，家长和家长之间的沟通必不可少，共情能力更强，家长们相互学习有效的育儿方法，多沟通，共同进步。

幼儿园也需组织多种多样的亲子活动，将亲子活动和幼儿园教育活动相结合。幼教专家陈帼眉教授说过，家长对小孩子的教育，第一是培养良好的生活习惯，第二是和孩子一起做亲子游戏。[①] 而提到亲子游戏，近些年来关于"爸爸在幼儿教育

① 陈虹．家长参与理论与实践的探析——基于英国"让家长参与儿童学习"项目的思考[J]．中华女子学院学报．2010，22(3)：78-83．

中缺位”的问题层出不穷，亲子游戏不仅是妈妈和孩子的游戏，也是爸爸和孩子的游戏。幼儿园在设计组织幼儿园亲子活动时，要考虑到爸爸作为家庭中一员参与到活动中的可能性，设置更多展现男性力量的活动，减少爸爸在幼儿教育中的缺位。亲子活动的类型多样，最常见的有亲子运动会、亲子远足活动、亲子图书义卖，还有根据教育内容专门设计的亲子活动，灵活度高，根据季节的变换，人员安排，选择最适宜的活动类型，如每年父亲节的“打水仗”游戏。但是在幼儿园亲子活动中家长错误的观念也会影响活动要达成的效果。比如在亲子活动中，相当一部分家长在看到幼儿遇到困难时，不是先观察幼儿是否可以自己解决问题，引导幼儿自己独立思考问题，寻找问题解决的办法，而是包办代替，替幼儿推开前路的障碍。这样的观念仍在大部分家长的脑海中根深蒂固，但从幼儿成长的角度这些观念是不利于幼儿发展的。幼儿的观察力、耐挫力、思维力、解决问题的能力都是从日常生活中遇到问题时发展起来的，甚至在幼儿成功解决问题之后的成就感都是在此获得的。

家长参与已经成为我国幼儿园教育工作中必不可少的内容，对孩子进行教育的同时，积极引入家长的作用，实则在进行幼儿教育时也对家长进行了间接教育，帮助家长学习科学的育儿方法。家长的参与形式不再单一，而呈多元化发展。家长参与的内容深入推动儿童学习与发展，参与不仅仅是交流信息，而是家长成为孩子学习的观察者、支持者、引导者，教师和家长一同推动幼儿学习与发展，在了解幼儿的基础上，制定适合幼儿学习的内容，并在学习过程中不断调整与改进。

（三）建立教师与家长长期、有效的对话关系

本着平等、合作、互助的态度，建立教师与家长的对话关系。在幼儿园，师幼关系、幼幼关系是学前儿童人际交往的核心，教师应该把自己当作一名幼儿，作为幼儿的同伴与幼儿交谈，缩短与幼儿之间心灵的距离，了解幼儿的需求和兴趣，用平等的心态与幼儿交流互动，在日常的生活中多采用平行介入的方法引导幼儿解决问题。① 在幼儿园外，家庭是幼儿最主要的生活环境，家长与孩子的亲密关系直接影响着幼儿的心理健康与成长发展。因此，教师应引导家长注重与孩子的情感沟通，多陪伴孩子，了解他们的内心世界，营造温馨、和谐的家庭氛围。同时，鼓励家长与幼儿一起参与各类亲子活动，如共同阅读、户外探险等，增进彼此之间的理解与信任，共同促进幼儿健康快乐地成长。

幼儿园所衍生出的所有亲子活动，都需要在家长的配合下进行，这就需要幼儿园与家长进行及时、正确、有效的沟通，采取有效的沟通方式让家长积极参与幼儿园的各项活动。在正式开展活动之前，幼儿园首先要与家长进行沟通，让家长了解

---

① 郑龙香.论学前儿童生态化支持体系的建构[J].河南教育(幼教)，2020(1)：38-42.

幼儿园活动的教育理念，取得家长的理解与信任。幼儿园与家长的共同配合完成幼儿园各项教育活动，在引导幼儿学习的同时，也培养家长的家园合作意识。在持续的教师与家长对话中，不仅要关注幼儿的成长，还需积极发掘家长的特长和资源。每位家长都有其独特的专业背景和生活经验，这些都能为幼儿园的教育活动增添丰富性和多样性。

综上所述，家长资源是幼儿园教育中不可或缺的重要力量。通过充分挖掘家长资源、强化家园合作，我们可以共同推动幼儿园教育质量的提升，为幼儿的全面发展奠定坚实基础。

三、整合各种教育资源、构建开放的社区教育环境

社区学前教育已经成功进入一种新兴的学前教育模式，受到大家的关注与认可，但是对于社区学前教育如何展开，并往持续、系统的方向发展，成为大家争议的话题。布朗芬布伦纳生态系统理论给我们提供了一个全新的观点，将社区学前教育与家庭、幼儿园相结合，在三者相互影响、相互渗透、相互作用下，为幼儿提供一个良好的、可持续发展的环境。这样一种协同发展的教育模式，强调对社区、家庭、幼儿园等各种资源的整合，保证提供给幼儿优质的教育资源。笔者认为可以从以下两个方面探索。

（一）成立社区教育委员会，实现家园和谐互动

就如成立家长委员会一般，也成立社区教育委员会，使幼儿园了解不同家庭的需求。此外，成立社区教育委员会，凝聚来自不同家庭的力量，积极主动地服务社区，创造干净、富有人文气息的社区环境，同时也健全社区教育服务基地，充分发挥社区的教育功能，比如社区的图书室、电脑室、书画室等，给学前儿童和家长们一个平等沟通交流的平台，推进社区文化发展，促进幼儿身心健康发展。当然，一个好的社区教育委员会少不了监督机制，社区的各个家庭和幼儿园都应该起共同监督的作用，社区也应该诚恳地接受幼儿园和家长的监督，大家的监督也是社区教育委员会今后成长的一个重要方向。

社区是幼儿活动和娱乐的重要场所，在这里不仅能开心地玩，也能开心地学到知识，这是社区一直追求的目标。社区中饱含丰富的物质资源、人力资源、文化资源，是幼儿接触社会、接触大自然的主要场所，是将教育落到实践的重要场所。社区可以联合附近的博物馆、科技馆、美术馆、体育馆等向幼儿传达更多重要的社会信息，吸引幼儿参观与学习，促进幼儿社会性的发展。除此之外，社区中有丰富的人力资源，幼儿园可与社区消防队等单位联系，开展一系列活动，让幼儿对消防车、消防员、警察等不再是一个概念，而是能将概念与事实结合。社区组织相关教育活

动，如邀请消防员进行消防安全演习、交警进行交通安全教育等，由此可以从很大程度上弥补幼儿园和家庭教育上的不足。

(二)建立幼儿实践基地，支持幼儿园教育活动

幼儿园教育活动如何与社区相互作用、相互渗透，我们可以在社区建立幼儿实践基地，同时为了保持教育活动的系统性，所组织的教育活动首先应有动态的教育目标，有组织、有目的、有计划地开展教育活动，促进幼儿发展，社区作为幼儿园延展出来的教育场所，应该制定具体可行的教育目标并制定一套衡量幼儿发展质量的标准，以便及时对幼儿发展做出评价。幼儿园作为社区范围内的教育机构，也承担着帮助社区进行教育工作的任务，有意识地帮助社区制定一个适合幼儿发展的教育蓝图，以便社区围绕此展开教育活动。此外，社区教育活动目标的制定不应当仅是由幼儿园一方说了算，应由家庭、社区、幼儿园三方共同商量制定，这也就需要家庭、社区准确地了解幼儿身心发展特点和需要，取得幼儿的意见，制定教育目标。

幼儿园教育活动包含了语言、健康、社会、科学、艺术五大领域的内容，它们之间不是孤立的，而是相互联系，相互作用，你中有我，我中有你的关系。因此，社区教育活动的内容也应当在了解幼儿发展特点，能激发幼儿的求知欲和探索欲之上，由家庭、社区、幼儿园三方共同商量制定，尽量符合三方的共同要求。[①] 教学活动的组织形式更是要多样化，社区、家庭、幼儿园三者可以共同合作开展活动，社区也可以与幼儿园或家庭合作组织活动，用生动有趣的活动方式，吸引幼儿的参与，使其在愉快的环境中掌握知识技能，获得多方面的发展。教育活动的最后一个环节是对幼儿的评价，社区教育活动同样少不了对幼儿进行客观准确的评价，对幼儿的评价需要家庭、幼儿园及社区三方共同参与，对幼儿采取多样化的评价方式，而避免出现千篇一律的流程式评价内容。

四、发挥幼儿园、家庭和社区的教育合力促进幼儿发展

生态学前教育强调的是变革下的学前教育，让教育不再局限于幼儿园中，而是由幼儿园、家庭、社区三者共同建构，相互支持、相互制约、相互影响，协调好三者之间的关系，发挥教育合力的作用。陈鹏、刘阳的文章中提出“三位一体”的生态学前教育模式概念，其认为“三位一体”的生态学前教育模式具有系统性、动态性、全面

---

① 王永峰，李勇. 生态化：社区学前教育模式的新视角[J]. 吉林省教育学院学报，2007(3)：12-13.

性的特点，打破学前教育封闭的局面，促进各方面全面发展。[①] 在幼儿教育阶段，只有将幼儿园、社区、家庭三者协调起来，同步进行教育，才能充分挖掘幼儿的潜能，促进身心的健康成长。但在这个过程中需要注意以下两个问题。

（一）在平等、合作、互助的原因下，协调好幼儿园、家庭和社区三者之间的关系

从布朗芬布伦纳人类发展生态学理论中来看，幼儿园、家庭、社区三者之间的关系，应该是不可分割的整体，三者之间统一于人的发展中，协调好三者之间的关系，建立平等合作的关系有利于整合教育资源，发挥教育合力。社区是幼儿生活和学习的区域，儿童同样是社区人口的组成部分，社区对儿童的教育也是社区的一项重要内容。幼儿园是其中专职的教育机构，社区和家庭则需要充分发挥其资源优势，扩展儿童学习和生活的空间。[②]

综观幼儿园与家庭和社区的合作共育发展的历史，起初，还未达到一种真正意义上的合作，其实是一种信息的交流，目的是保证幼儿健康成长，常见的有家长会、家访、入园离园简短交谈等。社区拥有丰富的物质资源，家庭与幼儿园有着直接密切的关系，以幼儿为中心枢纽，幼儿园、家庭、社区三方共同努力，关系也越来越密切。但是要真正达到共育幼儿的目的，要建立平等、合作、互助的关系并不容易，我国正在不断吸收国外教育经验，并立足本国国情，创设适合地方幼儿园、社区、家庭的共育方式。

要实现幼儿园、家庭、社区三者关系平等、互助、和谐，仅仅一方的努力是不够的，幼儿园教育需要与社区教育相结合，坚持互惠互利的原则，为社区、家庭提供服务。除此之外，家长是幼儿的第一任老师，家庭教育对于幼儿来说至关重要，幼儿园也要鼓励家长学习育儿知识，并为家长耐心解答育儿过程中遇到的疑惑。家长也要在家中起到带头作用，和孩子一起学习，花时间陪伴孩子，与孩子一同成长。社区应积极为家庭与家庭之间提供互动的场所，实现多向互动。

（二）家庭教育是基础，幼儿园教育是主体，社区教育是延展

幼儿园、家庭、社区三者结合起来，互相支撑、相互学习，形成一个“三位一体”的教育模式。在这样一个模式下，处理好各部分的关系，明确各自的职能是至关重要的。家庭教育是基础，为幼儿的成长提供稳固的根基；幼儿园教育是主体，负责幼儿的系统教育和全面发展；社区教育则是幼儿园教育和家庭教育的向外扩展，为幼儿提供更广阔的学习和发展空间。这三者相互协作、相互补充，共同构建一个开

---

① 陈鹏，刘阳. 构建“三位一体”生态学前教育模式的策略[J]. 陕西学前师范学院学报，2016，32(10)：13-16.

② 郭丽. 幼儿园与家庭、社区共育模式及其发展对策分析[J]. 幼儿教育(教育科学版)，2007(18)：50-52.

放的、动态和谐的生态教育系统。只有将它们同步起来，才能不断发掘幼儿的潜力，促进幼儿身心健康发展，为社会源源不断地输送人才。

家庭教育顾名思义指的是家长在家中对孩子进行的一系列教育，使幼儿身心得到健康发展，人格健全发展，是良好行为习惯的启蒙之处，为幼儿入学之前的教育打好基础。家庭教育最重要的一个任务就是配合幼儿园和社区培养孩子良好的品德习惯。家庭教育作为整个教育系统中的基础部分，首先，应树立幼儿正确的学习观念，满足其个性的发展，发展幼儿各方面的兴趣爱好，尊重孩子的选择，留给孩子自由发挥的空间和独立思考的时间。其次，家庭教育要注重对孩子正确有效的引导，采用的教育方式也应是个性化、人性化的。以往大量研究证明，民主型教养方式的家庭更能实现幼儿身心健康发展，激发幼儿学习的乐趣。

幼儿园教育旨在促进幼儿德、智、体、美、劳全面和谐发展，并为其一生的发展打好基础。幼儿园的教育内容应该结合幼儿发展特点，是幼儿生活中能接触、具体形象的、浅显易懂的知识，注重幼儿教育的启蒙性，根据幼儿发展规律进行教育，防止小学化或成人化倾向。① 幼儿园教师承担引导家长挖掘自身教育潜能的责任，让家长意识到自身对幼儿来说就是丰富的教育资源；引导家长布置宽松、温馨、愉快的成长环境，让家长和幼儿共同参与环境的布置，潜移默化地促进幼儿成长；另外，教师还需引导家长多多支持幼儿园的主题活动，帮助幼儿完成无法单独完成的任务，一同体验成功的喜悦。

社区学前教育不再局限在一个特定的范围内，而是将教育放置于整个大社会中，包含了政治、经济、文化等诸多因素，在地方的带领下，组织、协调社会各方面力量，办好教育，更体现出社区学前教育的开放性和动态性特点。社区学前教育给学前儿童提供了更多受教育的机会和平台，即使是在较偏远的地区，学前儿童也可以公平地受到教育。

总之，幼儿园、家庭、社区之间的合作是必然的，是构建和谐社会的重要内容之一。家庭教育离不开社区这个大环境，因而要加强社区教育的服务功能，为幼儿创设一个良好的育人环境。在幼儿的日常生活中，幼儿与外界事物的互动中蕴含着许多的教育契机，只要教师善于观察幼儿的生活，就会发现生活中有着许多教育资源。

幼儿园的生态教育内容丰富，从认识自己、欣赏自己、接纳自己、保护自己，到最后建造自己，进而认识大自然，热爱和保护生存环境。最后归根于幼儿园、家庭和社区之中，充分挖掘三者的教育资源，协调三者之间的关系，建立平等、互助、和谐的关系，充分发挥教育合力，促进幼儿身心健康发展。

---

① 陈鹏，刘阳. 构建“三位一体”生态学前教育模式的策略[J]. 陕西学前师范学院学报，2016，32(10)：13-16.

第五章 幼儿园生态教育的实施

幼儿园生态教育的实施，实质上是在幼儿园环境中具体实践和推广生态教育理念。其核心在于将生态教育的目标贯穿始终，即引导教师树立教育生态的理念，并帮助幼儿深入学习生态教育内容。这些内容涵盖了理解自我生存条件、正确认识人与自然的关系，以及树立科学的生态观，从而为人类的生存与可持续发展探索道路。在实施幼儿园生态教育时，我们主要面临两大问题：一是确立幼儿园生态教育的实施原则，二是探索幼儿园生态教育的实施路径。通过清晰明确的实施原则，我们可以确保教育活动的有效性和科学性；而通过多元化的实施路径，我们可以促进生态教育理念的深入渗透和实践应用。这样，我们才能在幼儿园中构建一个良好的生态教育环境，为幼儿的全面发展奠定坚实基础。

第一节 幼儿园生态教育的实施原则

幼儿园生态教育的实施原则就是在生态教育实施的过程中所遵循的准则，是根据生态教育的目的和生态教育的教学过程规律的认识而制定的指导教学实施工作的基本要求。根据我国幼儿园实施生态教育的经验和人的生态理念的发展规律，实施生态教育主要遵循以下原则。

一、和谐性原则

和谐性原则是指在生态教育过程中倡导“和谐”的基本宗旨，秉持“和谐”的教育生态理念，强调注重“和谐”的幼儿品德教育，以及生态教育在幼儿园课程中的和谐融入。和谐不仅指人与人之间的和谐，同时也包括人与自然的和谐共处，生态教育要求我们要努力创建一个和谐的幼儿园系统，包括和谐的环境与和谐的人。

创建和谐幼儿园环境，要求幼儿园生态教育秉持“和谐”的教育生态理念。正如吴晓飞曾提到，教育应该从意识、理念、行为等各个层面倡导深化人与自然和谐共存的理念。在生态文明时代，应该将“和谐”的生态理念作为核心观，将正确的行为规范传输给社会，全方位引导社会各要素、系统形成和谐发展观，协调人类社会、自然、个人的发展。[①] 和谐的幼儿园才是幼儿健康、充分发展的基地，在此环境下，教育工作者和一线教师作为幼儿园的领军人物，都要保持和谐的教育理念。

创建和谐幼儿园，需要建立和谐的人际关系。第一，重点建立和谐的师生关系。在教师与幼儿交往的过程中，教师关爱孩子，为孩子的发展尽心竭力，爱岗敬业，把爱给予我们的孩子，充分理解幼儿的兴趣和需要；同时，幼儿亲近教师，理解教师，遵守园内规则，保证了师生关系和谐融洽。良好的师幼关系有助于幼儿之间和谐关系的塑造，儿童在学习与模仿中，逐渐学会待人接物的方法。第二，培养和谐的人际关系。园内的其他人员之间也要保持稳定亲和的状态，才能更好地维持这个幼儿园生态系统，如幼儿园管理者的通情达理、教师之间的相互帮助、幼儿家长的理解认同、其他工作者的积极配合，都是我们这个和谐生态系统不可或缺的重要因素。

创建和谐幼儿园，强调事物之间的相互配合。每个孩子、每个班级、每一个教师团队相互凝聚在一起，团结互助，共同进步，这才是和谐之所在。幼儿园应具备完整的机构体系，园长带领教师统一教学理念，正规化办学，重视幼儿园班级管理。幼儿园的组织与管理成效与幼儿园班级息息相关，具有相互依存与相互制约的关系，和谐的班级管理是创建和谐幼儿园的基石。

和谐的幼儿必定是个全面发展的幼儿，具体体现在以下两点。第一，重视“君子之德，无不和谐”的品德教育，幼儿园作为基础教育的奠基阶段，也是传递人类文明的起始阶段，要求幼儿园将“和谐”的道德规范传递给幼儿。比如，培养幼儿的亲社会行为，是指幼儿在社会交往中对他人有益或对社会有积极影响的行为，包括帮助、分享、合作、安慰、捐赠、同情、关心、谦让、诚实、爱护环境和物品等行为。幼儿的亲社会行为不但可以服务他人，同时也促进幼儿对自我进行调节，培养幼儿的群体意识。第二，把和谐发展整合到各大领域之中，发展德智体美共同进步的幼儿，注重幼儿身心均衡发展。生态教育是一种综合性幼儿课程，培养全面和谐发展的人。

---

① 吴晓飞.生态哲学教育思想与绿色大学创建研究[D].杭州：浙江理工大学，2020：31.

贯彻和谐性原则所要注重的要求

首先，幼儿园民主管理很重要。想要创建一个和谐共处、生态文明的幼儿园，需要有民主的管理制度，园长作为幼儿园的管理者，要起带头表率作用，使教师和孩子真正成为幼儿园的主人，大胆地提出他们的想法。园长及时进行思考探讨或采纳意见，从幼儿和教师的需求出发，真正为生态教育的展开出谋划策，并不断地向幼儿园传递和谐的理念，创建一个民主的幼儿园氛围，集思广益，和幼儿、教师一同追寻生态教育的最终归宿，在民主氛围下，才能结出和谐之花。

其次，教师的素质会直接影响到和谐幼儿园的建设。专断型的教师，从不听取别人的建议，我行我素，也从不把目光聚焦在幼儿身上，他的这种行为只能使幼儿害怕他而变得毫无生气。宠溺型的教师只会不断地放纵幼儿，随幼儿任意发展，看不到学前教育以外的世界，这种模式下的孩子永远只能是孩子。只有不断提升自我素养，自我更新的发展型的教师才能把和谐当作发展的长久之计，以幼儿为本，追求人与人、人与社会、人与自然的和谐，提高自身教学技能，为幼儿园及幼儿共存共荣创造与提供更多的有利条件，从而提升自身的教育价值。

最后，明确幼儿身心和谐发展。发展“和谐”的幼儿要求树立德智体美共同发展的教育目标，促进幼儿多角度、多层次、多方面的进步，培养健全的人。同时幼儿园活动要相互渗透、相互整合，把知识综合在一起传递给幼儿，教师也要注意教育方式的和谐多样性，不单单拘泥于单一呆板的教学形式。

二、整体性原则

生态教育的整体性原则强调在生态教育实施过程中，应将与人相关的所有环境视为一个不可分割的整体。具体而言，一个幼儿园就是这样一个完整的生态系统，它涵盖了社会、经济、文化和自然环境等多个方面，形成了一个综合的教育系统。在这个系统中，幼儿园环境、教育管理者、保育员、一线教师、幼儿，以及与幼儿紧密相关的家庭和社会，都是相互关联、相互影响的组成部分。这些组成部分构成一个内在关联的体系，它们之间的相互作用共同构成了生态教育的核心。生态教育整体性原则主要包括两个方面。

首先，幼儿园系统内各个事物不可分割。生态教育整体和部分之间是相对而言的，整体对于组成它的部分而言才是整体，部分对于它所共构的整体而言才是部分，没有部分就无所谓整体，没有整体也无所谓部分，任何部分离开了整体，它就失去了原来的意义。一个完整的幼儿园需要温馨的环境，包括物质环境和人文环境。从幼儿园所处的地理位置开始，包含在其中的环境、地势、安全、幼儿活动场所、走廊、室内设备、园内花草树木等都属于园内的物质环境;幼儿园人文环境主要有人与人之间的关系和幼儿园的园风、班风。在此环境之下,园内还存在着各种人物,有孩子、保育、教育工作者、园长、厨师等人员。当然,在幼儿园中最重要的就是进行教育活动,在幼儿园生态系统中环境、人物相互作用产生了教育。如果缺少环境,没有了活动场所及设备,教育就无处可施;缺少人物,没有了教育者和受教育者,教育就不复存在;缺少教育,幼儿园的环境和人都没有存在的意义。因此,环境、人物、教育三者密不可分。

其次,整体内的各部分相互影响关联。生态教育中整体的性能状态及其变化会影响部分的性能状态及其变化;反之,部分也制约整体,甚至在一定条件下,关键部分的性能会对整体的性能状态起决定作用。理解整体和部分的相互关系,系统和要素的相互关系,对于实践具有重要的指导意义:办事情要从整体着眼,寻求最优目标;搞好局部,使整体功能得到最大发挥。

幼儿园的整体发展取决于系统中的各个部分,好的幼儿的教育质量可以为幼儿园带来好的声誉和生源。幼儿园员工的爱岗敬业才能使幼儿园正常运转,他们的协调配合才能使幼儿园各项工作事半功倍。而园内各个部分之间也是相互作用和影响的,幼儿园内的环境由人来控制,人和环境同时作用与教育,安全温暖的环境促进教育更有效地发展,而教育的发展才能真正起到保护生态的作用,来实现我们不断向往的生态教育最终目的。

贯彻整体性原则所要注重的要求

首先,广义的生态教育是要从社会、经济、文化、自然环境等各个方面来统合的系统。教育者要从审美、社会、经济、政治等各种方面来认识,并理解各种因素之间的作用。生态教育内容不只包含大自然的教育,还包含着社会、政治、经济、文化等多方面的内容。如教师不但要帮助幼儿了解身边的人物关系,还要鼓励幼儿去了解与社会中各个人物之间的关系,各种环境事物中的相互关系,从整体的角度来看待生态教育。

其次,认识到幼儿园、家庭、社会也是构成幼儿园生态教育的系统。家庭生态教育与幼儿园生态教育的内容与目标有相似也有不同,这两个生态系统中所涉及的人物与环境不同,可以把家庭生态教育作为幼儿园生态教育的一个补充。同时,要致力于三方合力共建生态教育。幼儿园和家庭、社区都要把幼儿生态教育当作幼儿教育的一部分,三方积极主动,相互配合,相互支持,共同促进儿童生态教育的发展。如幼儿园在园内进行了关于幼儿了解自我生存环境的活动内容,家长应该积极配合支持幼儿园的活动并帮助幼儿了解园外的幼儿自我生存环境,社会更应该为幼儿提供一个安全适宜的生存环境。教师要帮助家长树立正确的生态教育理念，理解家庭生态教育的重要性。

最后，当我们在进行幼儿园的环境创设时，整体幼儿园的布置要成体系，要考虑到生态教育的整体性。因为儿童的发展也是一个整体，所以幼儿园活动区域的设计应该涵盖幼儿发展的每一个方面。单个活动室的布置取决于整体教育主题，每个活动室之间要相互补充完善，包含儿童发展的情感、态度、能力、知识、技能各个方面的内容。如幼儿在认识大自然的生态教育活动中，教师进行环境创设，将大自然中的植物、动物、人各个体系的内容按照活动分类，有季节、节气、花草树木等各种主题，展开相关的环境创设。

三、发展性原则

生态教育的发展性原则是指在教育过程中始终以发展人类赖以生存的自然环境及发展幼儿的能力为根本目标。根据这一目标，有学者提出了生态教育实施的可持续发展原理，即在实施教育的过程中，要注重全人类的可持续发展。该理论以公平性、持续性、共同性为三大基本原则，教育是一个可持续发展的战略体系，以培养人为基础，从而促进科学技术、自然等各领域的可持续发展，可持续教育是全面促进社会的可持续发展，整体提高幼儿各方面的能力，使其最终成为对社会有用的人才。

生态教育中的发展包括自然的发展和人的发展，人的发展又包含当下教育对于一个儿童或教师的正向作用，同时也包含全人类长久的生存。保护环境就是发展人类自我的充分必要条件，两者彼此联系、相辅相成，只有做到保护环境才能实现人的可持续发展，人类的发展同样可以带动自然的发展，如果以破坏环境为代价而发展人类经济，只能带来一时的增长，而长久的发展需要我们拥有并建设稳定的自然资源及环境。对于幼儿园来说，发展要求教师以培养幼儿为基础，增强幼儿的能力，努力健全一个幼儿正确的生态意识观，培养将来能够爱护大自然、珍惜资源的有用人才。

首先，发展性原则要求我们保护人类赖以生存的环境。21 世纪以来人类为了自我发展而破坏自然环境导致资源枯竭、环境恶化，以至于现在人们逐渐反思这个问题，生态教育最初被提出的目的就是让人们意识到人类的可持续发展。幼儿园生态教育就是把保护环境、了解自然的知识传递给孩子们，激发出他们热爱自然的情感，控制人类破坏自然的行为，因此，生态教育的发展性原则首先就是要求人类保护自然。

其次，发展性原则也强调以幼儿为本，就是指以幼儿的核心的价值本位，把幼儿的生存和发展作为价值目标，一切为了幼儿，一切服务于幼儿，生态教育可以促进当下人类更加长远地发展。因此，要认识到发展是生态教育的重要任务，不只是生态环境的保护和增长，还包括幼儿能力、身心的发展、教育水平的提高，更包括人民生活的改善、社会的全面进步，归根到底是为了社会与人的全面发展。

生态教育实施必须树立以人为本的思想。教育的根本目标就是促进人的发展，生态教育也不例外，它们不是幼儿园课程的点缀和学校里面的装饰品，幼儿园对生态教育的开展必须有课程理念、课程目标和内容，明确教学目标的规定，开发生态教育园本课程的评价方案，对幼儿进行评价。对教师而言，要树立为了幼儿的一切的思想，开展好每个活动，决不能把生态教育当作“副业”。生态教育要突出幼儿生态理念的培养，同时重视实践活动和动手操作。教育者始终在尊重、友爱、自信的气氛中以发展的眼光、发展的视野、发展的态度去看待幼儿。挖掘和发展幼儿的价值，促进其追求保护生态的理念。

贯彻发展性原则所要注重的要求

首先，幼儿园实行发展性原则必须真实有效。根据幼儿的具体形象思维，要使他们理解发展的概念是较为困难的，但是他们可以从真实的生活中去感受成长，去观察植物，讨论春天，帮助幼儿发展思维。通过这些活动，幼儿也在真正感受着大自然，描绘大自然的景色，幼儿教育与真实的事物密不可分，教师要善于从身边的自然入手来进行生态教育。

其次，生态教育在促进幼儿发展的同时，也要提升教师的专业发展能力。我国幼儿园生态教育发展时间较短，很少有教师了解生态教育的内涵与意义，因此，我们鼓励幼儿园尝试开发生态教育的园本课程，帮助教师进行相关方面的进修，学习相关的知识，充分利用网络资源优势，请相关方面的专家到幼儿园进行专业指导。同时，教师开发生态教育课程，充实生态教育实践课程。不断树立生态教育理念，积极关注生态教育的进展，为教育实践添砖加瓦，为生态教育的发展贡献自己的力量。

最后，生态教育要循序渐进，量力而行。教育必须根据孩子身心实际发展水平，遵循由易到难逐步提高的顺序进行。教师要全面了解儿童身心发展的实际水平做到量力而行，明确儿童对于生态的知识掌握数量，以及对于生态教育哪些内容较为感兴趣并适合于他们学习。给孩子设定目标，要将长期目标和短期目标相结合，制定短期目标要量力而行，教师不能一次性让幼儿掌握可持续发展的概念，但是可以使幼儿在了解自然的过程中激发幼儿热爱自然的情感，教师要注意教育内容与幼儿身心发展的适宜性，不可盲目灌输。同时尽可能多地为幼儿提供相关的活动内容和形式，使教育多元化、多样化发展，只要是能够促进儿童发展的生态教育内容，都可以尽可能提供给儿童，尊重其发展的选择偏好，给不同需求的孩子充足丰富的教育机会。

四、差异性原则

差异性原则指在生态教育的普遍认知基础上，寻找不同生态个体的不同需求。生态教育有着极为丰富的内涵，涵盖各个教育层面，包括学校教育、社会教育、职业教育。其教育对象也是多样的，包括全社会的企业家、科技工作者、工人、农民、军人、普通公民、大专院校和中小学校幼儿等；教育方式包括课堂教育、实验证明、媒体宣传、野外体验、典型示范、公众参与等；因此，幼儿园生态教育根据幼儿的年龄特征、环境差异、个性差异的不同，选择不同的教育内容和方式，使每个幼儿的生态教育意识都能得到最优的发展。因此，幼儿园生态教育区别于其他类型教育，主要体现在以下两个方面。

首先，教师要明确幼儿园教育的特殊性。幼儿园教育是对3～6岁的儿童进行的教育，具有启蒙性、直接经验性、保教结合性、非义务性的特点。这一时期的儿童，他们的大脑处于迅速发展的时期，更多地使用直观形象思维，不同于中小学时期的教育。同时教育工作者也具有特殊性，幼儿教育工作者既是老师，也是母亲，更是朋友。

其次，教师要明确生态教育的特殊性。生态教育是用生态学的角度来看待教育，将生态学与教育学融合在一起，具有宏观多样性、专业性、强制性的特点。生态教育使教师树立教育生态的理念，并支持幼儿学习生态教育的内容，包括了解自我生存条件，正确认识人与自然的关系，树立正确的生态观为人类的生存与合理发展寻找道路。这些内容对于人类形成生态意识、保护自然具有重要的意义。

幼儿园生态教育就是探索一条把生态教育融入幼儿园课程的道路，要同时注意到幼儿园教育的特殊性及生态教育的特点，在保持两者根本宗旨的前提下，相互结合，提炼课程，形成幼儿园的教育理念，并引入到幼儿园实践。如教师进行生态教育主题活动设计、活动实施、活动评价等具体内容，在实践中促进幼儿身心发展。

注意自然教育与生态教育的差异性。自然教育是以自然环境为背景，以人类为媒介，利用科学有效的方法，使儿童融入大自然，通过系统的手段，实现儿童对自然信息的有效采集整理，形成社会生活有效逻辑思维的教育过程。自然教育顺应人性的教育，提倡儿童天性本能的释放，让孩子在大自然中去做游戏，不受约束地成长，着重品行、习惯的培养。而生态教育是让儿童去了解生活环境、保护和热爱大自然，两者有根本性的区别。

贯彻差异性原则所要注重的要求

首先，根据幼儿的思维模式进行教育。幼儿园生态教育要注重儿童的直观感受，帮助幼儿直观感受到所处的生态环境，了解儿童自身周围环境，如探索最近的菜市场、与街坊邻居交谈、感受家乡的风景、观察园内的一草一木，以思考人与环境之间的关系，从中培养生态意识。根据幼儿思维的发展特点，他无法感知生态的概念，因此，要使他了解生态，要从地球表象开始认识，生态教育在幼儿园的实施中要注重直观感受性。

其次，深入了解不同幼儿与环境的关系特点。由于每个幼儿都有不同的生活环境、成长经历、个性特点和精神世界，因而对他们的教育必须区别对待，采用不同的内容和方法要打破“僵化”“老套”的教育方法，找到能适合幼儿特点、开启幼儿心灵的生态教育内容和方法，创造性地进行教育。教师要善于感知不同幼儿所处的环境空间，发现他们的差异性，利用本土资源，选择适合于他们的生态教育方法，如身处在城市和农村的不同幼儿，核心家庭与单亲家庭的幼儿，性格文静与活泼开朗的幼儿，喜欢观察花草与模仿动物的幼儿，教师要区别对待这些不同环境下的儿童。

最后，以往教师在幼儿园进行关于大自然的课程与生态教育课程也息息相关，甚至可以说幼儿园大部分主题的活动与生态教育内容都有联系，如认识自己、春天来了、保护野生动物等主题的活动，这些关于认识自然、保护环境的活动属于生态教育的范畴。但它们之间也有区别，生态教育是一个有完整体系、内容更加丰富的教育课程模式，教师需要一个有结构体系的生态教育理念的引领，能够以一种更加长远、可持续发展的目光来看待幼儿园教育，并运用在正确的教育实践中，促进社会人类的发展。

五、活动性原则

学前教育的活动性原则是指幼儿教育以活动为主导，以活动贯穿整个教育过程，以活动促进幼儿身心健康发展，以活动作为幼儿教育的主要内容和形式。幼儿园生态教育同样强调幼儿教育的活动性原则。生态教育是一个不断消除环境与环境，人与人，环境与人之间隔阂的过程，就幼儿园生态教育课程的类型而言，它主要以活动为主，在活动中学，在活动中教，在教与学的基础上不断提高实际做事能力。生态教育课程的教学环境应该是一种开放、宽松和多元化的教学环境，要求教师引导幼儿活动。

首先，要以幼儿为主体开展有助于幼儿发展的活动。幼儿的发展是不断地与外界事物相互作用，与原有的知识经验不断建构的过程，在与教师、同伴相互接触、情感交流的过程中完善认知结构，不断地认识自我及感知外界环境，活动是幼儿发展的媒介。生态教育想要幼儿认识大自然就要让幼儿进入大自然，想要让幼儿了解身边的人就要让他去和人们交流。真实的事物才能帮助幼儿获得认知，教师的作用就是在这个过程中进行指导和支持，鼓励幼儿积极、主动地活动。

其次，教师组织幼儿的活动，内容要丰富，形式要多样，要符合幼儿的兴趣。如，幼儿在春游的过程中，感知春天的温度，探索柳树发芽，观察蚂蚁的体态，与同伴交流春游的快乐，自由地汲取大自然的信息，沉浸在思考的喜悦之中。这种通过活动而进行的教育是幼儿最喜闻乐见的形式，在他们感兴趣的状态下，自然也会学得多、学得好。

幼儿园的活动包括区角活动、一日生活活动、游戏活动、集体教学活动，这些活动都可以进行生态教育，各种活动不可偏废。不同的活动形式要注意生态教育内容的侧重点不同，如区角活动中更多的是认识大自然，生活活动中强调对周围环境的适应，集体教学活动中侧重于同伴间的接触和交流。游戏是儿童的天性，幼儿园生态教育也要顺应儿童的天性，在游戏中进行生态教育是不可缺少的形式。

贯彻活动性原则所要注重的要求

首先，在集体活动中进行生态教育。在集体中幼儿可以进行社会交往、共同活动，通过集体活动进行教育，可以帮助幼儿学习如何与人相处。要创设一个具有生态教育理念的幼儿班集体，幼儿与集体之间相互影响作用。在集体活动中引导幼儿的实际活动与交往，在集体中幼儿成长锻炼。幼儿园生活离不开集体活动，而好的集体活动能帮助教师更好地展开教育。

其次，在活动中培养生态理念。生态教育的学习要见诸行动，并通过活动来培养幼儿良好的生活习惯。幼儿只有在生活中学会与人友好相处，处处保护自然，爱惜环境，才能激发出他们遵守生态规范的积极态度和深厚感情，形成生态教育理念。不可盲目地组织活动，教师只有明确活动的目标和任务，幼儿能力发展的状态，才能有效地进行指导。

最后，提供活动的环境和机会。生态教育的活动环境是幼儿身边所能直接感受到的，社会和幼儿园也要努力为幼儿提供一个温馨舒适丰富的生活环境，当儿童看到青山绿水、鸟语花香自然会产生喜爱之情。同时，提供相应的机会，多关注一些不主动活动的孩子，引导他们积极加入集体活动当中。当幼儿出现疑惑时要及时引导解决；当幼儿出现对事物的一些观点时，教师不可全盘否定幼儿的观点，打击活动的信心，而是要多加鼓励和支持，引导幼儿多点探索。

第二节　幼儿园生态教育的实施路径

学前教育阶段是基础教育的奠基阶段，也是进行生态教育的启蒙阶段，良好的生态教育能够促进幼儿身心健康发展。目前生态教育内容在幼儿园教育内容中占比逐渐增大，却未在幼儿园教育体系中获得独立地位，直到近年来才崭露头角。但幼儿生态教育在实践中还存在着很多的问题，如没有相关的法律政策的支持，教师生态教育理念的匮乏，生态教育环境的缺失等，这些方面都需探讨相关的改进策略。基于此，在进行幼儿园生态教育的实施过程中，着力于以下几个方面的实践和探索。

一、完善生态教育体制，建设生态教育系统

（一）全面普及幼儿园生态教育

生态教育不是专业性质的针对性教育，而是一种普及性的全民教育，它的受众多、占比大，因此需要广泛的传播。

首先，把幼儿园生态教育作为一个人教育的起点，为终身生态教育做好铺垫，为每一个孩子接受到良好的生态教育提供机会。同时，生态教育工程的建设是长期的，需要各教育阶段紧密衔接，在社会中形成体系完整的教育体制。幼儿园作为教育的奠基阶段，负责为生态教育打基础、扎根基，中小学也要抓起生态教育，彼此连接，起到发展、加强、巩固的作用，也只有幼儿园生态教育落实到位，其余阶段的教育才能更好地发展。

其次，生态教育应该作为全民教育的内容进行全面普及。理念引导实践，要注重全民生态理念的培养。利用社会公共体系，通过大众媒体宣传生态理念，获得能够解决现实问题所需要的思维和观点，以及充足的生态知识，从而能够在实践中正确思考和对待生态环境问题。不论是幼儿园的工作人员、家长还是社会公众等都要树立生态的理念，接受生态教育。

应从整体的角度培养公众的生态意识，同时，将生态文明的理念渗透到生产、生活各个层面，将生态教育引入千家万户。运用各种新闻媒体如网络、广播、电视新闻等，广泛宣传绿色产业、绿色消费、生态城市等有关生态文明建设的科普知识，增强公众的生态意识，树立公众的生态文明观、道德观、价值观，形成人与自然和谐

相处的生产方式和生活方式。①

(二)建立幼儿园生态教育体系

为了保证幼儿园实施生态教育，必须建立针对儿童的生态教育体系。首先，建立健全幼儿园的生态教育体制，在幼儿园教育理念、教学管理、教学内容和环境创设等方面进行改革创新。幼儿园为生态教育实施提供条件和支持。一方面，园长、教师、幼儿园工作人员要积极配合，努力打造适合生态教育的幼儿园生态环境。另一方面，要把生态教育整合到幼儿园教育活动当中，包括集体教学、一日生活、区域活动、游戏活动。如：在区域活动中引入城市生态建设的相关内容，了解城市生态系统中环境与人之间的关系，并让幼儿进行生态城市规划；在一日生活中明确资源保护的理念，了解水资源、土地资源的污染和恢复；在集体教学中，了解多种多样的生物群种；对濒临灭绝的动物，需了解如何去保护它们等内容。

其次，家庭生态教育也是不可或缺的重要形式。家庭作为幼儿园的一个补充，高质量的生态教育离不开家庭，不同的家庭对生态有着不同的理解与看法，对待生态教育的态度也是千差万别。家长是否认可生态教育的存在价值，是否有效参与教育，都影响着家庭教育的质量。家庭生态教育主要注意两个方面。一方面，家长要在日常生活中帮助幼儿认识周围的环境，并能够与之积极互动；另一方面，家长要培养幼儿良好的生态习惯，如节约资源、保持环境卫生的整洁。

再次，社会也是发展生态教育的有效场所，幼儿与社会不可分离。在社会环境中，媒体积极传播生态知识，帮助大众更深刻地认识生态，在这个过程中，一方面，要培养公民的生态意识，提高全体公民素质；另一方面，社会要建立相应的生态道德观，严厉谴责破坏生态的行为，为公众树立良好的榜样。最主要的是还需要形成幼儿园，家庭与社会之间的教育力量联合。生态教育不同于其他学科的教育，更多的是一项全面的教育活动，不单由幼儿园完成。生态教育作为全民的非营利性公共学前教育，政府应重视生态教育，把生态教育与全民教育、全课程教育和终身教育相通相融，并建立和完善生态教育的法律法规体系，该系统为生态教育提供政策支持；同时，要加大生态教育经费的投入，增强相关职能部门之间的联系。因为生态教育的领导和管理不仅是教育部门的事，还涉及多个部门的合作与互动。生态教育必须争取广泛的社会支持。目前，很多国家都在倡导生态教育。当然，政府的支持在生态教育的发展中起着决定性的作用。

最后，生态教育必须争取家庭的积极参与，家庭是与幼儿生态教育联系最紧密的地方。一些学者甚至建议，家庭应该是生态教育的主体，而不是学校或幼儿园。因此，让父母积极参与生态教育非常重要。即使在必要时，生态教育也必须首先从

---

①　刘静.生态教育的内涵、意义及实施路径[J].哈尔滨市委党校学报，2010(6)：92-95.

父母开始，向父母宣传生态教育的观念并提供适当的技术。①

（三）重视生态教育的实践

首先，生态教育的实践必须得到法律的支持。在法律的强制性原则下，生态教育理念更能够被大众广泛接受并规范其自身的行为。近年来，中国政府相继颁布了《中华人民共和国环境保护法》《中华人民共和国森林法》《中华人民共和国海洋环境保护法》和《中华人民共和国野生动植物保护法》等一系列法律法规。这些法律法规在生态文明建设中发挥着重要作用。但它们也有一定的局限性。那些法律暂时无法界定的行为，必须依靠道德的力量，增强幼儿对生态道德的认识，并将维护生态平衡化为幼儿的自觉行动。

其次，实践生态教育的关键在于每个公民的参与。生态教育的目的不仅是培养人们的生态意识，提高人们的生态素质，更重要的是动员人们参加生态保护运动，并时刻成为地球村的公民。为了人类的可持续发展，只有每一个公民都参与进来，才能改变当前加剧的生态危机。因此，要在新形势下实施生态教育，必须善于从日常生活中寻找丰富的教育资源，以激发公众的参与热情。每个公民都应该从自己开始，从小事情开始，不抽烟、不吐痰、做好垃圾分类等，并树立尊重自然、珍惜自然、善待自然的观念。亲自行动参与生态文明建设，是提高公民生态意识的最有效手段。只有这样，才能落实生态教育的任务，才能加快生态文明建设的进程。作为一个发展中国家，我国应该在建设社会主义现代化建设过程中，要树立生态意识，坚持和贯彻落实科学发展观，有意识地避免破坏人与自然关系的行为，真正实现可持续发展。②

二、营造生态教育氛围

（一）在大环境中营造良好的生态教育氛围

实施生态教育需要公众的广泛参与和支持。只有做好公共生态教育，培养公众生态意识，营造良好的社会氛围，才能建立健康有序的生态运行机制，创造和谐的生态发展环境，实现经济良性循环和发展，促进人与社会的全面发展。首先，在发展经济的同时，政府应开展各种形式的生态环境保护宣传教育，积极宣传环境污染和生态破坏对社会造成的危害，普及环境科学和环境法知识，实现生态教育。营造良好的全民教育、全课程教育和终身教育的氛围，建立健全的生态教育法律法规和标准体系，为生态教育提供政策支持；同时，加大对生态教育的投入，充分利用市

---

① 李高峰.国际视野下的生态教育实施与展望[J].中国校外教育(理论),2008(S1):13-14.

② 刘静.生态教育的内涵、意义及实施路径[J].哈尔滨市委党校学报,2010(6):92-95.

场机制，建立合理、多元化的投入机制。其次，环保部门承担着不可推卸的宣传教育责任。它必须向社会深入宣传具体的法律和政策，并利用部门的优势来推广与环境保护有关的科学知识，特别是通过宣讲生活中的典型案例来增强人们的环境保护观念，培养自觉的生态意识。①

（二）在幼儿园环境中营造良好的生态教育氛围

将创建幼儿园生态环境作为实施生态教育的隐性课程。《幼儿园管理条例》（简称《条例》）指出“创设与幼儿的教育和发展相适应的环境”。可以看出，幼儿园的环境和生态不仅要求宽敞美丽、活泼向上，而且还要有教育价值，以便为儿童提供最佳的生态空间。因此，幼儿教育者应该整合教育资源，重新挖掘并建立一个生态花园环境，以便儿童可以在浓郁的生态氛围中探索并享受快乐的童年。

三、开展生态教育园本课程，构建课程实践体系

生态课程体系是幼儿园生态教育的载体。生态教育与课程实践相结合，借助良好的课程组织和实践方法，促进生态教育的深化，从而使生态教育课程得到更好的传播，并使儿童得到更好的有效发展，这就需要对课程进行“课程领导”。课程领导是对课程规划、构建和实施进行引导和管理。基于生态教育理念的课程指导思想和模式对课程建设和实施者提出了更高的要求，阐明生态教育理念下幼儿园课程领导的实践路径对指导课程的实施具有重要作用。

从生态教育的角度出发，幼儿园课程领导必须有明确的课程概念和课程建设方向，更好地促进儿童发展与外部自然环境之间的联系和互动，使儿童获得的体验更加自然完整和协调。课程领导既不是独立于课程实践之外的其他活动，也不是没有相关教育政策和教育目的的特征性增减，而是旨在提高课程质量的独立实践活动。

幼儿园课程开发的基本思想是更好地实践包含生态教育思想的以幼儿园为基础的课程，以便自然资源和自然环境能够更好地满足儿童的身心发展需求，有效的课程会使孩子的认知、经验、能力等获得较高的发展水平。因此，幼儿园课程负责人必须首先具有清晰的问题意识和价值观念，而这个问题意识和价值观念也必须贯穿于课程实践的全过程。

同时，幼儿园课程开发必须建立完整的课程建设与实施体系。课程开发是一个完整的课程建设和实践过程，包括课程概念确定、课程计划、课程开发、课程实施、课程评估等。课程实践的主体需要内化课程领导的逻辑结构和行为过程。在

① 刘静. 生态教育的内涵、意义及实施路径[J]. 哈尔滨市委党校学报，2010(6)：92-95.

课程规划阶段，课程领导实践的主体应结合幼儿园的教育现实，形成合理的办幼儿园理念和清晰的课程视野，使幼儿园课程的建设和实施有一个明确方向和依据。

课程的发展是在生态教育理念下对各种自然资源的收集、整理、筛选和重组，从而使生态教育理念具有特定的支撑和支持，课程概念与实施之间存在着物理联系。课程的建立、实施和评估旨在唤醒和促进孩子们的体验。它是在激发孩子的学习自主性的基础上，对孩子的课程活动提供有效的观察、理解和支持。这是一个动态且连续的过程，可让他们通过不断地查看课程实践过程来优化课程实施的质量。最后，幼儿园课程领导应重视内容要素之间的有效协作。拥有完整的课程领导元素并不一定意味着可以提高课程的实施水平。课程领导的实践路径不是线性的执行过程，而是需要对不同要素进行有效的协调。从生态教育的角度看，幼儿园课程领导者本质上是希望融入课程中。

在实施阶段，师生被置于特定的情境中，在情感上产生共鸣，分享和共同构建对特定情境的理解，并在把握孩子的深层心理过程中引导孩子独立发展。这样从生态教育的角度出发，幼儿园课程开发不再是简单地将自然资源转化为幼儿园课程的过程，而是将生态教育概念转化为课程形式和课程文本，在这个过程中儿童的经验及学习需求之间会相互作用并有机地融合起来。在这个有机融合的过程中，生态教育幼儿园课程和课程领导者可以提高幼儿园课程的质量，并提高儿童的学习和发展水平。

四、多元生态活动，提升幼儿综合素质

（一）区角活动中生态教育

区角活动中的生态教育是指在幼儿园区角活动中进行生态教育。在区角活动中，选择生态教育的内容更加偏向认识生态系统，如：在种植区认识了解各种常见植物，观察它们的生长周期，记录生长的特点；在沙水区，操作沙子进行建造，如建造我的“房子”“幼儿园”“超市”等来了解一些简单的物理规律和周围的环境；在饲养区，照顾小动物来了解动物的体型特征、明白动物的习性、思考动物与人之间的关系等；在角色扮演区，对各种职业的演绎来体会社会中不同人物的角色等。因此，可以看出任何存在于一定环境区域和人物的区角活动中都可能发生着生态教育，教师要善于挖掘区域活动中的生态教育机会。

（二）游戏活动中生态教育

通过游戏活动来进行生态教育，教师可以选择各式各样的游戏活动来帮助幼儿理解保护自然的重要性，把生态教育理念融入游戏。如在幼儿园大班环保游戏

活动“小猫搬家”的游戏活动中，活动目标是幼儿通过认识小猫搬家的原因来树立保护水资源的环境意识。教师提前制作好道具，游戏规则是幼儿分成人数相同的队伍，每队第一个幼儿装扮成小猫，头戴头饰，手拿钓鱼竿的道具，要求翻过障碍物小山，走过小桥（注意幼儿安全），鱼竿和头饰不准丢，到小猫新家后站好。活动过程老师提问幼儿：河边被居民倒垃圾，水变脏了，小鱼没了，小猫钓不到鱼吃怎么办？得出答案就是此次游戏的主题，帮小猫把家搬到哪条河边去住，才能让小猫钓到鱼吃。最后总结游戏情况，得出“保护河水人人有责，严禁乱倒垃圾”的口号，课程结束。此游戏不仅具有幼儿体育教育活动的相关内容，而且融入了生态教育的理念，教师要注意在游戏过程或结束时点明游戏的主题，达到此次游戏中的生态教育目标。

（三）一日生活中生态教育

一日生活生态活动可以根据幼儿兴趣、爱好自愿选择活动，自主地制订一定的计划与规则，以组织协调人际关系，开展丰富多彩的活动，是生动活泼地向学生进行德育的一个重要途径。通过一日生活进行生态教育，能调动学生的积极性，培养他们的自律能力，形成互助友爱、团结合作、尊重规则等品德。一日生活中开展的生态教育更加侧重幼儿道德的培养，如：在幼儿吃饭时、洗手时要帮助幼儿树立节约资源、爱护环境的生态意识和行为习惯；在午睡时、活动时培养不打扰他人、和谐文明的生活习惯；在预防流行传染病的时候帮助幼儿懂得戴口罩、保护自我、保护环境的重要性。教师要利用好一日生活的环境培养幼儿良好的生态习惯。

（四）集体教学中生态教育

幼儿园五大领域集体教学活动也与生态教育息息相关。生态教育的目标在《指南》中有相关的体现：在幼儿园艺术活动中，教师和幼儿一起感受、发现和欣赏自然环境和人文环境中美好的事物；在健康活动中，幼儿能够适应周围环境及自我保护，具有良好的保护环境的生活习惯；在语言活动中，帮助幼儿与他人积极交流，在阅读中感受生态教育；在社会活动中，能够与他人友好相处、遵守生态行为规范等；在科学活动中，探究自然、认识和感知物理现象。这些内容都与生态教育相互联系，在活动中教师要注重幼儿生态意识的培养。

五、重视师资培养，搭建教师成长平台

（一）应定期参加培训，树立教育生态理念

教师需要提高自身能力，把职业水平能力的提升作为自身发展的前提。一线教师是幼儿园教育的直接实践者，想要真正地做到好的生态教育，还需要从教师入

手，提高教师生态教育的素质，搭建教师成长的平台。

生态教育作为一种国际教育理念新思潮，在我国的幼儿园发展中还处于起步阶段，大部分幼儿园的工作人员，如园长、教师并不了解生态教育完整的含义，认为生态教育就是所谓的关于大自然的教育。生态教育的目的就是让幼儿明白保护自然，如教师在幼儿园中很难关注到为幼儿提供一个和谐的人文教育环境，更多地注重幼儿对自然知识和技能的掌握。实则不然，生态教育不仅包含大自然的教育，同样也包括创造和谐、文明的人文生态环境，自然生态环境的发展与人文生态环境的发展同等重要，不可偏颇。另外，教师对于生态教育方式的运用不够明确，很多幼儿园教师并不懂如何开展生态教育，在实施过程中没有用到合理的教育方式，照传统的方式去开展教学活动，失去了生态教育的特色。

因此，要对幼儿园教师进行相关的培训。如：组织生态教育协会并举行相关的活动，积极进行生态教育的传播，为生态教育地位的提升出力；生态教育需要专家具体地指导，定期到幼儿园进行生态教育的讲座，传播生态教育的理论知识；教师学习国外生态教育研究成果，并结合本土的特色，形成适合于我国幼儿的有特色的生态教育；园内积极进行优秀生态教育公开课的展示，安排有相关特色的教师，为广大教师做出正确的示范。在相关教师的培训课程中加入生态教育的理论学习，引领教师正确指导幼儿开展活动，确定方向。增强教师专业化素养，将生态教育专业的知识传播到幼儿园中，同时将这些专业知识融入公开课中帮助园内其他教师学习借鉴。在这个过程中，教师要进行反思，慎重鉴别所学习的教学方法与模式，将自己所学的理论贯彻运用到实践当中。

(二)转变教师的教育方式，丰富课程活动

生态教育课程的实施应倡导儿童学习方法的多样化，促进儿童学习方法的转变，使儿童在课程实施过程中能够“自由呼吸”，并以轻松快乐和自信的方式学习。因此，在实施每个活动主题期间，我们要求儿童尽可能多地做活动设计、资料搜集、调查、考察、参观、访问、实验、测量、服务、制作、社会宣传、演示、表演、总结、交流、答辩、反思等学习活动。多样化的学习活动，促进儿童的独立成长。

完善流程指导，确保课程按计划实施。在确定生态教育课程的主题和项目的阶段，要求教师根据儿童的文化、基本的科学知识和爱好及当地的特定社区背景和自然条件，指导孩子确定合理的活动主题和项目。

在生态教育课程的实施阶段，要求教师指导儿童收集数据。根据儿童的实际和相关课程资源，在活动开始时，可以将一些基础培训与示例结合起来，使用视听媒体、做笔记、进行访谈、整理和分类材料等方式，以帮助儿童掌握参考书的使用。在具体过程中，有必要指导儿童有目的地收集事实材料，以指导他们使用调查、观察、访谈、测量等方法；指导孩子写研究日记，及时记录研究情况，并真实记录个人

经验以供将来总结和评估，为指导幼儿形成收集和处理信息的能力。在实施过程中，要求教师及时了解孩子的活动，并提供有针对性的指导和监督；组织灵活多样的交流和研讨会，以促进儿童的自我教育，并帮助他们保持和进一步提高他们的学习热情；如有特殊困难群体需要针对个体情况进行调整。在生态教育课程每项活动的总结阶段，要求教师引导孩子筛选和整理活动过程中的数据，得出结论，并指导孩子进行总结和反思，从而获得理解和认识。

建立和谐互动的师生关系是实施幼儿园生态教育的有力保证。在生态教育中，师生作为人际生态学的共同主人，应该摒弃以往的教育与被教育、灌输与接受、教训与服从的关系模式，取而代之的是互相尊重、平等对待、共同对话、和谐、轻松、自由和幸福的生态关系。在这里，老师不再是课堂上的绝对中心和权威，消除了师生之间的对立和界限。在老师的帮助下，孩子们变得越来越自信，有生气，善于思考，敢于主动提问，成为积极的学习者和积极的探索者。在师生和谐的生态环境中，教师的地位和作用也在悄然发生变化。过去，教育者、组织者、领导者、管理者、控制者和其他角色虽曾被用来说明教师的地位，但现在它们变得更加不重要，反而是使用诸如促进者、协作者、支持者、帮助者、观察者、听者、研究者和记录者之类的词来定义教师的角色。教师角色变化的背后反映出，尊重孩子和相信孩子的发展潜力的教育观念正在逐步建立和接受。当然，这也反映出幼儿园的师生生态正在从单向和倾斜向双向和动态平衡转变。关于师生之间的关系，有必要改变一切活动由教师在教与学中控制的方式，这是因为师生关系是平等的。每个孩子都可以根据自己的需要自由选择游戏材料，并根据自己对材料的理解进行操作。在没有学习压力的情况下，孩子们有更多的时间和更大的操作、探索、表达和获得经验的自由，而教师先是发挥支持者、合作者、指导者的作用。以创造师生互动，学生与学生的互动，放松及公园里自由的精神氛围。①

生态教育对教师的要求，包括教师需要储备一定量的自然科学知识及知识逻辑结构，对于简单的科学现象能够有条理地讲解清楚。包括对所在地区的自然环境特点、人文特点有一定了解，以便给幼儿教学时能应用自如。教师有一定的科学操作技能，如简单的科学实验操作与方法、测量方法、种植饲养方法、标本制作等。同时思考在缺乏玩具资源的情况下，教师如何进行有质量的科学活动，能够利用周围的资源、自制科学小工具、利用现有的媒体设备进行展示。

（三）提高课程创生能力，进行园本课程开发

课程创生取向把课程视为教师与学生联合创造并实际体验到的经验，这种课程是情境化、人格化的，它不是一件产品或一个事件，而是一个创造的过程。课程

① 陈水平．对幼儿园实施生态教育的几点思考[J]．教育探索，2011(10)：23-24.

创生取向要求幼儿教师充分发挥其主体性，成为教学研究者，成为课程开发的主体。要实现这种转变，幼儿教师首先必须具备一定的科研能力，如掌握信息与互联网知识以提高主动获取、分析及利用信息的能力，运用现代教育技术的能力，研究儿童心理及行为问题并采取相应教育措施的能力，归纳分析能力，综合创新能力等。其次，幼儿教师应具备课程开发的能力。我们所处的时代是信息时代，这个时代的儿童与以往任何时代的儿童相比，能接触到更多的新事物，能得到更加良好的发展。因此，幼儿教师必须在不断研究信息时代儿童发展特点的过程中开发适合时代发展需要和幼儿身心发展需要的幼儿园课程。只有这样，才能适应时代的需要。①

（四）构建生态教育评价体系，形成有效的评价模式

生态教育评价是对生态教育价值做出判断的过程，是针对幼儿园生态教育的特点和组成成分，分析和判断幼儿园生态教育价值的过程。主要达到两个方面的目的：第一，评价检验和完善原有的生态教育体系是否合理；第二，为教育政策的制定提供反馈信息。生态教育评价主要涉及三个方面的内容，对生态教育本身的评价，对生态教育实施过程的评价，对教育效果的评价。评价的内容有以下几个方面。

首先，制定幼儿园生态教育评价的标准和指标，把生态教育时间安排，教师情况、组织形式与教育方式，师生关系与互动，教材内容与方法，家长参与情况等相关内容作为评价的具体方面，把观察记录、调查表、谈话、家长反馈、教案分析作为评价的工具和方法。

其次，生态教育评价的取向应以形成性和发展性评价为基础，着眼于儿童主体参与实践的过程，以及在这一过程中积极探索保护生态、热爱自然的行为和意识。每年举行一次生态教育课程研究成果的演示。不同年龄的儿童可以采取各种形式，例如举办“生态节”活动、绘画活动、亲子活动和社区互动。努力让每个孩子找到自己的发展空间，寻求发展的突破。为了提高大多数教师的热情可以发布教师培训的详细规则和教师评估标准。为教师争夺最好成绩提供平台，并鼓励教师积极参与园本教材的实施和指导。老师之间形成良好的竞争氛围，可以提高幼儿园整体的教学质量。

再次，转变教育教学评价观念。生态教育教学评价观的主要目的是以学生为导向，促进人与社会、自然的和谐相处，学校、社会和家长的有机协调，共同促进学生的可持续发展。其根本目的是建立衡量学校、师生教育水平的标准，充分发挥教育评价的指导和改善功能，通过反馈和监管提高学校教育教学质量评估过程。

---

① 陈水平.对幼儿园实施生态教育的几点思考[J].教育探索，2011(10):23-24.

最后，丰富教育教学评价的内容。生态教育教学评价体系要求丰富评价的内容，重视综合素质的发展，特别是创新、探究、合作与实践等能力的发展，以适应社会发展的需要。《规程》确定的幼儿园的任务是：首先，实行保育与教育相结合的原则，对幼儿实施德、智、体、美、劳诸方面全面发展的教育，促进其身心和谐发展。可见，对幼儿的评价，不能局限在其认知水平上，而应该是其综合素质的评价。其次，关注教育教学评价的过程。教育教学评价就是运用认知分析的方法，描述学习者获得不同类型知识的机制，以此为根据设计各种形式的评价标准来评价学习者头脑中知识变化或知识建构的过程。这种新型的生态化评价关注生态个体的价值体验，重视生态个体的知识建构过程，即如何形成探究知识、认知策略与自我评价的创新能力等。因此，在幼儿园教育教学中，应坚持形成性评价与终结性评价有机结合，将幼儿园、教师、幼儿和课程体系的发展过程都纳入评价的体系中来。①

① 陈水平. 对幼儿园实施生态教育的几点思考[J]. 教育探索，2011(10)：23-24.

第六章 幼儿园生态环境的构建

第一节　幼儿园人际生态环境的构建

作为由人、活动、环境所构成的复合生态系统，幼儿园生态系统中的环境与环境之间，以师生为主体的幼儿园各类人员与环境之间都存在动态的相互联系，并对幼儿园教育教学活动、人际关系、师生发展等产生一定影响。幼儿园生态环境的构建是一个持续有机的、多维度的过程。人作为环境中的主体，是幼儿园生态环境中最重要的组成部分，因此，幼儿园应首要构建的是人际生态环境。幼儿园人际生态环境构建主要是指幼儿园中适用于人际交往的生态环境的构建。

幼儿园中的人际关系主要包括成人与幼儿之间（简称“成幼之间”）的关系和幼儿与幼儿之间（简称“幼幼之间”）的关系两部分。具体来说，成幼之间的关系主要有：幼儿园的管理者与幼儿之间的关系，例如园长与孩子们；教师与幼儿之间的关系，例如班级的主班老师、助教老师、实习老师等老师们与孩子们之间的关系；工作人员与幼儿之间的关系，例如园方后勤人员、保健医生等工作人员与幼儿之间的关系；当然，除去在园内与幼儿长时间打交道的成人之外，幼儿的家长们作为与幼儿关系最亲密的成人，也会在园内与幼儿展开互动。如果要构建各种人与人之间和谐的关系，那么就要从多角度构建人际生态环境。

而作为幼儿园中最主要的主体——幼儿，与幼儿产生交往频率最高的人群，也就是幼儿群体。同伴之间的交往游戏是幼儿与幼儿交往的最主要的形式，构建好幼幼之间的生态环境也十分重要。

一、成幼之间生态的构建

(一)管理者与幼儿之间生态环境的构建

在我国,幼儿园实行园长负责制,幼儿园的主要管理者是园长,当然还包括了分管不同工作的副园长及园长助理等管理层人员,由于管理者人群在教龄、学历等方面上具有一定的优势,专业度普遍相较于园内其他工作人员或教师更高,管理者人群与幼儿之间建立关系能够给其余成人与幼儿之间关系的建立树立典范。

构建管理者与幼儿之间生态环境应注意以下几点。

首先,要做到以幼儿为中心,管理者与幼儿的友好互动,应是建立在尊重幼儿的基础之上。园方应尽量多提供管理者人群与幼儿互动的机会,可以用节日活动、园本活动等为载体与媒介,也可增加管理者人群深入班级与幼儿互动的制度安排,促使管理者人群深入幼儿的一日生活,有更多机会深度观察儿童与了解儿童,从而产生更高质量的人际联系。

其次,要注重公共性。社会化发展是幼儿接受幼儿园教育,获得发展的一个重要部分。在幼儿园中,幼儿通过与同伴共同使用空间和参与活动,能够获得一定的社会性与合作精神。幼儿园的规模是幼儿园生态环境的要素之一,一般来说,较大型的幼儿园拥有资源优势。在这样的资源优势下(或是公共场所较多,或是互动材料更齐全),为管理层人群能够有更多机会接触到幼儿并产生互动提供了一定的条件。当然,还可以通过社会教育等教育契机来优化管理者人群与幼儿的人际生态。

最后,管理者要为幼儿创造适宜的教学环境,在这个过程中要注意因地制宜发展,兼顾硬件与软件设施。《条例》第七、八条规定:“举办幼儿园必须将幼儿园设置在安全区域内。严禁在污染区和危险区内设置幼儿园。”“举办幼儿园必须具有与保育、教育的要求相适应的园舍和设施。幼儿园的园舍和设施必须符合国家的卫生标准和安全标准。”房屋、场地与设备等是举办一个幼儿园最基本的物质条件,同时也能保证幼儿的身心健康发展,如果这些基本条件都缺乏,则不可以创办幼儿园。幼儿园应依据《条例》规定,按照幼儿生长发育的需要,根据安全卫生和教育的要求来设置环境、修建房舍、安装设备及购置用具等。幼儿园应根据本地区实际情况逐步改善办园条件,注重发挥现有条件的实际效用,发挥幼儿园的自主性,充分调动全园教职工的积极性,因地制宜地创造条件。① 具体来说关于幼儿园的硬件设施,园内应设置基本的保健室、活动室、寝室、厕所、盥洗室、办公室、厨房等配置。经济条件较好的幼儿园也可以设置游戏室、艺术室、体育室、亲子活动室和家长接

---

① 杨莉君.幼儿教育政策法规[M].北京:高等教育出版社,2015:32.

待室等其他具有特定功能的空间。幼儿园还应具备户外活动场地，如沙地、动物饲养角和种植园地等。幼儿活动的场地要有阳光，有足够的面积，并保证有一定比例的绿化面积。关于幼儿园的软件设施，需营造适宜的幼儿园的办园理念、健全的管理机制、师资力量、丰富的园内资源、幼儿园的园所文化等。

(二)教师与幼儿之间生态环境的构建

高质量的师幼互动离不开具有实用价值且还被赋予许多教育意义的生态环境。这样的幼儿园生态环境体现了人们的教育观念与审美意识。

1. 以幼儿为中心

高质量的师幼互动首先需要做到以幼儿为中心，只有充分尊重幼儿，才有较大可能优化师幼互动质量。

2. 调整幼儿园课程体系

教师作为幼儿学习活动的引导者、支持者和合作者，可以调整幼儿园教育活动体系、结构与内容，把生态教育融入幼儿园教育中，建立新的课程体系，加强综合性和实践性，注重培养学生的操作能力，从适应幼儿多元发展的需求出发构建幼儿园生态课程体系，对幼儿的教育内容施加更深程度的影响。

3. 班级环境

由于教师与幼儿的活动主要是在班级教室中进行，班级环境包括教室设计、座位编排及班级规模，不仅影响教育互动和活动气氛，而且也反映了教师相关教育教学的理论与实践理念。

教室房间的形状大小及建筑结构都会对教育教学活动产生一定影响，教室设计应该遵循充分利用教室空间的原则，尽量确保师幼拥有充分的活动空间，力求干净整洁有序。此外，还可以利用富有教育意义和审美价值的环创，引导幼儿参与环境创设，以便幼儿进行更好的游戏与活动。

幼儿园班级规模是指某一特定班级所容纳的幼儿人数。在我国现有的教育系统资源环境下，大班教学成为一种无奈的现实选择。必须遵循促进每个幼儿在原有基础上得到最大限度的发展的原则，并以此为依据来确定适宜的班级规模，使教育活动充满生命活力，实现教育活动生态环境的最优化。

舒适的班级环境，例如静谧的氛围，合理的温度与采光，都会提高生态环境的发展质量。研究表明，师生课堂智力活动的适宜温度为20℃～25℃，温度过高或过低会大大影响其智力活动水平和持续时间。同时，教室采光也会对师生产生一定影响，尤其是其视觉功能，因此，保持教室适宜采光至关重要。在通常情况下，教室应有较好的采光源，安装宽大明亮的窗户，尽量保持教室各个角落的明亮度均衡；在光线不足的情况下，教室应有完备的照明系统。而噪声是指令人烦躁不安的声音，它不仅损伤人的听觉，而且影响人的正常生理机能和心理机能，致使大脑皮层的兴奋和抑制失衡，思维混乱，工作和学习效率下降。噪声主要来自外界，同时，班级规模过大或教室内人员密集度过高，也会产生较大的噪声。噪声对于常规教育教学活动的影响主要表现在造成师幼难以集中注意力，所以，在教学实践中，教师应该根据具体情境科学有效地安排各种形式的教学活动，尽量减少噪声带来的消极影响。

《条例》第二十五条规定："任何单位和个人，不得侵占和破坏幼儿园园舍和设施，不得在幼儿园周围设置有危险、有污染或影响幼儿园采光的建筑和设施，不得干扰幼儿园正常的工作秩序。"幼儿园应建在清洁、安全、安静、无污染的地区，在选址时应考虑到影响幼儿生长发育的各种因素，包括大自然在内的周围环境，一般应设在居民区，远离铁路、工厂区等。房屋应离开街道一段距离，避免噪声的干扰。基地应选择地势平坦、场地干燥结实、易于排水的地段。幼儿园对于园舍的特殊要求决定了幼儿园的园舍一经确定，任何单位或个人不得对其进行侵占和破坏，也不得在其周围设置有危险、有污染和影响其采光的建筑和设施，以免影响幼儿的身体健康，干扰幼儿园的正常工作秩序。①

（三）工作人员与幼儿之间生态环境的构建

在《条例》第九条中说明了对保育、幼儿教育、医务和其他工作人员的基本要求和条件。幼儿园园长、教师、医师、保健员、保育员和其他工作人员在上岗前都应接受专业训练，经过有关行政部门的考核，获得资格才能上岗。园长、教师和保育员应有相应的专业知识（幼儿心理学、幼儿教育学、家庭教育学等）、专业技能（幼儿园教师应具备的教学能力）、专业伦理（热爱幼儿教育事业、爱护幼儿等）。需要特别注意的是，慢性传染病、精神病患者，不得在幼儿园工作。②

幼儿园的工作人员，由于学前教育专业水平存在一定差异，所以需要更多的外部力量支持。在遴选了一批符合国家要求，具备职业素养的幼儿园工作人员班子后，园方应继续注重对工作人员的理念培训，时刻传递基于幼儿的工作理念。

园方可以有计划有目的地组织幼儿参观办公室、厨房、会议室、保安室、医务室等，在安全范围内拓宽幼儿视野，提升认知水平，同时发展幼儿社会性。当然，还可以在社会性教育的过程中邀请工作人员参与到教育活动当中来。

（四）家长与幼儿之间生态环境的构建

家庭教育是整个现代教育体系中不可缺少的一部分，对个体的发展及社会的发展都具有举足轻重的作用。在个体上，家庭教育能帮助教导子女掌握基本的生

---

① 杨莉君．幼儿教育政策法规[M]．北京：高等教育出版社，2015：41-42.

② 杨莉君．幼儿教育政策法规[M]．北京：高等教育出版社，2015：32.

活技能，掌握社会规范，形成道德情操、生活目标、个人理想和志趣，培养子女的社会角色，形成子女性格和社会适应能力等。在社会上，家庭教育是履行社会职能的载体，是传递社会文明的主要方式，是提高全民素质的重要途径。①

作为与幼儿关系最为密切的群体和家庭教育的实施主体——家长们，与幼儿之间生态环境的构建也是极为重要的一环。在园中，园方为了促进家园共育，会开展一系列亲子活动。例如，一些大型的亲子活动日，或者包含在本园特色活动中的亲子互动，抑或是各行各业的家长走进幼儿一日生活开展的"家长课堂"活动，等等，家长在园内与幼儿的互动也影响着园内人际生态。

家长与幼儿之间生态环境的构建需要注意以下几个方面。

1. 家长的尊重鼓励与理性施爱

首先，家长在构建与幼儿之间生态环境的同时，要注意尊重幼儿，不能以父母的身份去逼迫孩子。对于孩子感兴趣的事物与有可能完成而尚未完成的挑战，建议家长多鼓励孩子。

父母在培养亲子之爱的同时要注意孩子良好习惯与品行的养成，要有适当合理的、具体明确的要求来规范幼儿的部分行为，而不是一味地将孩子捧在手心里。对于孩子做得好的地方，要及时给予表扬与鼓励，进行正向强化；对于孩子的不良行为与习惯要及时纠正，具体指出孩子哪里做得不好，为什么不好，和应该要怎么做。父母对子女之爱为人之天性，这份无私之爱使得父母们能敏锐感知到孩子的情绪，理解孩子的行为等。但有部分父母对于孩子的溺爱并不能对孩子的发展产生积极的促进作用，"爱之不适，足以为害"。

其次，家长应多方面了解孩子的各项发展情况，了解自己的孩子在同龄人群体中的社会交往水平，并对自身的教育与养育进行及时调整。在园中进行大型亲子互动活动时，不仅要注意与自己孩子的亲子互动，也要注意与园内其他幼儿的相处，构建与其他幼儿良好的人际生态，成为所有幼儿的游戏伙伴，避免唯自己孩子为上的思想与行为，也要避免过度夸奖其他孩子而打击自己孩子的思想与行为，要对所有幼儿一视同仁友好相待，并且引导自己的孩子要对所有同伴友好相待。

2. 家园加强沟通，多方位深入了解幼儿发展具体情况

家长在幼儿园应多与园长和老师们沟通，及时了解孩子在园的活动与表现情况，了解孩子每日的生活，将其表现与在家的表现相结合，更好地了解当下的发展情况；此外，家长们还应及时了解孩子当前年龄段的幼儿普遍发展水平，衡量自己孩子的发展情况，针对自身的家庭教育状况适时做出适当调整来更好地促进孩子

① 吴航. 家庭教育学基础[M]. 武汉：华中师范大学出版社，2010：28-32.

的身心发展。如遇到孩子在园与在家表现相差甚远的情况，家长们最好不要首先就强烈质疑并且否定教师的观察结果，谴责教师针对自己的孩子，而应根据具体实例多方求证情况的真实性，若情况属实，应综合园内与家庭因素具体分析孩子产生如此情况的原因，与教师、园长共同商议解决的办法，对孩子的教育环境与发展要求进行整体统一的调整。

3. 家长应以身作则树立榜样

孔子在2000多年前就已经提出，言教不如身教，家长应充当孩子的表率。由于幼儿缺乏经验，在家庭教育中，父母既要用自身言行的良好形象去感染与影响孩子，又应用孩子能够理解和接受的语言，告诉孩子为什么要这样做，怎样才能做好，在园或在家与幼儿互动时，需把言传与身教结合起来。家长在园与孩子互动时，应时刻注意自身的言行，树立好榜样，其言行要保持在园中与在家中一致，活动时要严于律己。只有这样孩子才会在耳濡目染中将良好品质融入到自己的心灵深处中去。

二、幼儿与幼儿之间生态的构建

幼儿园的小主人公们最主要的人际生态是围绕同龄人展开的，在一日生活里，幼儿们的人际交往主要是与同伴一起在游戏中互动。为了更好地促进幼儿的同伴交往，成人可以基于游戏活动对幼儿进行直接或间接的引导，例如在引导深入游戏发展或幼儿之间产生冲突之时找准合适的时机介入。那么幼儿与幼儿之间的人际生态的构建主要应注意以下方面。

(一)空间与材料

1. 宽敞的空间与合理的区域布局能使幼儿的活动更加舒适与专注

活动室应具备充足的空间与照明，供幼儿灵活自由地活动。幼儿的活动室、盥洗室与起居室都应日常进行消毒与整理，消除安全隐患，以供幼儿在安全、洁净的空间里活动，减小幼儿生病与受伤的概率。此外，最好具有充足的户外活动空间，以保证幼儿每日都有在户外活动的时间。

而合理的区域空间布局能够加强幼儿对某一活动的专注度。例如：美工区靠近盥洗室有利于正在绘画的幼儿频繁换水进行颜料清洗，从而更好地进行绘画创作；阅读区周围尽量安排比较安静的区域，可以降低吵闹的幼儿打扰到正在阅读的幼儿的概率，使在阅读绘本的幼儿能更加专注地阅读绘本，而一旁科学区的孩子们也能在较为安静的环境下进行科学探索；等等。

2.投放适宜的材料种类与材料数量也能促进幼儿的同伴交往

根据幼儿年龄发展特点与兴趣爱好进行材料投放是促进幼儿同伴互动的重要途径。投放的材料种类应适宜幼儿的兴趣需要与发展需要，并及时进行更新与更换，避免出现幼儿厌倦材料或无材料可玩的情况；投放的数量应是一式多份，部分幼儿由于年龄发展特点，对其感兴趣的材料还无法做出分享或让步，此时为了避免出现多位幼儿争抢有限的材料的情况，成人应提前多备几份同类材料，并在合适的时机提醒幼儿们交换或分享等。在年龄稍大的幼儿班级中，成人可以协助幼儿一起制定区域规则，适时地减少一式多份材料的投放，鼓励幼儿进行协商与分享传递。

(二)优化成人的介入与引导

一般来说，在幼儿与同伴互动时，成人最好不要介入打扰。但有时为了使幼儿之间的游戏互动得以深入进行，增添趣味性，或是为了避免幼儿之间的冲突或缓解同伴之间的矛盾，在幼儿与同伴交往之际，成人不仅可以在空间和材料等物质方面进行一定的提前准备与引导，还应找准时机，适时介入，使活动中幼儿之间互动深入发展。

例如，在进行娃娃家游戏时，幼儿们对角色的扮演产生了厌倦而不想继续游戏，此时成人可以新角色的身份介入，加入幼儿的娃娃家游戏中，以推动游戏的继续深入。在成人代入新角色的同时，新角色的语言与行为同时也促进了幼儿的语言与社会性发展，也使得本来幼儿厌倦的游戏产生了新的趣味性，幼儿们得以继续快乐地游戏。在这个过程中，幼儿兴趣的持久度得到提升，耐心与探索能力也进一步增强。

再例如，在互动的过程中，部分幼儿产生了矛盾，影响到了其他幼儿的正常有序活动，此时教师应该找准时机介入，及时与产生矛盾的幼儿进行沟通，搞清楚矛盾的来由，还原事情真相，并且帮助产生矛盾的幼儿认识到问题所在，帮助彻底解决矛盾，引导幼儿继续和平友好地相处与游戏。没有充足社会交往经验的幼儿们产生自己无法解决的矛盾时，如果成人不适时介入进来，有可能导致幼儿的矛盾激化，影响到幼儿之间的友好关系与交往相处，并且可能影响到集体的正常活动与班级氛围。

当然，成人们不只要关注大部分正常幼儿的同伴互动，还需要关注到特殊情况。若班级中出现特殊幼儿，即幼儿或具有交往障碍，或具有孤独症症状，或是身体残疾活动不便，教师们也应该密切关注，并在他们有困难之时以适宜的方式介入特殊幼儿的活动中，鼓励他们与同伴互动，以促进他们的发展。若班级中出现不同国籍、地区或不同肤色的幼儿，成人也应当对幼儿们进行适宜的引导，帮助幼儿们认识到世界各地人们的不同，帮助幼儿们友好交往。

教师是幼儿活动的支持者、合作者与引导者，除了教师之外，其余的成人例如园长、家长们在具体活动中也可以适时介入幼儿与同伴互动，以促进与同伴互动的进一步发展，帮助构建起幼儿的良好人际生态。

第二节　幼儿园环境生态的创设

一、幼儿园环境生态的创设对幼儿的启蒙意义

生态环境是人们赖以生存和发展的基础，我们常说“绿水青山就是金山银山”。那么幼儿园进行生态环境教育对幼儿有什么意义呢？在生态教育背景下，幼儿园环境生态的创设，能够更好地将生态理念融入幼儿教育，有助于幼儿建立生态意识、环保理念、生态道德观，激发幼儿对生态环境的好奇心和求知欲。

生态环境可以激发幼儿的好奇心和求知欲，提高其自主创造力和想象力。

幼儿生活在自然生态环境中，自然生态环境对幼儿的成长有十分大的影响。当他们与自然生态近距离地接触时，会有着与众不同的体验和感觉。面对大自然这神奇的景象，他们会感到自由，感到心情放松。幼儿会在不自觉中去感受自然，会带着内心的好奇去观察探索大自然的神奇之处。就像蒙台梭利所言，儿童具有心理吸收力，具有一种不自觉地吸收外部的知识和文化为自己所用的能力。在这一过程中，儿童是主动地去学习，去探索的。他们利用身边一切可以利用的资源去发现创造自己。这样的一个主动吸收探索的过程大大地提高了其自主创造力和想象力。

生态环境可使幼儿大脑处于兴奋中，提高幼儿活动的主动性。

生态环境对幼儿学习和成长的好处还体现在其能够使幼儿大脑处于兴奋中，提高幼儿参与活动的自主性。在建设生态环境中，不应该只聚焦于自然环境，幼儿所处的室内外的课堂环境也属于其中的一部分。教师在生态环境理念的建构，可以通过改变活动的风格和方式，从而优化活动的氛围。幼儿处于自由宽松的氛围中，使师生的交流变得融洽和轻松。在自由的环境中幼儿大脑兴奋活跃，可以自信大胆地表达自己的想法，主动性进一步提高。

生态环境可使幼儿视野开阔、情绪饱满，强化幼儿的感性与理性。

生态环境教育可以让幼儿获得更多的体验。比如幼儿园可以和社区、家庭一起合作开展游戏活动和户外探索活动，还可以通过科学活动、区域活动、生活活动等方式丰富幼儿的体验。一方面在活动中开阔幼儿的视野，另一方面在这一过程中幼儿学会与人沟通交流。在活动中丰富幼儿的见识，使其情绪饱满，极大地强化幼儿的感性和理性。

二、幼儿园环境生态的创设途径

(一)创设情境环境，陶冶幼儿情操

陶行知倡导生活教育的理念，认为环境生态教育来源于日常生活。在日常生活中常常蕴含着环境生态知识，教师要抓紧时机进行教育。例如：在幼儿洗漱时，幼儿教师要及时纠正幼儿浪费水的行为，表扬节约用水的做法，基于三维目标知识与技能的角度，利用五大领域的教学活动渗透节约用水相关的故事儿歌。例如"节约用水，人人有责"这一社会领域的教学活动，教师可以先让幼儿观察枯萎的花，幼儿认识并交流分享水的用途，并通过展示缺水地区幼儿的生活现状和土地沙漠化的图片，用触目惊心的图片让幼儿认识到水的重要性。再通过观看一些浪费水的课件，进一步激发幼儿节约用水的愿望。最后讨论节约用水的方法激发幼儿的环境保护意识。在幼儿吃饭时，幼儿教师要教育幼儿"粒粒皆辛苦"，要珍惜他人的劳动成果，也可以通过教学活动选择类似《悯农》这样的诗词或者儿歌等，让幼儿知道粮食的来之不易，养成珍惜粮食的生活习惯。在幼儿打扫卫生时，幼儿教师要引导幼儿不乱丢垃圾，不乱涂乱画，让幼儿养成保护公物、爱护环境的习惯。幼儿教师可以通过在自然中筛选幼儿园美育活动的自然材料，如：搜集树叶、树枝等，幼儿按照不同颜色不同形状进行创造性粘贴画或者涂鸦；搜集麦秆、稻草，运用染、剪、粘、扎等表现手法做成动物造型或麦秆画、稻草画；创建自然角，幼儿品尝自己种植的蔬菜叶子和果实，接触自然事物，丰富自然体验，形成亲近自然的情感。①

皮亚杰认为，儿童在与环境的积极互动中构建其知识体系，从而促进智力的发展。幼儿园的情境环境是一种文化，幼儿生活在这种环境中，环境对幼儿产生潜移默化的影响。幼儿园的情境环境体现在方方面面。例如：幼儿园的建筑设计风格、园区环境风貌和人文风貌，设施设备、室内的环境布局与陈设都是一种情境环境。同时独具特色的区角和主题墙也能使幼儿发现美、感受美、体验美、表现美和创造美，对幼儿的发展也具有重要影响。例如在以"春节"为主题的创意活动中，环境创

---

① 韩加梅. 拥抱绿色 尽享和谐——幼儿园生态环境教育的实践与研究[J]. 名师在线，2020(26)：93-94.

设可以在窗户上张贴喜庆的图案、春联。主题墙上张贴具有代表意义的年画，了解关于春节的故事、习俗等。在区角的创设中可以在语言区放置有关春节的书、图片及资料，收集与春节相关的相片、故事图片，学习相互拜年和祝贺的话。在生活区收集各种窗花、图案、福字和灯笼。幼儿尝试自己裁剪和粘贴。在表演区准备各种服装头饰以及曲目，供幼儿演唱。

创设情境环境，用生活的点滴和环境变化，使幼儿亲近爱护环境，学会主动地探索，发现周边的环境。

（二）创设绿色和谐的园所环境

陈鹤琴先生曾提出“大自然、大社会都是活教材”。大自然是最好的老师，能够滋养儿童的成长。西方的很多研究也证实了这样的结论：一个自然化的校园，能孕育出更多幻想、更平等的伙伴关系、更旺盛的求知欲。因此，在幼儿园的环境创设中，在充分考虑幼儿园所处的地区文化、所在位置和占地面积的情况下，教师可以因地制宜布置本园的环境。可以利用文化墙、过道走廊装饰画，来使自然与环境融为一体。可以在墙面挂一些各个城市的自然景点图片，本地区有特色的景点画，在文化墙上展示幼儿发现的有趣的地方。在这一过程中教师和幼儿一起集思广益，一起布置，培养幼儿的动手意识，增强参与感。这些可以是一个大主题，如五岳主题画、四大盆地主题画，也可以是小主题，如门前的小野花、种子发芽记。通过这些主题画培养幼儿对大自然的好奇和敬仰之情，幼儿学会亲近自然，爱护自然。幼儿园也可以合理地规划园区，给幼儿呈现出一个动态、生动活泼的园内环境。例如：可以设置小花园、观察种植角、小动物保护区等，幼儿在与环境的互动中感受自然的美好。教师也可以在集体教学的过程中向幼儿讲述放映关于环境污染、土地沙漠化、冰川融化等一些环境被破坏的现状与幼儿讨论分析原因，呼吁幼儿保护自然环境。幼儿通过去看、去听、去亲身感受培养对大自然的保护欲。蒙台梭利指出：“儿童只有在一个不受约束的环境中，即在一个与他的年龄相适合的环境中，他的心理生活才会自然地发展并展现他内心的秘密。”“庭前八月梨枣熟，一日上树能千回。”古人尚如此，何况现在的幼儿生活在水泥钢筋世界里，亲近自然的幼儿园环境会给幼儿留下许多美好的回忆。幼儿园环境创设的生态意蕴，将影响幼儿从自然中获得积极的情感体验及丰富的知识经验。①

以幼儿园为基地，以保护生态环境为出发点，创设一个原汁原味的校园，让幼儿置身于校园仿佛置身于大自然，从而感受到大自然独具特色的魅力。感受到属于大自然的绿色、生机、自由与活力，解放幼儿的思想与天性。

① 张敏. 幼儿园环境的隐喻价值与提升策略[J]. 陕西学前师范学院学报，2020，36(3)：20-23.

(三)实施家园联动,共创美好环境

要进行生态环境教育不是一件容易的事,单靠园所和教师的力量远远不够,需要调动一切可以利用的资源。最重要的是发挥家长的力量,家园联动。良好的家园联动效果可以使幼儿园的教育事半功倍。我们可以通过家长交流会、家长委员会等方式,积极与家长互动交流,给家长普及一些幼儿生长发育的特点,一些教育理念,避免5+2=0。

1.理念引领,达成教育观念的一致

随着社会的发展,《指南》《纲要》的贯彻和落实,越来越多的幼儿园感受到了家园联动对幼儿教育的重要影响。家园联动的目的是提高家长的教育意识和教育责任感,让家长了解基本的教育知识,避免家庭环境和家庭教育对幼儿造成的不良影响,同时有助于幼儿园与家庭教育的一致性。在实践中,幼儿园可以选择开展多样化的指导方式,比如组织开展专题讲座、组织开展家长交流会、通过线上方式传输资料等。例如,我们利用家长开放日,有针对性地组织亲子制作活动。活动开始阶段,家长心中的观念就是“我的孩子不能输”,越是能力弱的孩子家长代劳越多,但在创作活动过程中家长注意到教师鼓励更多的是在制作中孩子占主体地位的家庭,逐渐地,大家关注的不再只是作品本身,而是引导幼儿感知废旧物品的价值,享受亲子制作的快乐。① 幼儿园可以在家长群里上传一些家长在教育培养幼儿时可能用到的知识资料,或者采用公众号向家长定时推送幼儿在园的一些日常活动,幼儿园的教育理念,通过潜移默化的方式影响家长的教育理念。同时教师要积极回答家长的提问以及家长在教育中的问题,让家长们在家给予幼儿正确的引导。例如:幼儿好模仿,家长在家要做好榜样和带头作用。只有家长和幼儿园的教育理念达成一致,并相互协作,才能提高保教的质量,使幼儿获得真正的发展。

2.家园齐动手,让环境创设锦上添花

家长的理念是逐步开始转变的,在这一过程中,幼儿园应该充分利用各种资源,创造机会让家长参与到幼儿园的各种活动中,培养家长保护生态环境的意识。比如,幼儿园可以开展亲子活动,组织一些亲子游戏,让幼儿和家长在合作中感受到合作的快乐,让家长乐于参与到幼儿的活动中,从而充分利用家长资源,让生态教育的范围扩大到家庭中去,实现家园共育。例如,在动物园组织开展“大手拉小手,环保一起走”的亲子公益活动,孩子们在沿着动物的居住路线行走的过程中观察花草树木,飞禽走兽,在欣赏感受大自然的多样性的同时也学着保护环境。通过开展有趣的户外游戏活动,大家沿途弯腰捡草坪和小路上的废弃物、纸巾、果皮、食

① 李艳.生态课程背景下幼儿园环境的优化创设[J].山西教育(幼教),2020(5):37-39.

品袋等各种垃圾。在志愿者的讲解帮助下幼儿学会给垃圾分类，了解现有的垃圾处理的方法所存在的优劣。如果家长和幼儿感兴趣可以组织大家开展一次垃圾分类的亲子活动或讨论垃圾对大自然的危害。例如：垃圾分类的亲子活动中，首先让家长和幼儿了解垃圾处理不当对环境的危害，然后教师可以让家长和幼儿一起观察记录自己家中近几天产生的垃圾，并说出自己家是怎么处理这些垃圾的。接着商讨垃圾处理方法，在之前先认识垃圾分类标志并让家长和幼儿一起尝试对自己家产生的垃圾分类。通过一个比赛，教师呈现一些垃圾，比如塑料瓶、玻璃、电池、纸巾等物品，以一个家庭为一组进行垃圾分类比赛，并对胜利的前三组进行奖励。通过这样的一个活动，可以让幼儿认识到垃圾对环境的危害，家长和幼儿认识到环保的重要性，也可以让家长和幼儿学会垃圾分类，初步培养对生态环境的爱护之情。最后，家长是幼儿最好的教师，只有家长感受到环境的重要才会在教育幼儿保护生态环境上用心。这次活动可以加强其环境保护理念，与大自然和平共处。在活动结束后，邀请家长和幼儿分享活动后的体会和感受，将在活动中拍摄的照片悬挂在主题墙，同时在主题墙上写下此次活动最大的收获。为了能够充分调动家长参与生态环境教育的热情，幼儿教师要适当地进行鼓励和奖励，也可以让家长们针对这次活动中每个人的表现进行适当的互相评价。从而鼓励家长积极地参与到生态环境教育中来，家长具有保护生态环境的责任感，积极与幼儿园合作，让幼儿园和教师更好地开展生态环境教育，培养幼儿生态环境保护的意识。家园联动不是家长配合教师完成教育教学工作，也不是教师配合家长的需求，选择家长要求教授的内容进行教授，而是家长和教师一起共同努力，使学校和家庭的教育达到一致。要实现家园联动最优，一方面家长要严格要求自己，注意自己的言行举止，给幼儿做好榜样，引导幼儿不乱丢垃圾，不破坏环境，培养幼儿生态环境保护意识。另一方面教师要通过一系列的集体教学、生活活动、区域活动等方式，帮助幼儿认识环境现状，让幼儿对其产生思考，唤起幼儿的环保意识并将保护环境这件事付诸行动。例如，在“变废为宝”的实践活动中，教师建议家长带领幼儿一起去收集大小不等的各种废弃的但清洁无毒的纸盒及塑料瓶、碎布等。然后，利用这些废品和家长一起制作玩具变废为宝，幼儿拿着做好的玩具，去做宣传员，让更多的幼儿尝试学习变废为宝；这种生活实践活动可以让幼儿亲身体验自己动手的乐趣，同时又加强了幼儿保护环境的意识，培养了幼儿的动手能力、创新能力和想象力，家长也可以从中获得不同的体验。在课后，教师可以在区域中放些废旧报纸，让幼儿利用废纸做衣服、剪纸等，以满足幼儿自主游戏的需求。① 在幼儿的成长过程中，父母的陪

① 韩加梅．拥抱绿色 尽享和谐——幼儿园生态环境教育的实践与研究[J]．名师在线，2020(26)：93-94．

伴对幼儿各方面的发展都至关重要。因此，幼儿园可以多举办一些关于自然环境主题的亲子活动，幼儿在父母的陪伴中一起感受自然所带来的美好。而植树节是最符合环境保护这个主题的。因此，教师可以抓住时机举办植树活动，在植树节当天邀请家长带着幼儿一同前往幼儿园附近的公园进行植树。在植树的过程中幼儿通过挖土、栽种、浇水施肥等辛勤劳动充分感受到栽种一株小树苗是一件多么不容易的事。这时教师再告诉幼儿，小树苗长成一棵参天大树是一件艰难且长久的事，树木又是保护我们的生态环境的战士，它们不仅能够起到观赏的作用，还能防风固沙、净化空气、提供氧气、减少噪声污染等。这样幼儿便能在这次植树实践活动中深刻认识到树木的重要性，对他们形成环境保护的重要思想有很大的帮助。

（四）组织户外活动发展幼儿情感

幼儿园生态环境创设的最基本的途径就是户外活动。户外活动相比于其他类似区域活动、集体活动的最大的优势在于它可以很容易直观培养幼儿对大自然的亲近与喜爱的情感。因此，幼儿园在生态环境的创设中应该首先注重园内环境的建设，比如创设自然角，建设果园、蔬菜园或者小花园等这些贴近幼儿生活的环境，培养幼儿保护环境的意识。这样幼儿在户外活动时会更愿意近距离地接触大自然，直观感受自然的魅力。其次，幼儿园应该和社区家长做好沟通交流工作，利用社区家长资源组织开展关于生态环境建设的社会实践活动。例如由教师组织家长带领去附近的植物园、湿地公园实地参观、拍照，用自然的美景熏陶幼儿的心灵。出于安全考虑也可以利用社区现有的景色，组织开展活动。例如在植树节，组织家长和幼儿一起在社区植树。最后，只有幼儿园和教师组织户外活动去培养幼儿亲近自然的情感是不够的，在这一过程中少不了家长和社区的支持。教师应该向家长讲述幼儿亲近自然的重要性，鼓励家长利用闲暇时间带孩子去亲近自然、感受自然。

在生态环境创设的过程中，幼儿园要充分利用幼儿园以外的生态环境资源，如幼儿园附近的公园、植物园、动物园、海洋馆等，这些场所都可以成为幼儿园生态环境的重要延伸和拓展。幼儿园可以通过组织幼儿去公园踏青、去植物园写生等活动来让幼儿身处于真切的生态环境中，让幼儿亲近自然、爱护自然。在这一过程中，幼儿园还可以联合家长，举办“海洋馆留影”等亲子活动，让家长在周末带幼儿去海洋馆参观，观察海洋里的鱼类，并拍照留念。该活动在拉近亲子关系的同时，也让幼儿加深了对海洋生物的认识，从而丰富了幼儿的生态知识积累。[①] 不同的幼儿园位于不同的生态环境内。例如：有的幼儿园位于环境优美的地区，附近有校园、广场、植物生态园、海洋馆等场所，都可以作为生态教育环境创设的资源。通过

---

① 马婉玲.关于生态教育背景下幼儿园环境创设研究[J].求知导刊，2020(4)：12-13.

组织幼儿在校园内进行写生、郊游等活动，分别设置不同的活动主题。例如：带幼儿寻找具有特点的叶子，通过对不同植物叶子的观察，发现其不同的特点，锻炼幼儿对事物的观察能力、对大自然的探索能力与对问题的总结分析能力。此外，还可以开展类似的亲子主题活动，鼓励家长的参与，拉近亲子关系，促进幼儿幸福快乐成长。在集体活动中，我们告诉幼儿环境保护的重要性、关于环境建设的众多知识，然后在课外的闲暇时间引导幼儿把所学运用到实践中去，真正有效地培养他们对大自然的亲近和爱护的情感。为了达到这一目的就需要教师和家长带领幼儿走进社区、走进公园、走进乡村、走进自然景区，去切身体会，去观察山川河流、花草树木、沙漠沼泽，感受大自然的宏伟壮丽与震撼。这种体验是通过教学和看图片所无法比拟的。例如：春天来了，我们组织幼儿去踏青、去爬山，让幼儿感受春天的魅力，感受春天的气息，感受万物复苏的生机；夏天来了，我们组织幼儿去池塘、湖泊欣赏荷花之美，让幼儿感受知了的鸣叫，感受鲜花的盛开；秋天来了，我们组织幼儿走进农村，让幼儿感受秋之收获，感受硕果累累的金秋；冬天来了，我们组织幼儿在白雪皑皑的空旷之地进行打雪仗游戏，让幼儿感受冬天赐予人类的温馨时刻。通过园外的种种环境体验教育，幼儿领略了大自然的魅力，感知了大自然带给人类的种种益处，同时也形成了文明出行、文明旅游的意识，从而形成人与自然和谐共处的思想观念，树立爱自然、爱社会、爱家园、爱祖国的情怀。①

第三节　幼儿园制度环境的营造

一、幼儿园制度环境营造的主体

幼儿园制度建设是一个多主体参与、多元化发展的过程，在制度制定的过程中，幼儿作为幼儿园的小主人公们，一样可以参与到其中并起到独特的建设作用，这也许会带来意想不到的建设效果。在幼儿园制度环境营造的过程中，园方管理层首先要起带头作用，园内教师及工作人员应积极参与，作为幼儿园的“小主人”，幼儿也应是制度营造的重要主体，也应更多地参与到制度建设中。此外，为了建立更好的家园联系，构建更高质量的家园合作，家长也应积极参与其中，共同为幼儿

① 尤文艺. 生态体验下幼儿环境教育[J]. 教师，2016(1)：21.

园制度营造贡献自己力所能及的力量。

(一)园长

作为幼儿园的管理层，无论是在行政方面还是教育方面，园长都责任如山，负责统筹幼儿园大小事宜。在制度营造方面的责任也是如此，以园长为代表的幼儿园管理层团队，应承担起带头作用，引领幼儿园制度营造工作的开展，具体需要关注如下方面。

首先，在遵循国家政府的政策法规前提下，必须加强对幼儿园教育规划的预测，及时调整生态教育系统的发展重点。我国人口数量的增长趋势并非直线式增长，而是呈现生育高峰与低潮交替波动的状态，致使学龄人口在不同时期大起大落，进而产生各种生态教育问题，如教育规模的不稳定、教育资源不足或过剩、学制结构的不稳定等。因此，为了正确处理人口增长与生态教育的关系，必须加强对教育规划的预测，及时调整生态教育系统的发展重点，在适当扩大教学规模的同时，大力提升办学效益，统筹兼顾。目前我国学前教育普及率相较以前有所提升，公办园的规模也在逐年扩大，面对社会广大的学前教育入学需求，管理层在政策法规指导下，在与地方政府协调中，应及时调整教学规模，但在改变规模的同时，也要尽量保证幼儿园的教学质量，不能因为保“量”就丢失了“质”，也不能纯粹为了“质”而不管“量”。在尽可能保障学前儿童有入学机会的同时，不放松教学质量、师幼比等方面，做到统筹兼顾。

其次，积极投入教育资源。只有根据教育资源供应量，以及教育资源与教育人口的比例关系，如生均教育经费、班容量、师生比等，确定适度的教育人口容量，才能确保生态教育平衡。然而，“学生爆炸”的出现使教育需求激增，从而与适度教育的人口容量之间形成尖锐的矛盾，如盲目扩大教育规模、追求过高的教育普及率等，结果却造成生态教育失衡。因此为了确保生态教育平衡，使幼儿教育人口容量与幼儿教育需求维持适当比例。一方面，国家必须采取切实措施控制人口数量的过快增长，以减轻教育人口容量的压力；另一方面，在国家财政支持下，园方则要加大教育资源的投入力度，解决幼儿人口数量与质量之间的矛盾。

(二)教师

依据《规程》，幼儿园教师对本班工作全面负责。教师的主要职责是：观察了解幼儿，依据国家规定的幼儿园课程标准，结合本班幼儿的具体情况，制订和执行教育工作计划，完成教育任务；严格执行幼儿园安全卫生保健制度，指导并配合保育员管理本班幼儿生活和做好幼儿保健工作；与家长保持经常联系，了解幼儿家庭的教育环境，商讨符合幼儿特点的教育措施，共同配合完成教育任务；参加业务学习和幼儿教育研究活动；定期向园长汇报，接受其检查和指导。幼儿园教师须贯彻保教结合原则。教师的工作以幼儿为中心，目的是要促进幼儿身心健康全面发展。所以，教师既要完成好教育任务，又要按照规则制度从多方面用多种方式促进幼儿发展。

在制度营造上，幼儿园教师是各班管理的主要与中坚力量。

首先，应以幼儿为中心。幼儿园教师首要的保教任务就是要促进幼儿的身心健康发展，制度营造应遵循以幼儿为中心的工作原则。在制度营造的过程中，应遵循《指南》中指出的学前儿童学习的特点来进行，支持幼儿自主操作与探索，师幼共建和谐制度，共同经营班级生活。

其次，应注意适宜性。幼儿园教师在与园长管理层协调的大环境下，根据本班幼儿的兴趣特点与年龄发展特征，进行相关制度营造，避免笼统僵化的制度阻碍幼儿的兴趣与发展。例如，不同年段的孩子，可以用不同的方式让幼儿学习：幼儿年龄较小的小班或者一些中班，可以用图片、图示或手工绘画来引导幼儿学习；幼儿年龄稍大一些的班级可以利用具有意义的图画词语，让幼儿主动探索规则的同时积极展开想象力进行联想。

再次，多方沟通，多方借鉴。幼儿园老师不仅可以和管理层多交流沟通在制度营造时遇到的困惑与问题，还可以与不同年龄班教师互相交流经验，利用好教研的机会就制度建设内容进行研究与探讨，将班级制度与园内制度有机融合，共同构建一个更适合于孩子成长的幼儿园生态环境。

最后，加强家园联系，提升家园合作质量。园方有义务向社会推广服务，同样，幼儿园教师作为专业人员，有义务与幼儿家长进行密切沟通，了解每一个孩子的发展情况，摸底幼儿们的家庭生态环境，从而利于教师们更有的放矢地构思制度，也最终能为幼儿提供更佳的成长环境。

（三）幼儿

作为幼儿园的“小主人”，幼儿的“一日生活”都在幼儿园中度过，幼儿园已然是孩子们第二个快乐家园。在自己成长的空间里学会自我管理是成长的重要一步，幼儿也可以参与到制度建设中来。

首先，幼儿参与制度建设更能体现幼儿主体性。以幼儿为中心的主体往往被理解成教师，但其实孩子们也可以是参与的主体。在这个过程中，幼儿自己全程参与了制度营造，将规则与自己的需要、兴趣甚至是想象结合起来，更能使规则或制度的适用性与存在感大大提高，幼儿作为主体，参与自我管理与班级管理的主动性将大大提高。

其次，幼儿参与制度建设更能适应幼儿的需要。从幼儿自身出发来考虑制度营造，比成人设置好规则直接对幼儿进行嵌套更科学。只有适用制度的主体参与了制度营造的过程，才能使适用这些规则的主体的需要被注意被满足。那么园内的园长和教师们善于聆听孩子们的想法，孩子们主动积极参与，是和谐制度生态创设的一个良好前提。

(四)家长

家庭作为幼儿出生后接触到的第一个“环境”，承载了非常重大的教育责任，超过了社会，也超过了幼儿园，每一位幼儿无不对自己原生家庭中的长辈进行“模仿”。

作为幼儿的密切监护人，亲人，最好的朋友，甚至更多的角色，家长已是幼儿一生成长无法割舍的一部分，他们也有义务参与制度营造。

首先，营造好家庭生态环境。家庭教育作为教育中最为重要的一环，家长的作用其实超过了大部分教育工作者。以身作则的家长与和谐的家庭氛围是对幼儿成长最好的礼物。家长要有制度意识，在充分尊重孩子的前提下，与孩子共同制定家庭制度，并共同适用保持，营造和谐的家庭氛围。

其次，及时观察与了解、沟通与交流。家长应尽可能及时地关注到自家幼儿的需要，了解自家孩子的兴趣，观察到孩子身心发生的变化。此外，还要与多方进行沟通交流，例如不同家庭之间，园方与家庭之间，甚至遇到困惑之处还可以向专家进行一定程度的求助。常与园内的园长、教师们保持密切的沟通，在良好的家园互动下，家园共同为孩子提供适宜的制度环境，有利于孩子的身心健康发展。

(五)园内后勤人员

园内的工作人员除了园长管理层人员与班级教师、保育员，还包括幼儿园保安、厨房工作人员与保健医生等后勤人员。后勤人员同样处于幼儿园生态大环境里，与幼儿们分享着同一片小天地，也应参与到园内制度建设中来。他们不仅可以在幼儿的一日生活中与幼儿进行良好的互动，也可以在幼儿园教师们组织的生活活动与社会活动中进行互动。例如，一些介绍不同社会角色的社会活动，也会请到园内的后勤工作人员参与到活动中来，请他们向幼儿介绍例如工作性质等具体情况，此时工作人员也更应与幼儿主动建立起良好的人际生态。

要充分尊重幼儿，爱护幼儿。园内的成人不光要考虑到制度对自身的适应性，也要考虑到幼儿的适用性。所以，应在充分尊重幼儿的前提下进行制度营造，不将成人世界的制度强加于幼儿身上，尝试用幼儿也适用的方式去建设相关制度，并且共同维护与管理，共建和谐的幼儿园生态环境。

二、制度环境的含义

“制度环境”就是指幼儿园根据国家的教育制度方针及法规，并结合幼儿园内部的管理要求与任务，构建起一种科学高效的制度管理机制。从本质上说，制度环境建设就是幼儿园环境建设中的“领头羊”，能够在大层面上协调和控制幼儿园环境建设，所以，良好的制度环境对于幼儿园各个环节工作的良性运转及师生的全面发展都有着非常显著的促进作用，对提升学前教育水平也非常重要。[①]

三、园内制度环境的创设

（一）幼儿园教学管理制度环境创设

随着幼儿园政策的不断贯彻和落实，环境幼儿园教学管理制度已经显得尤为重要，教学制度环境包括了方方面面。那么，创设一个怎样的环境有助于幼儿园的发展，可以从以下几个方面做改进。

1.严格落实《指南》精神要求

《指南》提出，要“建立幼儿发展的合理期望，实施科学的保育和教育，让幼儿度过快乐而有意义的童年”；认为教师应该“关注幼儿学习与发展的整体性”“尊重幼儿发展的个体差异”“理解幼儿的学习方式和特点”“重视幼儿的学习品质”。这就需要幼儿园提高保教质量，加强教学管理。幼儿园的管理者需要把教学作为一个整体环节，充分考虑可能影响教学的各个因素，制定详细具体的方案，规范教学及教学人员。教学人员严格要求自己的行为，不断提高自己的教学水平，让科学保教落到实处。由此可见，落实《指南》的要求，把教育教学改革深入开展，需要有一个科学合理的教育教学管理制度来支撑和保障，否则教育教学很难发展到一个新的高度。

2.健全和谐的团队管理制度

幼儿园教学管理首先要以人为本，体现人的价值，尊重团队中的每个人，通过组织一些团队活动，增强团队合作精神，提高团队的凝聚力，集思广益，为共同的目标奋斗，形成幼儿园建设的合力。

一方面，引导教师对幼儿园的教育理念和文化形成认同感，幼儿园教师对于幼儿园文化的认同是教师个体或群体对其所在幼儿园文化予以认可，接受并使自己

---

① 扎西卓玛.幼儿园环境创设对学前教育的影响[J].家长，2019(2)：112-113.

同化于幼儿园文化的过程。那么如何提高教师对园所的文化认同,可以从以下方面做起。首先,创造一个良好的工作氛围,加强人与人之间的沟通合作。良好简单的社交关系可以使人在工作中身心愉悦,同时,出于获得或维持人际关系的目的,人们可能认同别人所倡导的观点或行为。因此,幼儿园可以通过良好的工作环境,良性的人际生态激发幼儿园教师团结协作的精神和高涨的工作热情。其次,通过一些奖励机制激励幼儿教师,根据马斯洛的需要层次理论,人只有在满足了基本需求之后才会追求更高层次的需求,因此,科学的制度环境可以增强幼儿园教师的自信心和成就感。幼儿园要贯彻以人为本的管理理念,创造和谐的工作环境。最后,幼儿园在实践的过程中要自觉体现幼儿园的教育理念和核心价值观。

另一方面,要尊重教师,给教师自主的发展空间,教师灵活地按照自己的想法和个性开展教学活动。幼儿园要集思广益,虚心听取教育工作人员的建议。了解每位教师的情况需求,实事求是地帮助教师解决一些生活工作上的问题,对教育工作人员进行科学灵活管理。可以从以下几个方面做出改进:首先,在日常的教学中应该给教师创造一个宽松轻松的工作环境,尊重教师的价值,让教师感受到幼儿园这个大环境的温暖;其次,给教师提供多种放松和娱乐性的活动,既缓解工作压力,也可以促进同事间的团结协作;再次,多给予老师生活和工作上的帮助,组织有意义的活动,帮助教师专业成长;①最后,要尊重理解教师的新教学想法,敢于尝试和突破。

3.营造有利于幼儿园教育的课程管理制度

课程管理的核心内容是保证以幼儿发展为中心,以幼儿园发展为本位的所有课程的有效实施,保证园本课程的合理开发。而要做到这一点,幼儿园就应转变教学管理职能和管理方式,支持教师创造性地开展工作。首先,要给幼儿教师自主创造的空间,让幼儿教师拥有自主的发展空间,根据各个地方各班的实际情况创设班本课程,因材施教,选择真实适合幼儿发展的内容。其次,要给予教师大胆实践的机会和犯错的机会,让幼儿教师在实践中发现问题并改正,获得提升。再次,幼儿园的管理者应该进行动态管理,根据实际情况不断调整自己的管理方式。要给幼儿教师发表自己观点和提建议的机会,管理者自己也应该走到各个班去深入实践发现问题,调整本园的课程管理制度。要实行奖励制度对一些优秀的教师进行奖励,激励其他教师大胆地发表和实践自己的想法。最后,要开展团队协作。②

(二)幼儿园班级管理制度环境创设

幼儿是祖国的花朵,对幼儿的管理和教育显得尤为重要,科学和合理的幼儿园

---

① 张涛涛.让兴趣和爱好引领幼儿园教师专业化成长[J].作文成功之路(上),2019(1):20.

② 许耀琳.幼儿园教学管理制度现状反思及其完善[J].学前教育研究,2016(9):64-66.

管理模式有助于增强孩子的自主学习能力及解决问题的能力，为幼儿营造和谐温馨的学习环境，有助于提高幼儿园对新形势下机遇和挑战的应对能力，进而促进幼儿园管理模式的精细化、科学化、合理化。

1.转变教师的角色，发挥幼儿的主动性

教师对于幼儿的发展具有重要的作用。幼儿教师担任着多重角色，幼儿教师是幼儿学习活动的支持者、合作者、指导者，是幼儿的榜样和示范者，是学习者和研究者。具体表现为以下几点。首先，幼儿教师为幼儿提供对其发展有重要影响的物质和心理环境，将传统的填鸭式的教学方法改为合作探究共同学习，在适当的时候对幼儿施加具体有效的学习指导，以促进幼儿身心健全地发展。以多种形式有目的有计划地引导幼儿生动、活泼、主动地参与教育活动。其次，幼儿教师的一言一行都是幼儿模仿的对象，幼儿的各方面学习与发展都是以教师为基本的模型，教师潜移默化地影响幼儿的发展。再次，在幼儿园实行保教并举，教师不仅要负责教幼儿基本的知识，还要在生活上对幼儿多加照顾。最后，教师要对自己的教学和保育进行反思，不断地学习，提升自己的专业能力。在这一整个的过程中，教师都是以幼儿的发展为中心，改变传统的教学模式，激发幼儿的主动性，结合幼儿身心发展的特点，充分重视幼儿的主观能动性，增强幼儿的自我管理能力，培养幼儿的自律能力，进而促进幼儿全面发展。

2.发挥家长的作用，家园合作

首先，家长要营造和谐、温馨的家庭环境和氛围。和谐、温馨的家庭环境是指幼儿生活的环境要符合幼儿的身心发展特点，能够促进幼儿身心健康发展，家长可以结合幼儿自身特性和知识进行幼儿房间的布置。幼儿的房间要兼具创意、自由及思考空间。例如，在色彩的选择上，色彩艳丽、造型奇特一般是儿童房的专有风格，这些明快的色彩可以让儿童仿佛置身于童话的世界，再搭配低调的墙壁和地板，整个颜色就脱颖而出。在装饰画的选择上，用充满童趣的艺术画框，保持整洁的风格，或者采用儿童自己的画作，记录成长。将儿童平时收集到的玩具作为装饰摆在房间，既增添了幼儿的欢乐，也让成人找回了童年的感觉，又十分具有装饰性。其次，家长在与幼儿交流的过程中注重对幼儿的引导，采用平等的方式进行交流，有助于提升幼儿的心理愉悦感，促进幼儿交流的热情，提高幼儿的语言表达能力。再次，家长对幼儿的作息进行合理科学的规划。家庭中幼儿的作息规律与幼儿园越接近，越有利于幼儿进入幼儿园生活，提高幼儿对幼儿园生活的适应性，为更好地学习和生活奠定基础。幼儿正处于生长发育的关键期，良好的饮食习惯可以促进幼儿身体健康，增强抵抗力，有利于幼儿在幼儿园和同龄孩子一起愉快地交往和游戏。再者，家长应该科学地教育儿童，不要过分地溺爱，也不要对孩子过于冷漠不闻不问,应该与孩子建立良好的亲子关系。良好的亲子关系对幼儿人格、语言、社会人际关系的发展都有重要的意义。良好的亲子关系的建设需要家长关注幼儿的情绪,以身作则给幼儿树立一个良好的榜样,多与幼儿沟通,尊重信任幼儿,与幼儿一起游戏等。最后,家长应注重培养幼儿良好的生活习惯和自我管理能力,这样有助于提高幼儿对于幼儿园生活的适应性,提高幼儿的自立能力、勇敢承担责任的能力,有助于幼儿身心的完善发展,为将来进入社会奠定良好的基础。①

① 李峰.幼儿园班级管理模式研究[J].吉林教育,2017(5):154-155.

第七章 幼儿园生态教育课程的开发

第一节 课程编制：生态教育课程方案的编制

一、幼儿园生态教育课程的含义和特征

(一)含义

生态教育课程实践中，一大特色是幼儿课程活动中的主体。具体来说，幼儿通过感知、体验和操作等实践与生态中各要素相互作用，得到关键经验与能力，使得身心完整发展。同时，生态课程根植于自然和社会环境中，幼儿园中的环境及幼儿家庭内部环境、社区的环境，甚至美丽的大自然都协同发挥了潜移默化且意想不到的作用。要进一步深入挖掘幼儿园生态教育课程的内涵和外延可以借用生态学的观点，即以全面、系统、协调及发展的眼光看待幼儿园生态教育课程。总的来说，幼儿园生态教育课程指的是幼教工作者在了解和掌握3～6岁学龄前儿童的身心发展规律的基础上，并利用环境中种类繁多的资源，通过集体活动、游戏，用常规或非常规活动方式教育幼儿，目的是使幼儿无论在体魄上还是心灵上，都能够获得持久的生命力和巨大的发展潜力。

(二)特征

站在生态学的角度看待幼儿园教育课程，就是将生态理念与幼儿园教育课程

相交融，以生态之心解幼儿园课程之惑。详细地来看就是突破课程学科或者领域的束缚，将课程放置于生态系统中，破解课程生成、落实和反思中遇到的问题，从生态哲学观或者说生态思维出发。

随着社会文明螺旋式向上地发展，生态学逐渐从生物学中独立出来并成长为一门成熟的学科。现如今，人类生活各个方面包括生产、消费甚至再生产各环节都能观察到生态学运用的踪迹，更不用说生态和教育的密切联系了。人们不像以往把生态看作高高在上的一门学科了，更强调用自然和谐的生态方式去体验和思考生活中的各种事物。从生态视野下深入地积极思考，幼儿园生态课程作为幼儿园教育系统中的一个基础且重要的部分，具有以下典型特征。

1. 整体性

众所周知，生态学的基本观点之一是把系统看作由各个要素按一定规律组合在一起的整体，而且各个要素能够相互依赖、相互影响甚至相互制约。从上面提到的基本观点出发，幼儿园生态课程毫无疑问是一个典型的整体，不仅强调发展整体协调发展，环境是整体创设，幼儿是整体参与，而且生态教育课程这一微系统与其他微系统是整体的互利互生。

幼儿整体的发展，不仅体现在发展内容的全面性，还体现在各部分关系的整体性。幼儿的发展包括身体上的发展，以及心理上感知、感情和知识技能的发展。当然这些身心上的发展绝对不是割裂的，它们相互依赖，生理上的正常发展的确有助于幼儿心理的成熟，心理上的健康也对幼儿身体的茁壮成长有积极的影响。另外，从生态视角和传统视角看幼儿园课程有显著差异，即幼儿处于自然和人文环境之中，而不是被困于狭窄的教室。小到园所里的花花草草大到大自然的广阔天地都是幼儿获得学习体验和发展机会的场所，比如幼儿可以感受幼儿园里的银杏树从春天的嫩绿新装到冬日的萧条之美的变化，在一树一木中感受大自然的神奇魅力。这种真切的大自然资源是课程中不可或缺的珍宝，是工业化的钢筋水泥所不可替代的。同时，生态视野下的幼儿园课程中不仅仅有环境有教师，还有生动活泼的活动主体——幼儿。三者有机存在于一个生态系统中，相互影响，结构有序，关系和谐。幼教工作者是联系幼儿与环境的重要桥梁，其功能在于促进幼儿在适宜美好的自然和人文环境中感受美、表现美、创造美，从而助推幼儿健康成长。课程的整体性还体现在更宏观的层面上，即幼儿生态课程这一微系统与其他系统构建了一个更广阔更适宜幼儿渐渐成长的完整的生态系统，幼儿园环境、家庭环境及社区环境都是其他系统的重要组成部分。

2. 关联性

世间万物都相互牵制，都处于生态系统中并生生不息不断运动，这是生态学中的代表观点。

从生态关联性出发看待幼儿园课程可以发现：幼儿园生态课程不仅具有开放性，同时具有很强的关联性，具体体现在课程内部各要素之间及课程外部各个系统之间互生、互惠、互补。这种密切的关联性在课程的内容、环境及主体上体现得淋漓尽致。首先，内容的关联性存在于时间和空间两大维度上。空间维度上的关联指的是横向关联，即幼儿园中各类活动的关联，如集体教育活动、生活活动、游戏、区域角活动、户外参观活动、亲子活动等关联。时间上的关联指的是纵向关联，即课程实施前后的关联，课程实施前的准备与课程的实施过程及课程实施效果甚至下一次的课程生成与实施都是环环相扣的。这种纵向关联还体现各个年级上的关联，小班、中班到大班的课程关联还体现了一种向上的层层递进感。其次，在环境上，各课程实施的场所也是关联的，如活动室、区域角、墙面、走廊、操场等，甚至是园所以外的家庭内部的环境及家庭附近的社区环境。最后，在主体上，幼儿园课程中的幼儿园生态课程与语言、社会、健康及科学等其他领域课程密切相关，它们之间显而易见是相辅相成的关系。从课程内部要素看这种主体间的关系也可以得出一致的观点，幼儿这一活动主体与班里的小伙伴、幼教工作者甚至他们的家长也相互影响，尽管幼儿受限于不太成熟的身心发展水平，但其对成人的影响不容忽视，更不用说与幼儿朝夕相处的成人对尚且稚嫩幼儿的影响了。

3. 可持续性

生态学倡导可持续发展理念，具体在自然层次体现为资源的可持续使用，进而使完整的生态能够可持续地发展。由于自然环境的损坏及资源的过度利用，人类生存这一课题越发重要，人类越来越重视可持续发展。我国为了实现中华民族的永续发展，也积极推行科学系统的生态文明建设。

首先，要实现幼儿园生态课程的可持续性发展最关键的是平衡课程内部各要素，使各要素协同并进，具体要做到不过于重视某一要素的发展或者忽视其中某要素。举个例子，在养殖课程中，只关注植物开花结果的时候，忽视播种、生长过程中的教育意义；或只关注养殖的实践环节，而无视养殖后的资源再开发。其次，课程的可持续发展的核心是幼儿持久的发展。学前教育不单单为了学前期这一短暂时期的发展，更多的是为幼儿可持续的终身发展夯实基础，采用多种教育方式让幼儿在实践中学会生活、学会学习。现阶段，我国许多地区仍然存在许多荒谬的教育现状，如让幼儿过早学习不适宜的学业。从生态学出发，可以明确此现象违背了幼儿的生理和心理发展特点。从生态学出发的幼儿园课程要求教师尊重学龄前幼儿直观形象化的思维特点，努力为幼儿创设身临其境的环境，确定符合幼儿最近发展区的活动，生成吸引幼儿、契合幼儿需要的活动。同时，幼儿教师在活动中要关注幼儿的全面发展，不单注重幼儿知识技能方面的掌握，更要注重培养幼儿积极的学习品质、学习习惯及行为。总之，幼儿园生态课程强调幼儿的可持续发展，无论是幼儿园课程的建设还是幼儿园课程的实际运用，都是为幼儿的终身学习和发展做准备。

4. 多样性

生态学的关键问题之一是生物多样性，与生态过程关系密切，如系统的结构、生产效率及稳定性。① 生物多样性具体指的是在一定的时空范围内物种的丰富程度，能够衡量群落的结构和生态系统功能。

基于生态学的幼儿园教育课程同样具有多样性的特征。大自然是纷繁复杂的，物种丰富多样。幼儿不可能孤立于自然界生活成长，而是受自然界潜移默化且深刻的影响。幼儿需要在异彩纷呈的自然界体验认识各种各样的动植物，扩展幼儿所见所闻，激发幼儿对自然生物的好奇之心和喜爱之情。比如在种植课程方面，幼教工作者可以带领幼儿观赏种植区中的植物，也可以让幼儿观察园所环境中的树木、家庭中的盆栽及社区里的景观，甚至可以带幼儿参观当地的植物园或者到附近广阔的公园去亲身感受更精彩多样的植物。与此同时，幼儿园课程和中小学课程存在很大的不同，比如其没有固定统一的教材。幼儿园课程内容的确定与选择往往需要教师根据幼儿的需要、兴趣、发展特点，并详细参考科学的理论知识或文件纲领。课程的多样性不仅体现在课程内容的丰富多彩，还体现在幼儿主体的多样化。由于各年龄段之间、各个班级之间，甚至每个幼儿之间都有很大的差异性，所以不论是在课程内容的选择上还是在课程的实际运用过程中都要遵循因材施教的原则因地制宜地灵活调整。此外，在具体教学中幼教工作者也要注意多样化，比如使用多样的教育手段，而不是单纯地采用讲解或示范的方法。这主要是由于学龄前儿童生理和心理都还不够成熟，比如幼儿的注意力不能长时间地集中，很难像成人一样运用抽象思维很快地理解事物。幼师往往结合幼儿的兴趣点、生活经验及实际教育中的实际情景灵活地运用多元化的方法，如游戏、表演、歌唱、表扬等。

5. 差异性

生态学视野下的幼儿园课程具有差异性，差异性表现在两大方面。第一个方面是课程具体内容的差异，比如引导幼儿体会动植物的特征差异和动植物不同的生长条件。举个例子，种番薯有两种不一样的方式，一种是将番薯切块栽培，一种是播种育苗移栽，可以同时带幼儿观察以不同方式种植出来的番薯的生长差异。再比如说，春天里的梨树和柳树都一派春意，但两者在叶子、树枝、树冠和树干上都存在一定的区别，幼儿通过细心观察两者的差异可以很好地提升他们的观察能力

---

① 贾鹏，杜国祯.生态学的多样性指数：功能与系统发育[J].生命科学，2014，26(2)：153-157.

和专注力。幼儿个体发展的差异性是幼儿园课程差异性特征的第二个方面。毫无疑问，世界上没有一模一样的东西，事物也总是不断变化发展的，同样每一个孩子都是有其独特魅力的并在发展中不断完善自己。因此，我们绝不能拿一把尺子去衡量去评判所有的幼儿，要求幼儿按制定的同一标准去进步、去发展。幼儿园教育课程要做到尊重并理解幼儿的个体差异，详细了解幼儿的特性和发展程度后有针对性地去帮助幼儿成长为更好的自己，让幼儿能够了解自己的闪光点和一定程度的不足，进而有信心有方向地快乐成长。

6. 动态平衡性

生态学的核心理念在于持续变化中的动态平衡。这种平衡体现了运动与稳定的和谐共存，不仅整个生态系统的演变遵循这一基本法则，其内部各生态要素间的相互作用也遵循这一恒定规律。平衡状态是短暂的、相对存在的，而不平衡则是常态的、长期存在的。在短期内观察，事物往往处于不平衡状态，平衡反而是例外。然而，从长远视角来看，整个系统呈现出稳定性与相对静止性，尽管其局部环节可能存在不协调。总体而言，整个系统维持着一种动态平衡的趋势。因此，动态平衡主要指的是系统中个体和因子与其所处环境之间不断进行的信息、物质和能量交换，这一过程在持续运动中寻求平衡。

如果把幼儿园生态课程当作一个系统，系统内幼儿、资源、教师、内容、实施等因子不断变化发展，各因子相互影响促进整个系统向上进步又不断趋于平衡。具体来说，课程系统内部的关键主体——幼儿一直都处于动态发展的状态，如幼儿对植物的认知从一开始只知道模糊外形到能够清楚地了解并描述出植物的颜色、形状、习性等；实施生态教育课程的活动也是不断调整的，不可能按照设计好的按部就班地毫无变化，更可能是结合实际状况不断生成新的内容；就算是幼儿园生态课程本身也是会变化的，随着天气、场所、人员等因素的变化，课程也会变化；生态教育课程是不断变化的过程，是在教师和幼儿不断互动中创设生成的。此外，幼儿园生态教育课程是幼儿园课程的重要组成部分，与其他类型的课程相互补充、相互制约，它们在绝对的动态发展中维持着相对静止的平衡状态，协同促进幼儿的积极发展。

二、幼儿园生态教育课程方案的编制

(一)树立生态和谐、可持续发展的课程目标

1. 系统整体，协调和谐

基于生态学的整体性典型特征，影响幼儿发展的生态因子可以分为敏感型和无感型。非诱导性的生态因子直接影响幼儿是不可能的，而是通过幼儿所处的物理环境、园所内的人际关系等其他因素间接作用于幼儿。然而，不管哪种类型的因子，它们都对儿童发展有着不可或缺的影响力，它们都是整个课程体系中的有机构成。学龄前儿童往往在外部环境的生态影响因素的作用下，采用多种方式积极应对外部世界对自己提出的挑战，在追寻向上的内外平衡中谋发展。因此，教育背景下的生态要素是评估学前教育质量的关键一环。幼儿园课程势必要达成幼儿内心发展需求与外部发展要求协同一致，以提升幼儿适应能力的目标，这一目标切切实实符合和谐的生态理念。幼儿园课程是既紧密关联幼儿认知，又契合个体发展准则的课程目标，同时还有美丽和谐的生态环境加持，这些积极因子推动着稚嫩幼儿的健康成长。

儿童在园所养成的表达能力、学习兴趣和行为习惯对他们之后的成长有着关键的基奠作用。人与环境的互动，推动着人的进步，且个体的素养和环境的条件决定着个体发展的方向和速度，这是教育生态学的经典论断。确立幼儿园课程目标必须将儿童的可持续发展性作为重点，同时，设定的目标应当具有层次性和系统性，以循序渐进的方式推动儿童的发展。虽然人类不懈追求与自然的和谐相处，但现实生活中，人们的生产生活总会与大自然产生一些难以规避的矛盾。遇到这样的冲突，更要坚定地举起可持续发展的旗帜。在科学的引领下妥善地正视生活活动和自然资源对立统一的关系。唯有将可持续的教育生态观牢记于心，人类社会才会走得持久，走得坦坦荡荡。总之，在当代这一机遇和挑战并存的社会，教育作为生活的关键一环必须跟着时代发展态势，以可持续发展观精准地作为幼儿园课程架构的目标，让儿童从小认识可持续的重要性并将理念内化于心，以推动中华民族伟大复兴。

引领园所开展教育活动，促进幼儿的各方面素养发展，是园所生态教育课程的关键功能。德、智、体、美、劳等因子是建构儿童素质系统的关键要素，缺一不可。重视儿童全方位的协同发展，避免忽视或过度关注某一维度发展，是制定园所生态课程目标的要求之一。同时，课程目标具有“情感和价值、过程方式、知识和能力”三层次的稳定结构。因此，目标的制定和实施中，务必平衡三者的结构，尤其不要

片面地教授儿童知识技巧内容。

2.扎根本土，放眼世界

从关联性的角度出发，幼儿园的教育不仅要培养具有中国魅力的“中国人”，也要培育具有国际范的“世界人”。不单要权衡个体的主观意志和发展需要，还需遵守党和国家颁布的教育方针和指南，为培养德、智、体、美、劳全面发展的社会主义建设者和接班人而奋斗。当然，培养儿童的国际视野和态度，让幼儿养成不卑不亢的情感态度看待异国风情，并扩展儿童一定的国际知识，同样重要。

3.立足现实，放眼未来

从动态发展的角度看，课程目标的确定既要着眼于当前，又要着眼于未来。广大幼儿是未来社会的主人翁，要善于运用“教育未来学”的理论和方法来研究和制定幼儿园的课程目标。《中国学生发展核心素养报告》提出，中国学生发展核心素养是建立在广泛深入研究当前和未来社会发展对人的素质基本要求的基础上的。幼儿园生态教育课程建设应将中国学生的核心素养适当纳入幼儿园生态教育课程。

既根据当下情景因地制宜，又放眼未来大胆设想，是立足于事物的动态发展规律，以确立课程目标的基本态度。众多儿童是未来人类社会发展的希望和寄托，要灵活调用“教育未来学”的理论依据和突出方法来探究和调整园所课程。明确和建立我国学生发展的核心素质是将来社会发展对人才的基本素质要求。而将我国学生核心素质纳入幼儿园生态教育课程是课程建设必须考量的。

（二）依托多样化、递进性的教学内容

厘清幼儿园生态课程的结构是课程内容建设首先要确定的问题。在实际环境中，幼儿园课程建设存在很多不容乐观的现实困境，主要有两种典型情况。第一种是，存在幼儿园片面要求课程完完全全地自主创设，彻彻底底地不管不顾自身园所的具体情况，这样激进的举措不但导致园所生态教育课程构建效果不佳，还拉低了园所课程质量和保教质量。第二种突出的现象是园所直接借用其他优秀幼儿园的园本课程，生搬硬套地拿到幼儿园用，一点儿也不加以解读或调整，使得课程资源运用不适用于当地的文化、物质条件，也与园所各方面条件不相容。综合我国幼儿园的整体情况，一般的幼儿园走完全自主创新或完全照抄的路线都是行不通的，而且会对园所、幼儿及教师带来很大的负面作用。因此，一般性的幼儿园应优先考虑运用“借鉴吸收＋园本开发”的模式，以构建适宜的课程内容框架。当然，问题的关键是根据园所的具体的实际状况，权衡“整合他人资源”与“创造自身特色”的协调关系。针对品质较高的幼儿园，一般情况下幼师的专业素养水平较高，故应当相对地扩大园本资源开发的占比。相反，对于师资专业能力较弱、课程生成能力较低的

园所，应鼓励他们侧重积累和领悟优质的生态课程资源，并支持园所一定程度地尝试开发园本生态资源。借鉴和创新的具体比例的把握还要结合幼儿园的实践过程。不过可以明确的是，课程的建设关键是优化课程资源，以推动幼儿的健康快乐成长。

课程体系的适宜与否是评价幼儿园生态课程建设质量的又一标准。积极谨慎地审视生成课程开发和落实的全过程是应有的态度。无论是何种体系的课程首先都要全面地认识幼儿园方方面面的情况、特色、优势等。教师的专业能力支撑着园所的整个生态教育课程的建设，因此，幼儿园在教师培养上应分外地投入。对于生成性的课程，要做到不追捧不贬低，客观地认识其内在价值和关键特征。同时不要惧怕“课程生成”或无视“课程生成”。如果过于吹捧“课程生成”，那么幼儿园课程建设和教师教学的平衡很容易被其破坏，进而损坏课程建设水平和幼儿活动效果。此外，强行推崇课程生成不太切合我国大多数地区的实际情况，如我国中西部地区教师的水平、角色定位和开发水准都难以到达开发课程所要的高度和深度。① 我国幼儿教师主要承担着保育教育的工作，而不是专门开发课程资源。所以，为了顺应当下社会对人才提出的具体要求，幼儿园应当强调低结构特征的课程，以培养自觉、自强、独立、好奇和创新性的幼儿。但与此同时，要避免走上“低结构”的极端，规避“放羊式”的教育。举个例子，幼儿在区域活动时，教师完全放松，不关注幼儿的活动过程，这样是不行的。

课程的生态化的关键是课程内容的生态化。课程的内容包括方方面面，如文化、自然、社会、科技及人的整体发展，契合人的全面发展观的主张。全面发展要求发展包括道德、智力、审美、身体和劳动的全部内容，全面发展是个体意识自觉自由地发展。自古以来，自然在我国社会中占有独特的位置，这一点体现了教育内容的包罗万象。例如，古代教育课程内容丰富万分，包括音乐、射箭、礼仪、数学及书法等。内容的多样性不仅体现在横向上，还体现在结构的层次性和纵向上的复杂变化上。比如，古代教育从礼乐教育到书院教育，在不同时空上内容也发生相应的演变。但不管怎样，古代的教育内容极大促进了当今课程的整体发展。

目前的教育课程也呈现纷繁复杂的局面，并越加多元化。由于当下对拔尖人才高需求的时代背景，无论是政治、经济还是文化，都对人才培养和课程建设提出了更高更细微的挑战。新时期的劳动力不仅要有必备的基础技能，还要有优良的道德品质和扎实灵活的实践能力。同时，家长的教育理念也有了很大的转变，家长不仅希望教育机构培养知识扎实的孩子，而且很关注孩子全身心的协调发展，如心

① 左雯霞，郑名．幼儿园教师课程能力的困境与出路——基于甘肃省的调查[J]．陕西学前师范学院学报，2019，35(10)：106-113.

灵上、体魄上等。时代背景的转变引发教育工作者的深切反思：为达到高水准的目标应该如何设计教学内容？在学龄前阶段，幼儿园的重中之重主要是要激发孩子的探索欲和求知诉求，培养孩子健康广泛的兴趣。要做到上述的要求，幼儿园必须合理调用众多的教育生态因子，坚持教育多元化的原则，以正确理念引导行为。

教育应该遵循自然的原则是普遍共同的。从幼儿出发看生态教育，其要符合幼儿成长的自然规律。具体来说，要做到根据幼儿的最近发展区安排课程内容，注重教育内容从易到难从简到繁，不要超前或滞后。大量研究表明：在漫长的人生历程中，存在许多发展关键期，但学龄前阶段存在众多的关键或敏感期。因此，我们要格外重视幼儿阶段的客观规律，不要逆行。同时，要重视个别化教育，尊重幼儿的个体差异性，这也是5000年来传承下的智慧，如孔子早就提出因材施教的呼吁。尽可能掌握不同幼儿的情况，采用适宜每个孩子的内容、方式，使每个孩子都能得到最大程度的发展。此外，在设计幼儿活动时，要考虑到幼儿以往的生活经验和已有知识，创造性地设计有趣、有情景、游戏性的活动，让孩子在快乐中专注地发展自己的理解力等各方面的能力。

（三）尝试多元参与、灵活性的课程组织形式

孩子们自小就有着奇思妙想，天生好奇，爱探索，爱游戏。加强环境因素和幼儿之间联系的有效形式是采用多元的课程组织。同时，多元递进的有层次的教育内容能提升活动中幼儿发展的潜力，如在快乐有益的游戏中，幼儿对游戏中有益的内容，接受度会更好。当然，单靠恰当的教育内容是不够的，要发挥幼儿发展的潜力还需要幼儿园中的其他因素的效力，这些系统里的因素都可以成为影响的主体。教育生态系统里的众多因素开阔了幼儿教育发展的视野和多维视角。自然环境本身虽不具有价值，但能够通过其他途径间接地影响孩子发展以被赋予意义，比如通过教师的引导，幼儿体会大自然的多彩多姿。自然的包容、丰富多彩、运转规律将会为幼儿打开倾听的大门，让其明白生命的哲理。同伴也可以成为发挥影响的主体，同伴之间的交往、分享、合作将会让幼儿在游戏中有所成长。通过幼儿园食堂工作人员对食物来源的详细介绍、烹饪过程的展示以及食物色彩的丰富呈现，幼儿不仅学会了珍惜粮食，还能感受到劳动的价值和生活的美好。在幼儿园这个多元的教育环境中，各种教育元素共同作用，为幼儿的全面发展创造了一个多角度、全方位的成长体验。幼儿通过五官感受自然的丰富、包容，领悟自然界的运动规律和生命的真谛，如倾听自然界风声、虫鸣声、雨声等各种奇妙声音，观赏海底世界里形态迥异的生物，闻桂花香、稻花香等不同气息等。除了大自然，幼儿的小伙伴也可以成为影响系统的重要主体。具体来说，游戏中同伴之间的交流、嬉戏、竞争和共享等能够有效促进幼儿社会性的发展。上述这些多维度的有效主体都是幼儿园这一大的教育生态系统范围内的因子，这些不一样的因子从各个角度全方位地为幼

儿的发展保驾护航。

事物对幼儿有一定的吸引力，但幼儿很难专注同一个事物很长时间，而且幼儿的注意点会很轻易地变换。基于幼儿这一特点，幼教工作者往往运用多元化的课程组织方式以最大可能地稳定幼儿的注意力表现。生态系统的结构、要素和组织等是复杂的，处于系统内部的事物很难不受到其他因素的影响，而且有多种多样的手段施加或改变这种影响。在幼儿园这个具有人工干预效应的生态环境中，人为地制动所有的生态因子效应范式，并以灵活的手段或组织方式开展各类活动，能够积极调动各要素深刻、有的放矢地推动幼儿发展。

（四）保障保教活动生态、和谐实施

实施幼儿园生态课程最关键要维护活动的和谐开展，具体来说就是保证“保教活动的生态系统”和谐。幼儿园保教生态系统包含众多要素，如幼儿、课程、教师和环境。

具体来讲要平衡好以下几者的关系，确保幼儿园生态课程的高质量开展。

第一，幼教工作者、环境及课程的关系。教师首先要做好准备，主要是课程资源方面，并能够巧妙地借用各式各样的环境资源。这绝对是保障幼儿园生态课程平稳高效落地的先决要求。

第二，课程、环境与学龄前儿童的关系。教师务必精准掌握课程和环境在幼儿发展中起作用的条件、途径和具体效能等。务必设计恰当的课程，并为幼儿创设适宜的环境。

第三，幼教工作者与学龄前儿童的关系。教师毫无疑问发挥主导者的角色，对幼儿园的保教活动有着举足轻重的作用。学龄前儿童是积极学习和主动发展的主要对象，往往具有全面灵活可调整的主观能动性。正确处理师幼关系首先要牢牢地认识和解锁学龄前儿童的成长密码，然后有技巧地平衡两者。同时，只有协调好了幼儿园保教生态系统，才能使其高效运转以发挥高质量培育功能。

（五）引入多元化、系统性课程评价策略

幼儿园生态课程的评价指标多元，应当关注各个课程生态要素，具体有如下几点。

第一，靠齐方针指南。务必处处留心国际态势和国家事件，仔细钻研学前相关的政策法律法规，深入探究与消化党和国家的教育方针，正确地把握我国学前教育评价的准确方向。

第二，恰当展望学龄前儿童发展水平。学龄前儿童的发展指标制定需要参考科学的理论依据。同时，设定的评价标准不要过高或过低，更不要随机变动。此外，针对性地观察和指导各个儿童。

第三，尊重地方特色。评价幼儿园生态课程，需要结合中国的实际状况来考量。中国幅员辽阔、地大物博、民族数量众多，同时城乡之间发展不均衡，东西南北中各大区域发展差异大。此外，不同类型的幼儿园的具体情况又不尽相同。如果从发展性教育评价切入这个问题，应该区分幼儿园所属的级别和类别，不要用某一固定标准衡量所有的园所。

第四，要评价发展的态势。发展性评价、多元化评价、过程和结果结合评价，以及质性和量化评价已经是教育评价发展的基本走向。幼儿园生态教育课程评价应切合潮流，向教育评级的改革和发展走向看齐，尽量规避单一和主观的评价，提升评价的严谨性和先导性。

学科视野下看教育生态学，可以明确教育生态学科很关键的一部分是监测评估，发挥着反馈监控的功能。许多研究都重视评价的作用，把评价当作促进研究进度、深度、广度的阻燃剂。评价幼儿园生态课程时采用教育生态学的方式具有一定的启发性。具体做法是将幼儿园教育系统中的个体、多个体构成的群体及整个系统作为评析的目标，借用丰富的工具、手段和技能检测和判断这些目标，进而开展质性探究或者量化评析活动。

现阶段，幼儿园常见的是过程性和结果性两类评价，两者在操作和侧重点上有很大的不同。具有规范性的实践步骤及重视活动中各类因素作用特点的评价属于过程性评价，强调各项活动最终的效果的评价是结果性评价。但是由于幼儿不是被动的被施加影响，其具有很强的能动性，所以在整个教育活动过程中，个体外部环境等因素起的是间接作用，最终的落脚点是幼儿如何从外界汲取营养，进而受内在需求驱动逐渐丰富和重新建构自身的知识和能力。此外，学龄前儿童学习和发展是一个复杂的过程，也可以说是一个繁杂的系统，外界的状态和变动时不时会影响幼儿的内在认知、态度和外显行为，并且这种影响是持久并且瞬息万变的。综上所述，单从教师单一主体或外在表现唯一维度评价幼儿是粗浅的，难以得到准确、立体、全面的评价结果。

系统化和多元化的评价才是评价幼儿园生态课程的大势所趋和明智选择。评价幼儿园的生态系统不局限于幼教工作者，而是将幼儿、家长、专业评价机构、幼儿教师及幼儿园其他建设者等都纳入评价的主体范围内，这体现了科学系统的多元化评价体系的优势。此外，进行结果性评价的同时兼顾过程性评价，评价时关注幼儿在活动中实时的状态，尊重幼儿天真活泼、稚嫩可爱的身心特征，秉持自然发展的原则。只有做到上述要求，才能达成诊断问题和激励发展的多重目标。

反观现实境况，灌输知识技能和限制户外活动是目前幼儿园的常态，有些地区此类现象屡见不鲜。荒谬的是，这些幼儿园还为限制学前儿童活动找借口，美其名曰都是为了孩子们的安全。但显而易见这样的做法阻碍了自然和孩子们之间的

"链接"，隔离了教育生态发挥系统性的功能。很多幼儿园很少划分区域，幼儿大部分时间都在学习语言，偶尔穿插些艺术活动，在这样的情境下幼儿很难有全面协调的发展。科学的做法应该是对各年龄段施以不同的课程内容、方式方法，并将健康、科学、语言、社会及艺术等活动都纳入整个系统中。此外，整体性也是幼儿园课程建设中不可忽略的要素，必须仔细考量影响幼儿发展的因素、条件，激活系统中各式各类生态因子，以创设适宜幼儿的教育生态课程。

第二节　开发实践：生态教育课程开发的基本策略

一、进入策略

（一）立足生态课程内涵，分析所需课程资源

毫无疑问，开发课程之前需要把握课程的定义、意义等。针对幼儿园生态课程也是同样的道理，先深刻领悟其内涵、特征、价值和目的等，全面整体地认知园所的生态课程，再挖掘课程资源。做好以上准备工作后，进而转向解析组织和实践生态课程中必要的支撑资源，努力为挖掘课程资源创设所需的条件。

（二）分析园所现状和条件，确立和开发课程资源

实际上，各个幼儿园所拥有的设施、设备和人员条件都有所不同，因此，每个幼儿园在创设和利用课程资源方面也存在差异。随着时间的推移，幼儿园对于课程资源的需求也会不断发生变化。为了高效地建设和利用课程资源，幼儿园需要对自身已有的和潜在的资源进行深入的分析和评估。

课程资源并不仅仅局限于教材和书本，而是包括了所有能够有助于课程建设和实施的元素。这些资源可以是人员，如教师、家长和专家，也可以是物质制品，如教具、玩具和图书，还可以是自然资源，如动植物和环境景观。在幼儿园的生态课程中，这些资源发挥着至关重要的作用，它们不仅能够丰富课程内容，提升教育质量，还能够促进幼儿的全面发展。

为了提高课程资源建设的效率，幼儿园应该遵循多元化、经济性和目的性的原则。多元化意味着要充分利用各种形式的资源，包括园所内外的自然和人文资源。

经济性则要求幼儿园在开发和利用资源时要注重效益，尽量以较小的投入获得较大的产出。目的性则是强调所有的课程资源建设活动都应该紧紧围绕生态课程的目标来进行。

具体来说，幼儿园可以通过以下几种方式来提高课程资源建设的效率：一是加强与家庭、社区等外部环境的联系与合作，充分利用这些环境中的潜在资源；二是鼓励家长、专家和相关职业人员参与到课程建设中来，形成教育合力；三是定期对课程资源进行评估和调整，确保其与课程目标的一致性；四是注重课程资源的整合和创新，不断提升其教育价值。

综上所述，幼儿园在开发课程资源的过程中，需要综合考虑各种因素，充分发挥自身的优势，以实现课程的高效实施和幼儿的全面发展。

(三)评价开发和利用的课程资源效果

其实，课程资源的开发已不再停于理论探讨层面，而是处于实践层面，属于具体实践操作上的问题。但由于缺乏较先进的课程资源相关研究，且开发课程资源的实践情景比较复杂，所以开发实践活动过程困难重重，需要教师灵活应变和奇特构想。因此，课程资源的开发环节不可避免地缺少科学性和严谨性。为弥补以上不足，幼儿园应实时地监管和评价课研建设的状况和效果，并针对存在的问题提供相契合的解决方案。此外，幼儿园需要认真分析和思考建设课程中的内容、手段和效果等。只有做到上述要求，才能在具体实践中提升课程资源开发的效率。

二、研究策略

(一)科研引领与课题导航

在幼儿园中，积极开展与生态教育相关的科学研究，如项目和课题研究，对生态课程的建设和开发具有重大意义。这种研究与实践相结合的方式，能够产生积极的协同效应。具体来说，通过深入细致的研究，我们能够更科学、更准确地了解和发现当前生态教育课程所存在的本质问题和现实挑战，从而为课程的进一步优化提供有力的支撑。此外，幼教工作者参与科研，能够更加积极主动地思考，从而敏锐地指出症结所在并将问题放在科学研究的范畴中解决。而且，在科学研究中所获得的实战或理论经验能够很好地服务于课程开发和实践活动。

所以，科研活动和课程实践之间是相互促进、协同发展的关系。而幼师作为幼儿园生态课程建设的主力军，更应该提升自己以更好地发光发热。幼教工作者应该自觉地提升科学研究意识，在课程开发中，尝试在课题的引领下，将开发中接触的重要关键环节或问题纳入到研究的范畴，学会用科学、严谨的研究范式解决实践中的疑难杂症。

总之,以课题或项目为承载的研究是提升幼儿园生态课程建设质量的重要手段之一,它不仅有助于回答课程建设中存在的问题,也能引领课程建设朝正确的方向前进。

(二)课程与课题交织共振

运行幼儿园生态课程开发的机制涉及课题研究和课程建设。具体的运行机制是:以课题研究引领课程建设,两者相互影响,使两者共同发展。要明确的一点是生态教育课程是从课题研究中分化出来的,课题研究有了一定的积累后,课程从中孕育而出。此外,课程建设和课题研究是不可分割,紧密联系的。生态教育课程研究取得的阶段性胜利会推动着生态课程更深入地发展,可以简单地说,课题研究的直接产出物是生态教育课程。两者同步进行、共鸣共振,很难说谁离得开谁。总之,幼儿园生态课程需要课题研究的加持,这不仅有利于取得课题的成功,也能够将课题研究的成果转化为实实在在的课程。

(三)实践主导与理论加固

在幼儿园中,从园长到保教教师,整个教育团队都积极参与开发生态教育课程的各项活动。他们根据课题研究的计划和安排,深入学习并领悟与生态教育相关的理论,以确保课程开发的质量和效果。这种全员参与的方式有助于提升团队的整体素养,并推动生态教育课程在幼儿园中的全面实施。比如,除幼儿园固定安排的教研活动外,管理者推荐与研讨内容相关的书籍或其他学习资源,教研主任或园长也可不定时推荐与课题研究相关的资料,学员自主阅读、学习相关材料或在研讨会上进行分享活动。教师通过阅读积累一定的理论知识,在课程开发的实践环节时才能有理可依。只有有科学的理论支撑,生态教育课程建设才能取得明显且喜人的成果。毕竟,无论是课程目的的确立还是内容的安排又或者是课程的实践和评析,都需要科学严谨的理论参考。

三、管理策略

(一)并架互动的分层管理

幼儿园生态课程建设中少不了课程管理,课程管理体系结构严谨、分工明确。课程建设的领导一般是园长,而负责课程落实的实际行动者是幼儿园教师。具体来讲,园长负责战略布局,起到统领全局的作用,如办园理念的提出、新兴教育思想的落实、课程计划的安排等。幼儿园教师在具体实践中落实方案、解决问题。虽然两者职责不同,但是在课程建设中保持着频繁的交流和合作。比如,园长指出幼儿园教师在实践中存在的不足，教师则在实践中填补园长在指导中可能有的局限。整个分层管理的体系让各个人员明白自身所属的位置以及职责，并且各成员之间往往达到有效的沟通和合作。

（二）刚柔相济的激励机制

在幼儿园课程建设当中，不仅有科学的分层管理机制，还有严肃活泼的激励机制。激励机制的核心人物是幼儿园园长，园长不仅需要激发教师团队的创造力，还需要促进教师团队协同共进。也可以说，园长既要关注每位教师自身发展，又要倡导各个团队的合作精神。具体来说，园长需要建构适宜的文化氛围、建立促进园所发展的激励机制、推动自主管理自我发展的机制、倡导积极进取的意识等。总的来说，园长是整个课程开发的关键人物，对课程的建设有着极其重要的影响。园长必须使用刚柔并举的手段，为课程开发和建设提供稳定的管理基石。

（三）园长的整体协调

众所周知，园长决定了园所发展的前途，园长的组织领导力和教育素养关乎着幼儿园的发展前景。第一，园长必须明确园所的办园理念、教育方针，要有丰富的专业知识和一定的教育经验，了解生态课程建设的基础条件、实施要求和具体规划。在和其他教师探究、建设生态课程中，园长需要敏锐地发现问题、分析问题，进而制订复杂严谨的生态课程实施计划。第二，园长在组织幼儿园教师建设时要充当好领导者、组织者和协调者的角色，鼓励教师积极参与课程建设，让教师能够积极地投入到生态教育课程的实践中。只有园长做好了上述要求，生态教育课程才能够朝着积极的方向不断发展。

四、支持策略

（一）专家引领

生态教育课程开发中不可或缺的一个角色是专家。无论是课程建设行动还是教师的理论支撑，都需要专家提供适时的指导和帮助。专家参与课程的建设能够有效地提升课程开发的严谨性和科学性，使课程建设处于正确的发展方向上，进而提升生态课程的建设品质。但有一点值得注意，不要完全依赖专家，幼儿园要先对自身有清晰的了解，对生态教育课程建设有自己的想法，进而与专家交流中提出实践过程中的困惑。只有在有一定积累的情况下再与专家进行对话，才能有效地推动幼儿园生态课程实践。专家参与的作用主要体现在两方面：一方面，能够扩充园所的理论知识积累，并适当地指导教师的教育保育工作，推动教师专业化；另一方面，能够带领幼儿园走出困境，解答园所的困惑，保障生态教育课程顺利开展。

因此，幼儿园应重视专家学者的作用，时不时邀请专家开设讲座，让专家讲授生态教育相关的理论知识，对幼儿园教师进行一定的培训，解答开发过程中遇到的问题，并提供必要的技术支持。同时，幼儿园还可拓宽教师与专家交流的途径，让专家帮助幼儿园教师整合科学理论与经验积累。

(二)组织培训

幼儿园教师开发课程的能力不是与生俱来的，必须通过锻炼才能获取。参与教师培训是教师提升课程资源开发能力的重要途径。生态教育课程开发并不简单，这不仅需要教师认真尽责，还需要教师丰富的知识、技能及科学的教育理念。所有的这些要求都不可能是凭空产生的，通过生态教育课程培训能够有效地提升教师的能力。具体的培训目的有两个：第一，加强教师对生态课程的认识和理解，例如，有关生态教育课程开发的理论知识、生态教育课程意识及生态教育观念；第二，提升教师生态教育课程研发能力，例如，通过实践操作、案例讲解等培训，结合理论和实际情景解答教师在实践中遇到的疑惑，促进他们理论和实践结合的能力提升。

(三)合作研究

生态教育课程的开发不可能仅仅依靠个人的力量，整个开发的过程需要团结协作的团体。幼儿园的生态课程建设所需团体不仅包括幼儿园教师，还包括园长、幼儿。教师在整个团队中起着承上启下的功能，他们既要向上反馈课程实施效果，又要和同事交流生态课程建设相关事宜，还要面向幼儿实施生态课程。可以明确的是，有效地开发生态课程需要教师团队团结协作。教师需要将个人化的工作方式转向为协同工作，比如与同事共同交流、学习，一起制订教学计划，为幼儿健康发展共同奋斗。

相应的措施有如下几点。

第一，创设共同学习环境。幼儿园创设共同学习的环境，有利于建设团结协作的团队氛围。幼儿园可以创办图书室，购买生态教育课程相关书籍，支持幼儿园教师阅读专业书籍，以加深幼儿园教师群体对研究内容的认知，促进教师之间的讨论和对话。

第二，化解教师之间的冲突。幼儿园中，女教师占绝大多数。女教师情感细腻，容易产生冲突，破坏同事之间的交流和合作。幼儿园的管理层应该主动关心女教师的情绪健康，敏锐地观察到同事间的冲突，在了解情况后化解矛盾，促进教师间的友好关系和密切合作。

第三，尊重教师的生命体验。幼儿园教师的精神状况直接影响与幼儿的互动质量，对幼儿的情感体验、思想、个性和品德都有影响。因此，幼儿园的管理层要关注每名幼儿园教师的精神健康，减轻他们的心理压力。具体地说，观察教师行为，发现每位教师的优势，尊重并认可教师的劳动。此外，在开发生态教育课程时还可给教师一定的精神、物质奖励，避免职业困倦，以提高教师工作效率。

第四，教师教研活动，总能激起思想火花不断迸发，能够有效提升教师开发生态课程的能力。幼儿园教师能够在教研活动中谈论开发中的心得体会或疑惑，加强教师之间的交流，教师不仅可以分享经验，还可以学习他人的知识经验。除了研讨的方式，还可以采用观摩、头脑风暴或案例的方式开展教研活动，积极阐述关于生态课程开发的观点，丰富相关经验，提升开发能力。

（四）实践锻炼

在实践中锻炼才能获得真功夫。同样，幼儿园教师只有真正参与到生态课程开发中，才能得到有效的历练，才能掌握真本事。幼儿园教师是课程传授的实践者，因此有教师参与的课程开发才能有灵魂的生态教育课程建设。同时，教师在参与开发的过程中锻炼了自身的专业素质。教师对生态课程建设难以下手是现阶段我国幼儿园的普遍现实情况。比如，大多数教师连课程开发的含义都知之甚少。但是，要相信教师在参与开发课程的活动中，会慢慢了解课程开发是怎么一回事，能够逐步解决遇到的问题。同时，教师的生态教育课程建设能力也会随着参与的深度和广度不断提升。

生态课程的主体是幼儿，这是不容置疑的。幼儿教师在实践中更加深刻地体会到这一点，并将这一理念贯彻到教育教学中，这拓宽了教师的视野，提升了教师的专业素养。总之，教师的能力随着生态课程的开展而不断提升。幼儿园要鼓励教师积极参与生态教育课程，通过推动生态教育课程建设，来带动教师发展。

（五）家长支持

家长也是幼儿园生态课程实践中必不可少的一大主体。家长能够为课程的建设提供丰富的资源。幼儿园能够通过与家长的交流可以获取众多有助于生态教育课程建设的信息。比如，家长的意见和反馈能够给生态课程建设提供一定的启示。总的来说，家长参与对生态课程开发有着积极的促进作用。

幼儿园最方便获取的园外资源是家长资源。家长为了孩子的全面快乐发展，往往非常乐意提供支持。幼儿园应该合理利用这一资源。一方面，幼儿园可以与家长积极交流生态课程建设相关事宜。每位家长对幼儿园生态课程开发的理解不尽相同，甚至存在大量的家长不懂其中的内涵和意义。教师有必要采取一系列手段告知家长相关信息。例如，公布课程内容安排，宣传科学育儿理念，展示开发的课程成果。另一方面，幼儿园要积极地倡导家长参与课程建设。比如，邀请家长制定和评价课程活动，邀请相关职业的家长向幼儿介绍职业工作内容等。总之，幼儿园和家长共同为生态教育课程出力，才能有效地发挥生态课程对幼儿发展的最大功能。

(六)周边资源

除了园所内部的资源，幼儿园应该积极挖掘园所周边资源，以推动生态课程的协调发展。生态教育课程资源不仅有一般性的教材资源，而且有隐性的资源，如社会资源、家庭资源、自然资源和社区资源。如果更细致地划分资源的话，可分为师幼资源、教学环境资源和班级资源。还可以按照具体区域来划分课程资源，即园所资源和家庭资源。园所资源包括园所内的硬件设施、环境布置及周边的社区环境。家庭资源主要包括家里的设备、动植物及书籍等。所有这些资源都应该加以利用，进而直接地为幼儿园课程建设提供多样的生态课程。

(七)幼儿参与

缺少了幼儿参与的生态课程开发是残缺的。生态教育课程非常强调幼儿为中心的观念。实施生态教育课程的落脚点在于促进幼儿的全面健康成长，而不是单纯为了开发。因此，在生态教育课程的全过程中必须要有幼儿参与。不过，幼儿参与不是幼儿主导的意思，而是要求无论是课程开发的任何阶段都需要关注幼儿的发展需要，尊重幼儿的个性，认真观察和解析幼儿行为。在开发过程中，教师要时不时审视自己是否过于主观或者高度控制幼儿行为，以免以自我为中心排挤幼儿，使得幼儿在幼儿园生态课程开发中处于被动的位置。只有在开发生态课程的全过程都心中有幼儿，才能保证开发中有幼儿参与。

(八)保障机制

1.幼儿园课程开发需纳入国家基础教育课程改革总体规划

幼儿园生态教育课程开发要想长久有效地发展必须获得国家的强力支持。教育部门在确定教育政策时要考虑许多因素，不仅要尽可能地满足教师和家长的需求，还要提供科学的课改支持。第一，在宏观上，各级教育部门要尽力支持和保障幼儿园生态教育课程的开发。例如，给幼儿园教师、社区、教育教学极大的政策支持。尤其当社会各界给幼儿园所需资源时，教育部门应当给予适宜的扶持，保障幼儿园获得所需资源。第二，尊重和保障幼儿园教师的权利，确保教师在课程开发过程中的主导地位。教育部门应该努力为幼教工作者创设适宜的教育教学环境，并提供非常大的政策支撑。

2. 幼儿园内部建立科学合理的生态教育课程开发管理制度

生态教育课程中可以利用的资源纷繁复杂，形态各异，高效利用显性和隐性资源需要一定的手段，建立科学的生态课程开发管理制度是其中一种重要方法。目前来看，大多数幼儿园很难真正理解生态教育课程开发，建立规范的课程开发制度能从根源上推进生态课程建设工作。具体的管理制度主要由两大部分构成。第一，确定科学的管理体制。首先，生态教育课程开发需要多方的努力，如家长、社区、幼儿、幼教工作者，这是一个民主参与、科学管理的过程。自主课程开发是生态教育课程的基本前提，幼儿园要能够自主地选择适宜本幼儿园有潜在价值的资源，不受其他主体架空或限制。其次，开发主体的多元化也是实现生态课程有效开发的基础要求。要积极鼓励社会各界人士参与到课程开发活动中，如社区工作者、大学教授等。多元的主体参与利于产生科学开放的氛围，从而促进生态课程开发。第二，确立系统的生态教育课程开发评价机制。现阶段关于生态课程开发的力量基础不够丰富，各幼儿园和教师对生态课程开发难以达成共识，导致在具体开发中很难得到科学的理论指导。当然，开发的效率可以想象是相当低下的。因此，时不时客观、系统地评价生态教育课程开发显得格外重要。幼儿园可结合园所优势设立符合自身特色的课程评价体制，如从课程的范畴、手段、内容、价值等维度设置评析细则，进而规范教师实践中的一言一行，避免教师陷入课程开发的死胡同。

第三节　从一到多：生态教育主题活动举例

一、幼儿园生态教育课程实施方案

张家港市金港中心幼儿园“生态教育课程”实施方案

（一）课程实施背景

张家港市金港中心幼儿园从“十一五”开始探索生态教育课程的开发与实践，通过多年积累形成了完整的生态教育课程实施方案及内容丰富的课程资源库，在地方文化与学校文化的交融中，该园的生态教育课程经历了三个阶段：第一个阶段，以渗透式五大领域为核心，开展教学活动。第二个阶段，融入生态教育特色课程、节日课程、体验场课程，园本课程开始呈现多元化。第三个阶段，以“人与自然、人与社会、人与人”三重生态关系出发，基于幼儿兴趣，生发生态教育课程的建构与实施。

随着课程游戏化的不断深入，我们发现多年来园本课程方案和课程资源库过于注重内容的不断累加及教师课程实践的规范，导致园本课程方案和课程资源库趋于固化。教师对课程资源库的依赖性越来越大，课程主题意识逐渐弱化，对课程创新失去了激情和动力。主要存在问题有：第一，课程观念“缺乏科学”，无法看见幼儿个体需求；第二，课程实施“教师主导”，无法支持幼儿深度学习；第三，课程内容“照本宣读”，无法赋能幼儿自主生长。

对于以上问题，我们迫切认识到要切实实行以儿童为本的幼儿园课程的整体构建。为此，本着“让生命自然盛开”的园训，努力优化园本课程，着力打造“从生态体验开始，为生命成长奠基”为核心理念的园本课程。

（二）课程理念与目标

1. 课程理念：从生态体验开始，为生命成长奠基

从人与自然、人与社会、人与人三重生态的视界，坚持回归生态，回归生活，深入感性生命个体的心灵世界，凸显体验，在三重生态圆融互摄的班级体验场中开展现场扎根性研究，做全身心沉浸式体验和领悟。

2. 课程总体目标：童趣本真，愉悦感动，创造生长

（1）“童趣本真”——面向一群孩子，确定适宜生态教育课程目标，体现课程目标的合理和趣味性，让孩子在“玩”中体验，在“玩”中学习，在“玩”中成长。

（2）“愉悦感动”——构建因园制宜、因班制宜的生态教育课程内容，基于班级幼儿兴趣和发展需求而生成，体现课程内容的班本化。

（3）“创造生长”——凸现以活动、体验为特点的课程，实施体现课程实施的创造性、发展性。

3. 具体阶段目标

表 1　幼儿生态教育课程各年段学习目标

年段	兴趣培养（有趣地做）	注意力培养（自然地看）	合作探究（生态地玩）	想象创造（大胆地说）
3～4岁（小班）	1. 喜欢接触大自然，对周围的很多事物和现象感兴趣。 2. 愿意摆弄物品，说出自己的发现。	1. 能主动运用多种感官观察事物，学习观察的方法。 2. 自发模仿别人，愿意参加活动，选择自己喜欢的材料，用自己的方法玩。 3. 在活动中如遇到干扰，能在老师的帮助下回到活动中来。	1. 遇到问题，愿意向同伴或老师寻求帮助。 2. 能与同伴交流自己的发现、探索观察和方法。 3. 尝试用简单的工具和材料进行实验探索。 4. 简单说出自己的行为。	1. 常常能产生联想，依据熟悉的事物、故事、动画形象等乐于想象创造。 2. 能够联系自己的想象边说边玩。 3. 喜欢玩新材料或新内容，愿意试试新玩法。
4～5岁（中班）	1. 喜欢接触新事物，经常问一些与新事物有关的问题。 2. 常常动手动脑探索物体和材料，并乐在其中。 3. 自己选择活动，能记住活动的目标并努力实现。	1. 主动说出自己想要参与的活动。 2. 能够快速投入活动中。 3. 活动中偶尔遇到外界无关刺激的影响，但是最终无须提醒能回到活动中。	1. 能对事物或者现象进行观察比较。 2. 遇到困难，自己先尝试解决，如未果找教师或同伴帮助。 3. 能具体说出自己用了什么方法。	1. 在活动中能使用创造性工具。 2. 能运用绘画与手工制作等表征形式来表现自己观察或想象的事。 3. 能根据观察结果提出问题，并大胆创造想象。
5～6岁（大班）	1. 对自己感兴趣的问题总是刨根问底。 2. 能经常动手动脑寻找问题的答案。 3. 探索中有所发现时感到兴奋和满足。	1. 询问很多有关活动的问题。 2. 能迅速或兴奋地投入到活动过程中，不受外界的干扰。 3. 能够在没有鼓励的情况下，坚持完成任务。	1. 在与同伴协商的前提下，自主选择活动或决定玩什么主题。 2. 活动中遇到困难自己尝试多种方法解决，或向教师寻求意见或帮助，自己再进行尝试解决。 3. 愿意在探究中与他人合作并交流。	1. 在活动中能以多种形式创造性地使用工具。 2. 能清楚地说出自己的方法及使用这种方法的原因。 3. 能用多种工具、材料或不同的表现手法表达自己的感受和想象。

（三）课程内涵、内容与框架

生态教育课程坚持“幼童本位”的儿童视角，根据幼儿的已有经验和共同兴趣，探索适合幼儿创造实践的策略，让幼儿自发生成、自愿参与、主动探索、自主建构，以创造性的课程设计、主动的课程实践，实现幼儿园“让每一个生命自然盛开”的教育追求。

1. 课程内涵

生态：在自然、真实的情境中开展游戏活动，在活动中尊重幼儿的学习特点、发展差异、个性特点，在活动中注重幼儿与自然、自我、他人等的互动。

自主：孩子是课程的主人，孩子有自由选择的权利，教师把握好自主的比例，包括一日活动中的小组活动、区域游戏、户外活动、生活活动等，确保幼儿的自发学习与教师指导下的学习相得益彰。

体验：孩子直接感知、亲临体验来积累“生态教育”故事，让课程更贴近孩子的生活兴趣需要及经验。

多元：组织课程活动的方式多样化，如教学活动、体验游戏、学习性区域、专用室活动、微故事展现、家园乐等。

2. 内容与框架

以幼儿身心全面和谐发展为价值追求，基于教育生态学的视角，将“人与自然”“人与人”“人与社会”三重生态作为课程设计的出发点，贯彻落实“班本化”“游戏化”理念，基于张家港市金港中心幼儿园各班级开展的个性化班本课程，对生态教育课程进行整体设计，形成了初步的生态教育课程的内容与框架，具体见图3。

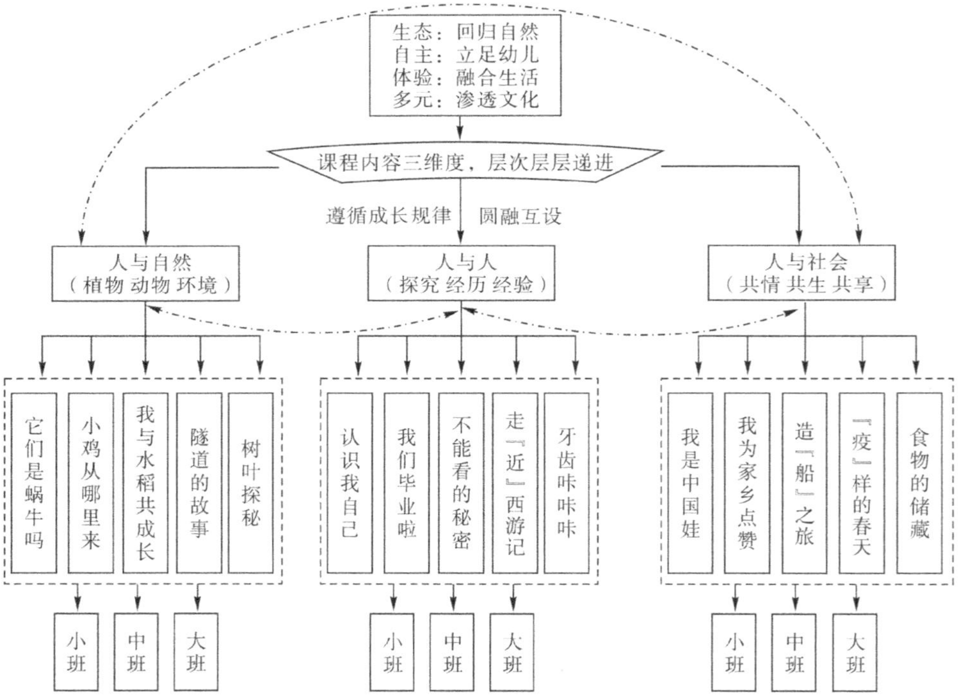

图3 生态教育课程的内容与框架

(四)课程实施

1. 课程建设思路

源于孩子：课程内容依据孩子的兴趣和需求。

给予孩子：课程目标促进孩子的全面和谐发展。

2.课程实施原则

“童真”的原则：孩子就是孩子，有着自己的天性与本性，生态教育课程要关注孩子的内需，它是教育的出发点，也是课程的出发点。

“感动”的原则：孩子的发展是一个整体，关注孩子的内心感受，在适宜的教育引导下让孩子拥有快乐、幸福、完整的童年，它是教育的目标归宿。

“创造”的原则：孩子生来就是一个创造家，关注孩子的长远发展，让孩子拥有更多机会，自由自主愉悦地亲身体验，获得更优发展。

3.课程实施途径

我园生态教育课程强调通过环境浸润、活动渗透、游戏体验、社会实践、家园共育等多种途径，以幼儿兴趣为核心，以问题为导向，从“人与自然、人与人、人与社会”的生态关系引导幼儿去观察、游戏和个性化学习。幼儿充分感受体验，操作探究，交往合作，积累经验，明媚生长。具体实施途径见图4。

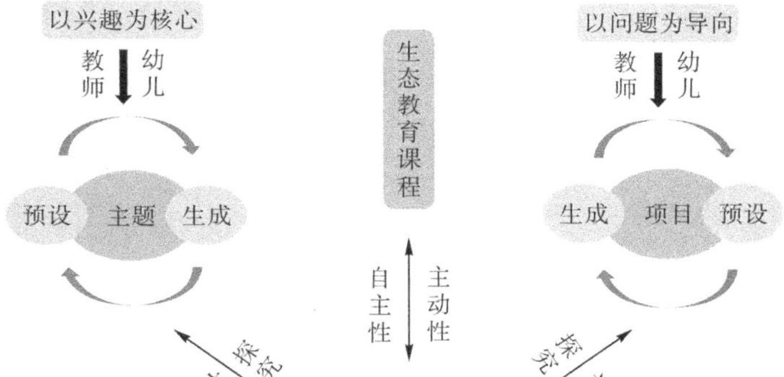

图4　生态教育课程实施途径

4.提升课程实施能力途径

在研究的过程中我们发现，当教师真正成为生态教育课程的主体，即使课程内容和实施方式千差万别，但有一点却是共性的，就是教师自身对于课程思考的角度、广度、深度往往在很大程度上决定着课程实施质量。结合对各班生态教育课程和各项资料的梳理和研究，我们将这些关键思考归纳为五个维度：幼儿、教师、价值、资源和团队。但在课程实施的不同阶段，指向课程建设能力的各个方面，从决策力、设计力、执行力及评价力四个方面制定出本园的生态教育课程“五维四力”实践表。具体见表2。

表 2　张家港市金港中心幼儿园生态教育课程“五维四力”实践表

维度	决策力	设计力	执行力	评价力
幼儿	每个幼儿是怎样的？他们有怎样的发展优势与不足？他们有怎样的共同点和差异？他们现在正处于什么样的发展阶段？他们的发展目标是什么？	最近他们感兴趣的是什么？有多少人感兴趣？他们为什么对这个感兴趣？他们有哪些讨论和问题？他们有哪些前期经验？	幼儿是否都积极投入到探索过程中？他们的探究兴趣是否还在持续？他们在过程中有什么新的想法和问题？	生态教育课程实践中，幼儿获得了什么发展？通过哪些途径可以获得证据，证明他们的发展？这些发展中有多少与他们的情感态度、学习品质等核心素养发展有关？他们的发展中有什么缺失？什么原因造成了这种缺失？
教师	我是一名怎样的老师？我的专业优势与不足在哪里？我在“生态教育课程”实践中扮演什么角色？我对自身发展和幼儿发展持怎样的观点？有怎样的期待？	我对幼儿感兴趣的事物有多少了解？对他们相关的观察和记录是否足够充分？我是否了解过孩子们的经验和问题？	可以做什么来提升专业知识和能力以便帮助幼儿进行持续探究？我正在或者将要可能面临的困难是否与我自身有关？我克服这些困难对我和幼儿会带来什么？我可以从哪些渠道获得哪些支持和帮助？	我获得了什么成长？通过哪些途径可以证明我的成长？这些成长对我今后的课程实践有什么影响？我还有什么不足？是什么原因造成的？我怎样通过以后的课程实践进行弥补？
价值	幼儿园生态教育课程是什么？一日活动中各个环节的意义是什么？如何能丰富园所的园本课程？我的课程期望是什么？	幼儿感兴趣的事物对他们的未来发展有什么意义？这些幼儿感兴趣的事物有没有让幼儿持续探索的价值？它们能不能被设计成为一个或者一系列的课程活动？它们可以和一日活动中的哪些环节进行融合？	各类课程活动实施是否围绕目标？实施中是否给予了每个幼儿足够的自我体验、探索空间和充分的表现机会？实施中所遇到的困难给课程的持续进行带来了什么影响？	生态教育课程实施的方式是否适宜？每一种活动类型是否充分发挥了他们的价值？与课程期望和课程目标契合程度如何？对于生态教育课程我有什么新的思考？

续表

维度	决策力	设计力	执行力	评价力
资源	园所拥有怎样的家长资源？我们所在的班级、社区、城市等有没有可为生态教育课程提供服务的优质资源？我应该怎样有效地运用这些资源？	我们和生态教育课程有关的班级资源、学校资源和社会资源有哪些？这些资源可不可以被利用？这些资源可不可以进一步地开发？这些资源怎样和生态教育课程有机融合？	各类课程资源是否已经被充分有效地运用？资源利用过程中产生了什么样的问题，原因是什么？还有什么新的可利用的资源可以满足孩子们新的探索需要或是帮助解决课程实施中的各类问题？	各类课程资源的实际运用效果如何？运用课程资源的过程中我有什么收获？哪些资源可以再次利用？
团队	园所拥有一支怎样的团队？我们是否能对生态教育课程的开展、幼儿的发展保持比较一致的意见以及我们是否能在意见不一致的时候通过沟通达成一致？	团队是否能够就这个生态教育课程设想达成一致？团队在开展这个课程活动的优势与不足是什么？可以通过什么方式来发挥优势弥补不足？	在生态教育课程实施过程中，课程实施组、审议组的各个成员都发挥了怎样的作用？面临实施中的问题时是否愿意共同面对并就怎样解决问题达成一致？	各组是否都参与到了课程反思和评价中来？大家的意见有什么异同？教师对未来生态教育课程实践有什么样的思考和期望？

(五)课程评价

课程评价是对课程的价值做出判断的过程。评价课程的价值,可以诊断课程、修正课程,对生态教育课程的实施价值进行比较、评价、分析,预测教育的需求,确定课程目标达成的程度等。我们从幼儿发展评价、教师课程组织和实施能力评价、课程实施研讨评价,实现课程从单一评价向多元评价的转变,保证课程的适宜性和有效性。

1. 幼儿发展评价

我们以发展的眼光看待幼儿,既了解幼儿的现有水平,更关注其最近发展区,追究幼儿发展的持续性,反映幼儿成长阶梯。我们结合日常开展的各类活动,如游戏观察记录、课程故事评价、作品评价等方式,有针对性地积累幼儿各方面信息,以支持幼儿多元、个性、全面发展。

2. 教师课程组织和实施能力评价

针对教师在课程的设计实施中的观察、行动、思考、研究及课程的完成效果对教师进行发展评价,促进教师提升课程理解力,提升课程执行力及有效的课程指导力。本园的做法是通过表格(见表3、表4)来记录在课程中的发现和产生的问题,从而更加客观地分析幼儿在课程中的行为表现和教师的师幼互动等。

表3 张家港市金港中心幼儿园生态教育课程观察记录

<table>
<tr><td rowspan="2">班级</td><td rowspan="2"></td><td>观察对象</td><td></td><td rowspan="2">记录人</td><td rowspan="2"></td></tr>
<tr><td>时间、地点</td><td></td></tr>
<tr><td colspan="6">观察记录</td></tr>
<tr><td colspan="6"></td></tr>
<tr><td colspan="6">观察分析与评价</td></tr>
<tr><td colspan="6">(观察要客观,与《指南》相结合,有真实的反思等。观察记录可附相关照片或者视频。)</td></tr>
</table>

表4　张家港市金港中心幼儿园生态教育课程教师组织和实施能力评价标准

活动流程	活动内容	活动标准	能力水平一	能力水平二	能力水平三
活动预设	环境材料	充足	缺乏必要的辅助材料。□	提供了适当的材料，每个幼儿都有机会使用。□	准备了额外的材料，满足预设以外的幼儿要求。□
		多样	材料单一，幼儿没有选择性。□	有多种材料可供幼儿选择。□	材料丰富又不干扰幼儿的主动学习。□
		适宜	材料不适宜幼儿使用或与主题内容无关。□	材料用于该预设内容，但个别幼儿操作有困难，影响了目标达成。□	材料契合主题内容，有助于幼儿主动积极地探究学习。□
	提问理答	开放	提出问题多为封闭性，幼儿无须思考就能回答。□	提问有一定的开放比例。□	以开放性为主题。□
		全面	只面向全体。□	既有面向全体的提问，又有面向小组、个体的提问。□	关注幼儿，仔细观察，会根据不同幼儿能力水平提不同问题。□
活动生成	指导回应	识别	偶尔关注那些需要特别支持和帮助的幼儿。□	能够关注和识别幼儿的兴趣和需求。□	及时发现并识别幼儿的兴趣、学习、活动需要。□
		回应	回应简单，无差别。□	及时做出回应和处理，提高幼儿参与度。□	提供个别化活动，满足不同水平幼儿的需求，有效做出指导和帮助。□
	互动交流	候答	没有给予幼儿充分候答时间。□	给予一定的耐心等待幼儿回答。□	会根据问题难度和幼儿的回应水平调整候答时间。□
		追问	很少追问幼儿。□	追问主要为了引导幼儿说出自己想要的答案。□	通过追问引导幼儿反思自己的回答和行为，师幼共同思考。□
活动反馈	评价分析	思考	很少反思接纳与预设不同的做法。□	会接纳幼儿不同想法。□	根据幼儿兴趣及时思考和灵活调整活动。□
		意义	评价简单，空乏无意义。□	评价具体有针对性，为幼儿下一步学习提供有效信息。□	有意识地运用评价手段，及时记录，引导幼儿思考与呈现活动过程。□
整体评价	（针对教师在课程的设计，实施中的观察、活动、思考、研究及课程的完成效果进行整体客观阐述评价。）				

3. 课程实施研讨评价

幼儿园成立课程管理小组，对幼儿园课程进行预审、梳理、回顾，如课程前审议（公众共享，聚焦问题）、中审议（解释立场关注生成）、后审议（协商后实践），并将审议过程记录下表（表5），给出评价意见与建议，及时做出调整与优化，更好促进幼儿与教师的发展，以此推动园所的发展。

表5 张家港市金港中心幼儿园______年级组生态教育课程审议记录

<table>
<tr><td>主题</td><td colspan="3"></td></tr>
<tr><td>时间</td><td>参与对象</td><td></td><td></td></tr>
<tr><td>主持人</td><td>记录人</td><td></td><td></td></tr>
<tr><td rowspan="2">前审议
——
课程设想</td><td>课程来源</td><td colspan="2"></td></tr>
<tr><td>实施价值</td><td colspan="2"></td></tr>
<tr><td rowspan="3">中审议
——
课程解析</td><td>教学活动
预设与生成
（网络资源图等）</td><td colspan="2"></td></tr>
<tr><td>幼儿关键
经验与游戏
材料投放</td><td colspan="2"></td></tr>
<tr><td>一日生活
渗透</td><td colspan="2"></td></tr>
<tr><td rowspan="2">后审议
——
难点聚焦</td><td>实施中的
问题与困惑</td><td colspan="2"></td></tr>
<tr><td>解决策略</td><td colspan="2"></td></tr>
</table>

课程的开展与研究不会有终点，在课程实施过程中，是幼儿始终保持的兴趣和热情，积极和自主；是教师执着追求的关爱与和谐，创新与发展。在实践—评价—调整—再实践的螺旋上升式探究中，教师和幼儿相互影响，相互推动，共同实践与融合，让生态教育课程焕发新生机。

二、生态教育主题活动列举

人与人

小班主题活动:“我”自己

活动缘起

开学初,听见几个孩子正在小声地聊着什么,于是老师便悄悄地走过去,就听见他们的这些小对话。

玥玥:“你是谁啊?你叫什么名字啊?”

拉拉:“我叫拉拉。你呢?”

依依:“你为什么要哭啊?我也有小名,我告诉你,你就不要哭了。”

婷婷:“我叫婷婷。我是女孩子,我们一起做朋友吧!”

晨晨:“我想妈妈,我不想哭可是还是忍不住啊。”

……

小班孩子刚从一个熟悉的家庭环境来到陌生的幼儿园的环境中,孩子的情绪很不稳定,尤其是从小父母带大的对父母的依赖性较强,但是孩子还是在尽量适应幼儿园。听了孩子们的简短对话,老师想刚入园的孩子们对于自己的认识及与同伴的互相认识,还是很感兴趣的。于是,我们就生成了一个“我”自己的系列活动。“看看”“听听”“说说”“玩玩”等有趣的活动,鼓励孩子积极运用自己的感官去了解感知周围事物,获得真切具体的经验,从而帮助孩子加深对自我的认识,初步形成自我保护的意识。

共建活动计划

1. 和孩子们商讨初步制定主题。(第1～2周)
2. 发放调查问卷;师幼谈话——网络图初步设计完成。(第3周)
3. 开展网络图中相关主题活动,集体教学活动,环境呈现。(第4～8周)
4. 绘制班级微课程主题墙。(第9周)
5. 总结并整理相关资料。(第10周)

我的思考

小班孩子对自己的身体、对同伴都比较好奇，平时我们只要仔细留意他们，总会发现好多孩子都会有吃手、挖鼻孔、揉眼睛等行为，这些不良习惯一旦养成会影响孩子的身体健康。因此，我们围绕"我"自己开展了一系列活动，让孩子们从多元化的角度了解自己与同伴，展示自己，并形成初步的自我保护意识。根据小班孩子的身心特点，结合《指南》以及渗透式领域的相关目标，我们初步梳理了一份关于"我"自己系列活动的关键经验。具体见表 6 和图 5。

表 6 "'我'自己"活动中预设幼儿获得的关键经验

领域	关键经验
语言	大胆介绍自己，能用简短的语言清晰表达自己的想法。
艺术	通过绘画、观察、比较，用简单的线条画出可爱的自己。
健康	经常保持愉快的情绪，不因小事哭闹不止，有比较强烈的情绪反应时能在教师的安抚下逐渐平静下来。
科学	知道身体上的一些"洞洞"的作用，以及保护方法。知道屁是从哪里来的，能用多种动作去探索物体，关注动作产生的结果。
社会	对集体活动感兴趣，对同伴之间友好，喜欢和同伴玩耍但不触碰别人的隐私部位。在老师的提醒下同伴友好互助。

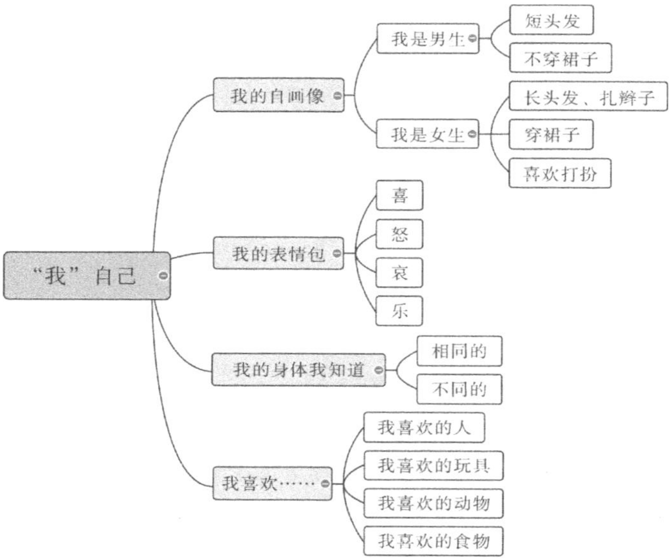

图 5 "'我'自己"活动预设网络图

第一阶段：家园合作，亲子调查

谈话交流，老师：孩子们，你们想不想让爸爸妈妈把你们的可爱模样画下来呢？你们有什么爱好呢？……让爸爸妈妈帮我们一起来记录一下吧！

通过和爸爸妈妈一起完成调查问卷后，我们又根据孩子们的调查表进行了谈话，介绍自己的调查表。

涵涵："我的名字叫崔紫涵，小名涵涵哦。我是女孩子，我穿裙子。我平时喜欢吃鸡腿、芒果，玩躲猫猫的游戏。"

婷婷："我的名字叫展圣婷。大家叫我婷婷，我喜欢漂亮的娃娃，我喜欢画画、弹钢琴。"

承承："我的名字是方涵承，我没有小名，我是女孩，我天天梳辫子。我喜欢和妈妈一起唱歌。"

邓玉泽："我是男孩，我短头发的。我喜欢奥特曼。"

蒋梓宸："我是小男孩哦，我喜欢搭积木，吃鱼虾。我是站着小便的。"（有点难为情地说）

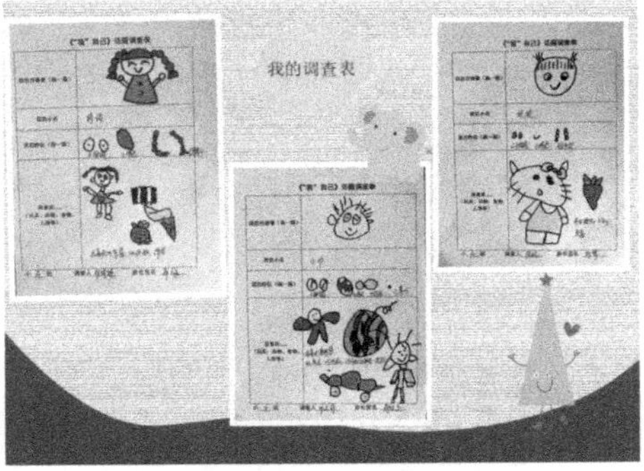

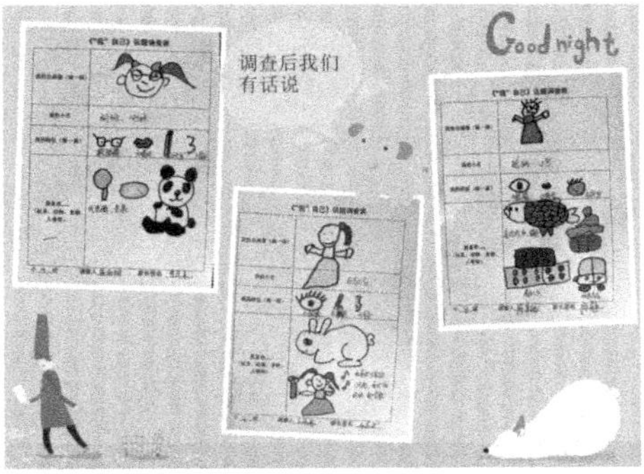

价值分析：

著名教育家陈鹤琴先生也曾说幼儿教育是一件很复杂的事情，不是家庭可以独立胜任的，也不是幼儿园可以单独胜任的，需要两方面共同合作方能得到充分的功效。生态教育下幼儿园教育的环境内容应该从实际出发，因地制宜，因人因时而异。因此，我们在了解幼儿现有的发展水平和社会发展需要的基础上，充分发挥家长资源的优势，让家长陪伴孩子一起参与调查、讨论、记录、反馈……在真正了解孩子的同时，认孩子把最真切的需要展示给大家，更好地推动活动开展，共同促进孩子学习和发展。

第二阶段：讨论“我”，初步认识“我”

谈话交流：孩子们，我们每一个人都是不一样的，你是什么样的呢？你怎么描绘你自己呢？

珺翊：“我是女孩子，我长头发。”

子翔：“我是男孩子哦，我是双眼皮。”

梓宸：“我有大大的眼睛，短短的头发，还有妈妈说站着小便的都是男孩子。”

小颖：“我是女孩，我天天梳辫子，而且是卷起来的，像孙悟空里的哪吒。”

施淇：“我是女孩，我很漂亮，一笑就会有一个小酒窝，妈妈说有酒窝的人漂亮。”

于是，我们根据孩子们对自己外貌特征的描述进行了一次“我的自画像”美术活动，让孩子们把自己认为最具有特点的地方用自己的方式画下来。

通过绘画、观察、比较，我们发现：

周俊熙：“我看到好多的小朋友画的头发是短的，眼睛是弯弯的，和我画得不一样。”

桂雨濛：“我今天画的是扎着小丸子头发的自己。”

朱益诚：“我看着我的画像，我觉得我越来越喜欢自己了，以前我不喜欢画画，现在我有点喜欢画画了。”

李俊奕：“我的脸是黑色的，我长得黑。”

价值分析：

在生态教育模式的引领下，幼儿园生态教育的环境可以是综合的，以综合主题活动来设计。幼儿在综合主题活动中了解自己、认识人和物之间的相互关系。如在这次美术活动“我的自画像”中，孩子们比较活跃，绘画时候也很认真，都把自己的样子画得有模有样，能让人一看他的绘画就可以猜出是谁。同时在介绍自己的绘画时候语言表达能力也逐渐清晰起来，无论时间怎样变化，你还是那个你自己，小小的画笔描绘出孩子心中自己的样子，同时也画下了对自己的期待和新的了解。

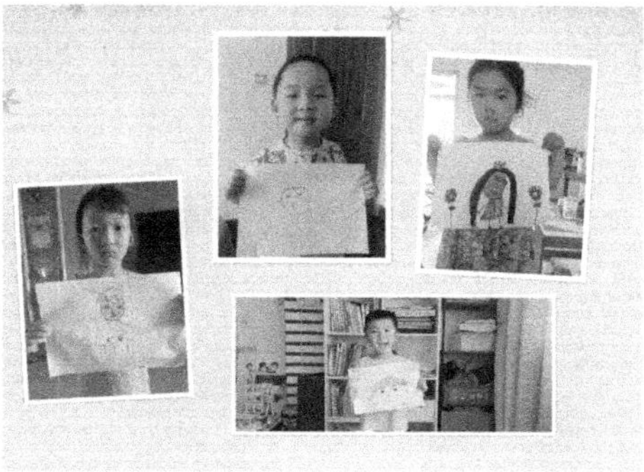

第三阶段：感受自己的情绪变化

谈话交流：孩子们，你看看老师的脸，现在是什么表情？你猜猜老师的心情怎么样呢？你会做什么表情呢？你的心情又是怎么样的呢？

于钰："我妈妈给我买玩具的时候，我会开心地笑起来。"

琦琦："我妈妈打我的时候，我会大声地哭。"

周俊熙："在幼儿园别人抢我玩具的时候我会很生气、很生气。"

关于表情包的故事：

一天，朵朵笑眯眯地说："老师，你可以帮我们拍下我们的表情吗？我们想看看大家不一样的表情。"我很惊讶，迟疑了下便说："好的，那你们想好自己的表情，老师马上就来拍了。"一下子，孩子们欢呼了起来，有的说我要做得意的表情，有的说我要做生气的表情，有的说我要做一个让人看了很开心的表情，我要做一个老师的表情……于是便有了我们的表情包主题墙。孩子们会经常去看自己的表情，同时模仿其他孩子的表情。

一次有个孩子指着朵朵的照片问老师："老师，为什么朵朵的脸上有两个洞洞（酒窝）呢？我做了和她一样的表情可是我脸上没有那个洞洞？"孩子们还提出了许多有趣的问题。

价值分析：

幼儿园教育活动的过程是幼儿生命被激活、被发现、被欣赏、被丰富、被尊重的过程。生态教育理念强调遵循幼儿天性，顺应幼儿身心发展规律。我们抓住生态教育中的"情"，从"情绪"开始，即对于低年龄段的幼儿，重点是激发其以"惊奇"为重心，"快乐"为突出表现的"情绪"。认识哭、笑、生气、发怒、惊讶的表情，知道开心对人的身体好，生气会对身体不好，会初步有效地控制自己的情绪，使幼儿情感体验和情感表达能力不断提升，生态教育的"情"可以开始逐渐地转向以"情感"为重心，感受不同的环境带来的不同体会，从而建立起孩子关心他人、关心周围环境的情感，让孩子的情感更加充实和丰富。如从自己的表情延伸到上幼儿园时的表情，让孩子知道幼儿园就像家一样温暖，老师就像妈妈一样亲，他们会大声地说出："我爱我的幼儿园。"萌发内心的自豪感和淡化上幼儿园的恐惧感等。

第四阶段：我的身体我知道

针对上个主题留下的一些简单的问题和孩子们一起商讨绘制网络图，见图6。

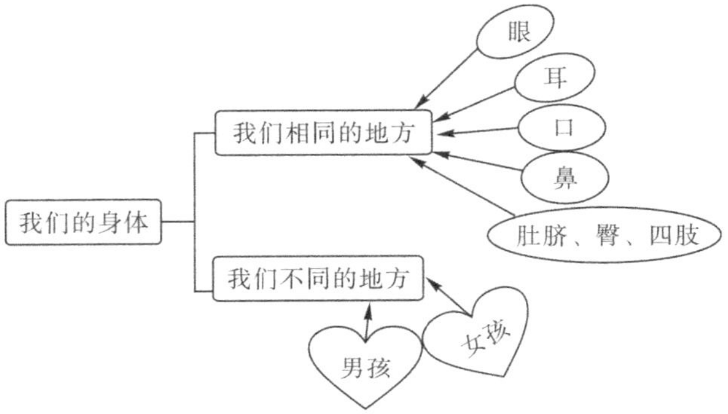

图6 "我的身体我知道"活动网络图

关于身体的学习：

教师：孩子们，上次我们有一个小朋友说做了一个和朵朵一样的表情，脸上却没有小洞洞。那我们互相看一看，我们的脸上有什么地方是一样的呢，是大家都有的呢？

季泽熙："我发现他有鼻子、眼睛、耳朵，这些我也有哦。"

王潇："可是我的鼻子比他的小。"

姚珺翊："我的耳朵是招风耳，他的耳朵是扁扁的。"

教师："哦，原来我们脸上有许多的洞洞啊！那你知道这些洞洞有什么作用吗？"

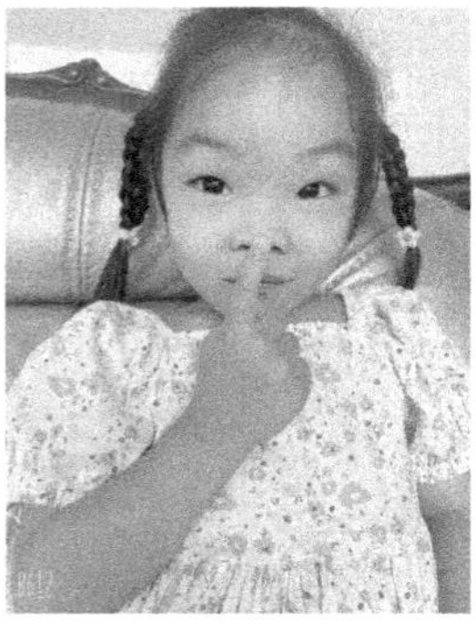

张景怡："我的嘴巴是一个洞洞，可以吃饭饭的，没有的话就不可以吃饭了。"

桂雨濛："我的眼睛是两个洞洞，可以看很远的东西，可以看动画片，很美的东西都可以看。"

刘宇凡："我有两个小洞洞是鼻子哦，它可以帮我闻闻什么好吃，什么是香香的，什么是臭臭的。"

珺翊："我的耳朵也是洞洞，它能帮我听好听的音乐，听妈妈讲美妙的故事。"

孩子们听得真仔细，都开动小脑筋，很快这些谜语就被破解了，孩子们还想出了保护这些洞洞的好方法，比如眼睛累了就要休息，不能一直看电视，又如耳朵是我们听好听声音的重要洞洞，我们不能随意掏耳朵，更不能在别人耳朵边大声讲话。还有鼻子里面是不可以塞小东西进去的，有了鼻涕就轻轻擦，等等。最后随着我们找到一样的地方后，孩子们渐渐发现了一些不一样的地方，比如朵朵为什么一笑脸上就有小洞洞？为啥我的头上别人说有两个螺旋，一个在头顶一个在前面。我的眼皮很奇怪，有时候是单眼皮，有时候是双眼皮，等等。

价值分析：

幼儿园生态教育倡导在全面认识自然、社会和幼儿心理生态基础上，依据现实社会的需要去构建，跟上时代的步伐。探索我的身体这一阶段，幼儿对自己身体上的洞洞十分感兴趣，教师及时捕捉幼儿的兴趣点，借助绘本图书、视频、图片等帮助孩子感知洞洞的作用及保护洞洞的方法，并推荐了故事绘本《我们身体里的"洞"》，激发幼儿对于自然和生命的亲近、尊重和关爱。

科学领域：

一次小趣事引发的活动：一天集体活动中，霍施淇捂着鼻子走到老师身边来："老师，好臭啊。"我愕然："谁大便在身上了吗？""不是的，老师，刚才我听见他放了个屁！"旁边的孩子听见了马上不服气地说："大家都会放屁的，又不是我一个人！"大家听到后都哈哈大笑起来。"那屁是从哪里来的呢？"我们和孩子们又展开了一次讨论：

陈筱萌:“我今天吃了很多很多的东西,肚子胀胀地就放了一个屁。”

方涵承:“我今天的屁是很响的!”

王舒羽:“我放屁的时候就去厕所放。”

陆颖:“今天我的屁不臭。”

桂雨濛:“我放屁是没有声音的,你们都不会知道的。”

郑婷婷:“屁就是很臭的,从屁眼里来的。”

周俊熙:“好像妈妈说过吃豆子就会放屁的啊。”

姚珺翊:“老师,你会不会放屁呢?”

赵一凡:“我每次要放屁的时候就躲起来,不然人家就会说臭。”这些问题太敏感了,一提出来教室里就炸开了锅,热闹非凡。

本次活动目标:知道放屁是人和动物的一种自然的生理现象。通过阅读画面,了解放屁的原因,知道屁产生的气体同吃进体内的食物有关。知道放屁不必害羞,也不要嘲笑放屁的人。

引导幼儿阅读故事《屁从哪里来》,理解故事内容,初步了解屁是怎样产生的。对于这部分知识,孩子们很感兴趣,讨论声始终没断过。

价值分析:

“生活即教育”——对于幼儿园的幼儿来说,贴近生活的教学方式能够更加适应他们的思维模式和认知方式。幼儿需要在学习中做事情,也需要通过做事情进行学习。所以,老师在对幼儿开展生态教育时应该不断地创新工作方法和教学模式,运用灵活多变的方式方法开展教学工作,多以贴近生活的实际例子或主题引导幼儿思考和实施,在生态意识提升的状态下,找准做事情的正确方法。老师通过看看说说,让幼儿深入了解了屁是从哪里来的,知道放屁是人和动物的一种自然的生理现象,激发了幼儿的好奇心和积极探索的欲望。

健康领域:

谈话活动:孩子们,你们知道自己是男孩还是女孩呢?男孩和女孩有什么异同吗?那么,我想请你来说说男孩子和女孩子有哪些地方是不一样的。

孩子们先开始互相看了看然后很快地做出了自己是男孩还是女孩的选择。

华梓钧:“我是男孩,我头发短啊。”

王舒羽:“我也头发短,但是我是女孩子。”

徐恩轩:“我穿的是黑色的衣服,我不喜欢红色,所以我也是男孩子。”

方语涵:“老师,我妈妈说蹲着小便的就是女孩子。”

我们听了孩子们的回答,才发现其实孩子们在这一方面都停留在比较表浅的认识里。

价值分析：

幼儿园的自然生态教育都应该从生态出发，指向生命，落于生活。我们重视开展具有前瞻性和系统性的健康教育，教给幼儿有关认知身体、简单的自我保护等方面的知识，并在与幼儿一日生活密切相关的随机教育中及时培养幼儿的健康行为，关注幼儿身心和谐健康发展。如健康活动“男孩女孩不一样”通过观看图片和同伴一起讨论，幼儿能科学正确地面对自己的性别，知道自己的隐私部位及不能随便让别人触摸自己的隐私部位，培养幼儿初步的自我保护意识，了解基本的防卫方法。

语言活动：

谈话活动：谁是你们喜欢的人啊？

幼1：“我喜欢我妈妈。她陪我画画。”

幼2：“我喜欢我爸爸，他陪我看书玩游戏。”

幼3：“我喜欢老师，老师教我们本领。”

教师：“你喜欢什么玩具啊？”

幼4：“我喜欢芭比，我是女孩子。”

幼5：“我喜欢奥特曼。”

幼6：“我喜欢很多有趣的汽车。”

教师：“你喜欢什么食物和动物呢？”

幼7：“我喜欢鸡腿，吃了力气大。”

幼8：“我喜欢西红柿，吃了会变得美丽漂亮。”

幼9：“我喜欢动物小狗，当爸爸妈妈不在家的时候会陪我。”

这时老师可以继续引导：“我们现在是小4班的小朋友，你们喜欢我们班级的谁呢？你们可以回家和爸爸妈妈一起画一画哦？”

崔栩：“我的朋友有两个，他们是乐乐和涵涵，我们在幼儿园的饲养角里观察小螃蟹和小乌龟，我们还一起玩游戏，和朋友在一起可真开心啊。”

顾家诚：“我的朋友是沈子翔，他和我一样是男子汉，我们在一起最喜欢玩大战怪兽的游戏，每次都是我输，可是我还是很喜欢他。”

周俊熙："我的朋友是李宸，他和我住在一个小区，我们经常在一起玩，有时候还会去各自家里玩，我们在一起从不打架，像哥哥和弟弟一样。"

价值分析：

让幼儿在了解认识自己的同时，通过合理的引导，创造良好的交流机会和氛围，鼓励幼儿积极表达，让幼儿从"自我中心"中摆脱出来，正确认识自己，并能正确认识别人，同时愿意主动去接触其他同伴，在与同伴的互动中体验与人交往的乐趣，并懂得关心与帮助他人。活动结束后我们整理了幼儿在本次活动中获得的经验，具体见表7。

表7　活动后幼儿最终获得经验

领域	关键经验
艺术	能用简单的线条和色彩，大体地画出自己的自画像。
健康	初步了解自己的喜怒哀乐，能够保持稳定的情绪，不因小事哭闹。
科学	知道自己身体的一些器官及作用。初步探究"屁"的由来，对科学活动有探究欲望。
语言	学会用"我喜欢"的句式说完整的话，愿意表达自己的想法。
社会	愿意和同伴一起游戏，愿意做一些力所能及的事情。

第四阶段：环境在幼儿主题"我"的作用

《纲要》明确指出："环境是重要的教育资源，幼儿的发展是在与周围环境的相互作用中实现的，良好的教育环境对幼儿的身心发展有良好的促进作用，我们应通过环境的创设和利用，有效促进幼儿的发展。"可见，幼儿园的环境创设，已成为幼儿教育的重要内容。在教育活动中，环境作为一种"隐性课程"，能促进幼儿全面发展，通过教育教学实践证明班级内外的主题教育环境创设对幼儿的生活学习有着积极的不可忽视的作用。我们对活动进行了总结并绘制了网络图见图7。

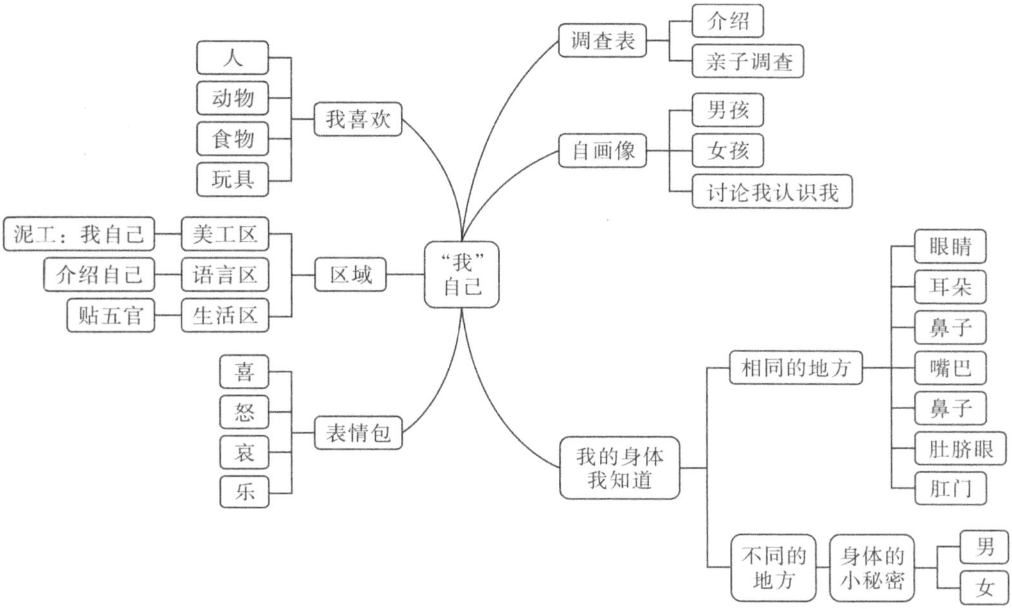

图 7　“‘我’自己”活动最终网络图

附：活动精选

活动一：我喜欢（重点领域：语言）

活动目标

1. 观察、阅读画面，理解小袋袋喜欢的事情，感受小袋袋的天真活泼。
2. 尝试运用“我喜欢……”的句式进行讲述。
3. 乐意用动作、语言参与阅读活动。

活动准备

1. PPT 课件“我喜欢”。
2. 电脑。

活动过程

1. 出示树袋熊图片导入，激发幼儿兴趣。

（1）教师：老师请来了一个新朋友，看看它是谁？（幼儿看图片自由讨论）

教师:这是树袋熊,它有一个好听的名字叫小袋袋,我们和它打个招呼吧。

(2)教师:小袋袋很可爱,你们猜猜它喜欢做什么游戏呢?(幼儿猜想)

2.初次阅读PPT课件"我喜欢",理解并表达画面内容。(重点理解和讲述小袋袋去跑步、玩泥巴、躺在妈妈怀里等画面)

(1)跑步。

教师:谁在跑步?(小袋袋)

教师:还有谁在跑步?(乌龟、青蛙、小虫)

教师:谁跑在最前面?

小结:小袋袋喜欢和好朋友们一起跑步,和它一起跑步的小动物有小虫、乌龟,还有青蛙。(左右方位讲述)

(2)鬼脸。

教师:你们为什么笑啊?笑什么呀?

教师:小袋袋在吐舌头、顶鼻子、拉耳朵,我们来学一学,给旁边的小朋友看好不好看,好吗?

小结:小袋袋喜欢做鬼脸,吐吐舌头、拉拉耳朵、顶顶鼻子,真好玩。

(3)泥巴。

教师:小袋袋在玩什么?(泥巴)小袋袋身上哪里有泥巴呀?(教师上下方位动作提示头上、手上、肚子上、腿上)

小结:小袋袋喜欢玩泥巴,头上、手上、肚子上都是泥,玩得真开心。

(4)大树。

教师:小动物们在干什么?小兔在跳,那是谁一动不动的呀?它举着树叶像一棵什么呀?

小结:小袋袋喜欢变成一棵大树,一动不动地站着。

(5)捉迷藏。

教师:小袋袋在干什么?(动作引导,头、手缩成一团)谁躲起来了?谁在找它?

小结:小袋袋喜欢捉迷藏,把自己缩成一团,让大家找不到它。

(6)回家。

教师:玩了一天,小动物们都回家了,谁在门口等它?

(7)睡觉。

教师:天黑了,月亮出来了,小袋袋要睡觉了。谁抱着小袋袋?小袋袋躺在妈妈的怀里感觉怎么样呀?(舒服、温暖)

幼儿感受"小袋袋最喜欢躺在妈妈的怀里睡觉,又温暖又舒服"。

3.完整观看PPT课件,在前期理解的基础上再次感知绘本内容及画面。

在音乐中静读"我喜欢",每幅画面给孩子一点理解的时间。

4. 师生共同阅读并讲述。

(1)教师：小袋袋喜欢玩这么多好玩的游戏，我们一起来看一看、说一说吧。

(2)运用“我喜欢……”的句式，结合生活经验进行讲述。

教师：小袋袋喜欢玩，也喜欢做好多好多的事情，小朋友们喜欢做什么呢？

(**注**：《指南》语言领域指出，经常和幼儿一起阅读，引导他以自己的经验为基础理解图书的内容。如：引导幼儿仔细观察画面，结合画面讨论故事内容，学习建立画面与故事内容的联系。活动进行了三次阅读。首先引导幼儿观察理解绘本，然后在初步理解绘本的基础上进行独立完整的感知，引导幼儿用接讲和独立讲述的方式讲述内容，最后迁移学习经验，运用“我喜欢……”的句式结合生活经验讲述。)

5. 活动结束

从幼儿喜欢的游戏中选择他们最喜欢玩的游戏结束活动。

活动延伸

1. 生活活动：说说自己生活中喜欢的人、喜欢的动物、喜欢的花草、喜欢的游戏、喜欢的食物等。

2. 区域活动：美工区制作泥工“我喜欢的美食”。

3. 建构区：设计我喜欢的游戏城堡。

活动二：好朋友(重点领域：社会)

活动目标

1. 通过游戏活动，引导幼儿寻找事物之间的关系。

2. 知道一些交到好朋友的办法。

3. 乐意帮助好朋友，和好朋友一起分享快乐的情绪。

活动准备

小图片、课件、实物(锁、钥匙)

活动过程

1. 演示课件导入课题。

引导幼儿观察 PPT 课件说出物品名称。

教师：今天老师请来了好多小客人，小朋友看一下，都有些谁呀？（小鸟、桌子、钥匙、雨伞、椅子、雨鞋、茶壶、大树、鸟笼、杯子）

2. 引导幼儿找出朋友。

(1)出示实物锁，引导幼儿寻找锁和钥匙之间的关系。

教师：锁和钥匙为什么是一对好朋友呢？

(2)小结：钥匙能把锁打开，所以锁和钥匙是一对好朋友。

(3)幼儿操作：帮图中小客人找朋友。引导幼儿找图片中的好朋友，师生一起检验。

教师：为什么水壶和杯子是一对好朋友？（引导幼儿说说关系）

教师：为什么桌子和椅子是一对好朋友？为什么雨伞和雨鞋是一对好朋友？

讨论：你们觉得小鸟和谁做好朋友最开心？为什么？除了大树，还会和谁做朋友？

教师小结：还和蓝天白云，还有我们小朋友也是好朋友。

3. 迁移活动。

(1)教师：在我们生活中有没有这样一对一对的好朋友呢？

(2)教师：那请你来说一说你们是怎么成为好朋友的？

(3)教师小结：在你遇到困难的时候好朋友帮助你，在你伤心难过时好朋友安慰你，在你身体不佳时好朋友照顾你……有好朋友真好，好朋友在一起真快乐。

（**注**：《指南》社会领域指出人际交往和社会适应是幼儿社会学习的主要内容。在我们日常教学中，我们发现幼儿对任何人、事物和事物之间的关系也很有兴趣，设计本次活动满足幼儿需求。小班幼儿还是直觉行动思维占优势，课件与动手操作相结合的方式让幼儿在亲身操作的过程中掌握本次活动的内容，积极地寻找生活中的朋友，激发了幼儿和好朋友的快乐情绪。）

4. 在“找朋友”游戏中结束活动。

教师：让我们一边唱《好朋友》，一边去把自己的朋友请到圆圈中间来玩一玩吧。

活动延伸

1. 生活活动：说说自己生活中喜欢的人、喜欢的动物、喜欢的花草、喜欢的游戏、喜欢的食物等。

2. 区角活动：和好朋友一起玩娃娃家游戏，一起整理、购物；表演区给好朋友送歌曲；美工区画一幅画送好朋友感谢他们对自己的帮助；饲养角照顾我们的小动物朋友等。

活动三:亮亮的眼睛(重点领域:健康)

活动目标

1.引导幼儿了解眼睛的外观结构、功能。

2.培养良好的卫生习惯,知道保护眼睛的方法。

3.使幼儿萌发保护眼睛的意识。

活动准备

1.万花筒、望远镜。

2.图书、图片若干张。

活动过程

1.教师猜谜语引起幼儿的学习兴趣。

(1)教师:上边毛、下边毛,中间有颗黑葡萄。(通过猜谜吸引孩子注意力,引出课题内容)

(2)请幼儿相互观察彼此的眼睛,引导幼儿认识一下眼睛的外观结构。

①眼睑:它分上眼睑和下眼睑,找一找我们的眼睑在哪里?摸一摸我们的眼睑还会眨呢,我们平时说的眼皮就是眼睑。

②眼睫毛:眼睑上长着一些小细毛,有的黑黑的、长长的,有的短一些,你可以摸一摸自己的眼睫毛在哪里。

③眼球:眼睛里还有什么呢?在里面还有一个眼球,请小朋友告诉老师眼球是什么形状的,并请小朋友转一转自己的眼球,让幼儿知道我们只有两只眼睛,一只左眼一只右眼,眼球会转。(这个环节中在老师的指导下幼儿通过自己的观察,了解了眼睛的外观结构。孩子们很直观地观察同伴的眼睛,参与积极性很高,由观察开始,引导幼儿关注自身,内容贴近生活,让幼儿在观察交流的过程中发现了解眼睛的简单结构,教师的指导也及时有效)

2.让幼儿了解眼睛的功能。

(1)教师手拿图书:请小朋友闭好眼睛猜猜老师手里拿的是什么?看见了吗?为什么?

(2)教师:现在赶快睁开眼睛来看看老师手拿的是什么?看见了吗?为什么?

(3)教师:请你们选一种老师准备好的物品看一看、玩一玩。(万花筒、望远镜、

图书等)

小结：我们的眼睛闭上后看不见任何东西，眼睛睁开，眼球转一转，看清楚所有东西，我们的生活、学习、劳动处处离不开眼睛。

(**注**：《指南》健康领域指出要提醒幼儿保护五官。因为3～4岁的孩子对自己的身体、五官也很感兴趣，也有所熟悉，但由于他们年龄小缺乏生活经验，五官容易受到伤害。本环节通过游戏了解到眼睛的重要作用，这个小游戏很简单，直观激发幼儿的兴趣，同时也能让幼儿自己发现眼睛的主要作用。幼儿通过看万花筒、望远镜等更加意识到眼睛的重要作用。)

3.教育幼儿保护好眼睛。

(1)教师：为什么有的人戴眼镜或生眼病呢？我们应该怎样保护它们呢？

(2)出示图片指导幼儿观察图片，联系自己说一说平时是怎样做的。

图片：写字画画坐姿要正确；看书看电视时间不要太长，看完后闭上休息一会；不用脏手揉眼；看电视离得不要太近；不要在阳光下看书。

教师小结：小朋友们可要爱护好自己的眼睛，保护好视力，注意用眼的正确方法。(运用图片让幼儿知道自己该怎样做才能保护好眼睛，而且内容源自幼儿的生活，幼儿理解掌握起来也容易)

(3)儿歌《保护眼睛》。

请幼儿闭上眼睛休息一会，欣赏儿歌内容：小眼睛，亮晶晶，样样东西看得清，好孩子讲卫生，不用脏手揉眼睛。

活动延伸

1.家园活动：幼儿和家长一起了解一些有关盲人的知识，激发幼儿关爱他人的情感。

2.区域活动：在语言区创编儿歌《绿色的世界》；美工区制作泥工眼镜；建构区用聪明棒制作小人。

活动四：身体上的洞洞(重点领域：科学)

活动目标

1.知道身体里的洞洞及这些洞洞的用处。

2.能够积极探索，发挥想象力，勇于表达自己的想法。

3.喜欢阅读绘本，体验与同伴游戏的快乐。

活动准备

1. PPT 课件《身体上的洞洞》。

2. 人体模型。

活动过程

1. 展示 PPT 课件看图猜测，激起幼儿兴趣。

(1)教师：咦！这两个小朋友在看什么呢？

(2)教师：这是什么？你们猜猜看，它会是什么的洞？

教师：那么，这又是什么呢？它会是什么呢？

教师：这里有两个洞，它会是什么呢？两个洞是做什么用的呢？(幼儿猜测)

2. 探索身体里洞的秘密。

(1)教师：哇！这里的两个洞又是做什么的？幼儿猜测。

(2)鼻孔有什么用处呢？(鼻子可以闻气味，还可以用来呼气吸气)

(3)幼儿操作人体模型。

教师：我们的身体里还有哪些洞洞呢？请你们找找看。

(4)看幻灯片讲解这些洞洞都有什么作用？

教师：你们知道小宝宝是从哪里生出来的吗？

教师：听说身体上还有被堵住的洞，猜猜是什么洞？你的肚脐眼是怎样的？

(**注**：《指南》科学领域指出幼儿科学学习的核心是激发探究兴趣，体验探究过程，发展初步的探究能力。要根据幼儿年龄特点和接受能力，抓住幼儿兴趣点开展活动。活动设计了三个环节——洞洞大猜想、寻找洞洞、洞洞分类环节，让幼儿初步明白身体里一些洞洞的功能及自我保护的重要性，掌握一些自我保护的方法。)

3. 结束。

教师：我们身上的洞真多啊，有……如果我身体上没有洞，会怎样呢？

教师小结：原来我们身体上的这些洞是那么重要啊！让我们一起保护我们身体上的每一个洞，同时也保护我们同伴身上的每一个洞，不要让它们受到伤害。

活动延伸

1. 家园活动：幼儿和家长说一说身体的洞，找找家中的一些危险的洞洞。

2. 区角活动：语言区欣赏图书《不抠小洞洞》《请你不要碰我》；美工区做纸杯小人；娃娃家一起帮助娃娃洗澡穿衣服。

活动五：自画像(重点领域：艺术)

活动目标

1. 了解五官和脸型的不同。
2. 能够利用线条和图形大胆作画，画出自己的主要特点。
3. 体验绘画带来的快乐。

活动准备

1. 镜子、个人照片。
2. 勾线笔、PPT 课件、油画棒、画纸。

活动过程

1. 游戏导入：猜一猜，想一想。

找出画像中的那个小朋友。

教师：老师这里有一张小朋友的画像，我们一起来看一看，猜一猜这是谁呢？你是从什么地方看出来的？

2. 照镜子说一说，观察自己的样子。

教师：今天老师还帮小朋友准备了镜子，我们一起看一看，镜子里的自己是什么样子的？谁来说一说自己是长什么样子的？

小结：我们知道每个人长得都是不一样的，有的人脸圆，有的人脸尖，还有的人脸是长的；有的人眼睛大，有的人眼睛小；有的人头发长，有的人头发短……

3. 画一画。

(1)幼儿作画。

教师：你们想怎样画自己？可以是什么样的表情？(请幼儿说出自己的想法)

(2)幼儿边照镜子，边画出自己的轮廓和五官。

教师：注意画的时候，要画出自己和别人不一样的地方。脸要画大，五官特征表达明显。在自己勾勒出的轮廓上，添加头发、衣物等装饰品。

(3)教师巡回指导。

进行个别针对性辅导，帮助有困难幼儿。以头部为主，主要表现面部特征。

4. 欣赏与评价。

(1)教师:这是谁? 为什么你们说是他? 说说是怎样猜到的。(分析个别孩子画的人物的头发、眼睛、脸型)

(2)总结:你们画得真棒,每个人抓住了自己的面部特征。现在我们一起进行一个猜猜他是谁的游戏,让孩子们根据绘画的特征与幼儿的特征来进行猜测。

活动延伸

1. 游戏活动:美工区帮助小伙伴画像、做相框。

2. 环境创设:布置“自画像”展示栏让大家欣赏。

3. 家园共育:请家长收集有关幼儿成长的照片等资料,带到教室大家分享。

我的感悟

班本课程“‘我’自己”是反映小班幼儿认识自我的活动内容。由于认识探索的对象来自认识主体的自身,孩子在成长的过程中,都会对自己的身体感到好奇。这对小班幼儿来讲无疑是件神秘又充满乐趣的事。首先,我们结合《指南》和《纲要》,从健康、语言、社会、科学、艺术等五大领域展开活动。其次,我们通过幼儿最感兴趣的游戏认知进入到活动中,让幼儿以绘画形式展现自己的外形。紧接着家园互动环节,让幼儿在家和在园言行一致地进行自我服务及帮助他人的小事分享记录!最后,我们结合当下疫情健康防护,进行七步洗手法健康保护教育! 在活动中,我们班的幼儿的安全意识增强了,生活自理能力也得到了很大的提高和发展。

班本课程“‘我’自己”是反映小班幼儿认识自我的活动内容。《纲要》中指出:3～4岁幼儿对感兴趣的事物能仔细观察,发现其明显特征,能用多种感官去探究。小班幼儿处于懵懂时期,知识经验不够丰富,但对周围世界充满浓厚的兴趣,探索世界不妨从幼儿自身开始。身体是每个孩子都有的,孩子却很少有机会去仔细观察它,老师创设这样的机会让孩子们感受,帮助孩子们在游戏中萌发对身体的初步探索兴趣。

孩子出生时就像是一张白纸,没有性别差异的概念,但是随着孩子慢慢长大,渐渐会对异性产生好奇,还会不断地向大人提问,这客观地说明孩子开始有了自我意识,开始积极探索自己的各类器官。为了孩子身心发展,我们开始对“我的身体”进行探索,通过直接感知、亲身体验、实际操作进行学习,让孩子们在宽松的氛围中充分地感知、体验、表达,在发展想象和语言表达能力的同时,获得对自身的性别差异的认识和保护身体的粗浅知识。

心理学也表明:幼儿对喜欢的定义不同于大人。喜欢的人——幼儿会把跟自己坐得最近的小朋友叫作好朋友。喜欢的食物——大部分孩子喜欢碳酸饮料、肉类食物、水果。喜欢的玩具和动物——女孩子通常对芭比娃娃、小兔、小猫、小乌龟等喜欢得多一点,男孩对小汽车、挖掘机、大卡车、奥特曼、恐龙等喜欢得多一点。

《纲要》中指出:3～4 岁幼儿能够认识到自己是一个独立的个体,具有自尊、自主、自信的表现。幼儿的喜怒哀乐每一种情绪都有其意义:快乐让我们感到满足,对生活充满期待;忧伤帮我们反思不足,宣泄委屈;愤怒让我们释放内心不满;害怕是在提醒我们避开危险的处境。"我的小情绪"活动中,孩子们知道掌管表情的五官藏着好多小秘密,笑时眼睛眯成线,皱眉时鼻子上会有皱纹,小小的五官开始展示生动的表情变化,仿佛一场栩栩如生的表情电影。孩子们通过对"自我"探索的深入,对"模仿表情卡"进行游戏。看着孩子们惟妙惟肖地模仿,"神还原"的可爱模样,一下子活跃了班级氛围。

《指南》中提出,幼儿的社会性主要是在日常生活和游戏中通过观察和模仿潜移默化地发展起来的。而我们老师要做的就是给孩子创造交往的机会,让幼儿体会交往的乐趣。陶行知先生的"生活即教育"理论也表明:生活即教育,社会即学校。孩子的交往能力也会在生活环节中慢慢提升,幼儿在融入幼儿园这个小社会的时候能慢慢提升他们的社会交往能力。

通过班本活动"'我'自己"通过集体活动、区域活动、游戏活动、家园活动等一系列活动的开展,幼儿进一步认识了自我,不仅初步了解身体的构造,而且丰富多彩的探索活动让幼儿获得深刻的直接经验,激发了孩子们的自我服务意识,懂得了自己的事情自己做,提高了孩子们的生活自理能力,促进了孩子的独立性,更增强了孩子们的自信心。

人与自然

大班课程故事:我与水稻共成长

活动缘起

在一次午餐时间里,小艾第一个吃完米饭想要添饭。

小艾:“老师,米饭真好吃,我最喜欢吃了。”

家家:“米饭有营养,我们每天都要吃米饭才能长大。”

黄老师:“那你知道米饭是从哪里来的呢?”

小艾:“米饭是小麦做出来的,长在地里。”

翔翔:“不是,是水稻长出来的,我爷爷在田里种了很多呢!”

琪琪:“我老家也种了水稻,我见过,叶子是绿绿的。”

豪豪:“水稻的叶子和韭菜差不多。”

孩子们开始讨论起有关水稻的话题。

共建活动计划

1. 发放调查表。(2019 年 5 月)
2. 谈话讨论,生成预设网络图。(2019 年 5 月)
3. 结合网络图开展相关种植活动。(2019 年 5 月至 2019 年 11 月)
4. 充分发挥家园配合效力,促进幼儿成长。(2019 年 5 月至 2019 年 11 月)
5. 总结并整理相关资料。(2019 年 12 月)

我的思考

我发现孩子们对水稻的样子争论不休。如果在幼儿园种植水稻,就可以满足幼儿的好奇心,了解水稻的生长过程。虞永平教授提出:“幼儿园课程要真正从幼儿发展需求出发,依据《指南》精神,从大自然和社会中获得丰富多彩的课程资源。”于是通过幼儿园课程审议,孩子们的“我也要种水稻”的想法得到了认可和支持。于是我们班围绕水稻的种植开展了一系列的自然课程活动。

水稻的生长从插秧到收获需经历几个月的时间,课程以水稻的生长过程为主线,幼儿在参与种植、管理、照顾水稻的过程中生发学习情景,在水稻生长不同阶段，利用调查问卷、亲自体验、参与劳作、观察记录、测量比较等多种方式，鼓励、引导幼儿主动观察、探索水稻的生长特性。了解植物与人类的关系，学会用多种方式探究自然，从而获得丰富的感性经验，萌发幼儿对大自然的热爱。根据《指南》：要珍视游戏和生活的独特价值，创设丰富的教育环境，最大限度地支持和满足幼儿通过直接感知、实际操作和亲身体验获取经验的需要，将自然生态教育融合于幼儿园的自然教育和其他的教育活动之中。结合大班幼儿的年龄特点以及幼儿的兴趣，预先对水稻微课程活动进行了设定。具体见表 8、图 8。

表 8 “我与水稻共成长”活动预设幼儿获得的关键经验

领域	关键经验
科学	观察、解剖、区分水稻的根、茎、叶、果实，了解水稻的基本构造。
语言	能用完整流畅的语言表达对劳动人民感恩之情。
健康	从水稻的功用中感知农作物的概念，知道每种农作物都有各自的营养价值，学会不挑食。
社会	理解农民劳动的辛苦，养成尊重成人劳动、爱惜粮食的良好品质。
艺术	1. 初步尝试稻草作画，体验特殊的绘画方式带来的乐趣。知道稻草在生活中的广泛用处。 2. 学习用身体动作和乐器表现音乐断顿和连续的节奏，在合作演奏过程中，感受同伴间用乐器交流的快乐。

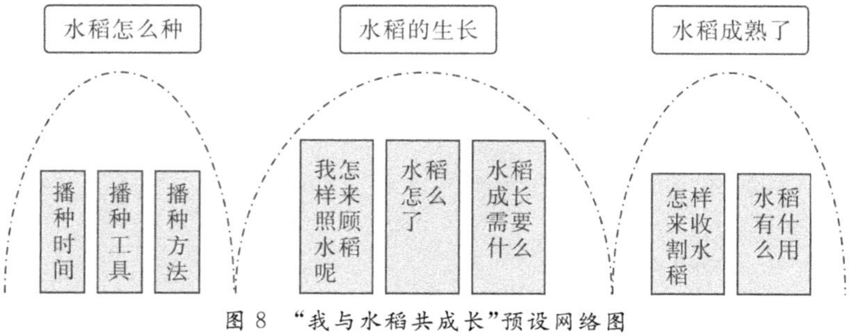

图 8 “我与水稻共成长”预设网络图

第一阶段：水稻怎么种？

涛涛：“水稻的种子是什么样子的？”

小宇：“水稻怎样种呀？”

炜炜：“水稻是长在什么地方的呢？”

孩子们的问题一个接一个……怎样种植水稻呢？水稻的种子是什么样子的？喜欢生长在什么地方？播种前稻种需要做什么样的处理？关于水稻的知识，孩子们知道得很少，于是大家带着这些问题向爷爷奶奶请教；和爸爸妈妈一起查阅有关于水稻的资料。

大家对水稻种子有粗浅的认识。

溪溪:“水稻的种子是一粒一粒的稻谷。”

铭铭:“水稻的种子是金黄色的,小小的、尖尖的。”

悠悠:“水稻喜欢喝水,所以它们喜欢长在水里。”

翔翔:“水稻喜欢炎热的夏天,它们喜欢强烈的阳光。”

佳佳:“水稻种子播种前要浸泡消毒,杀灭谷子里的细菌。”

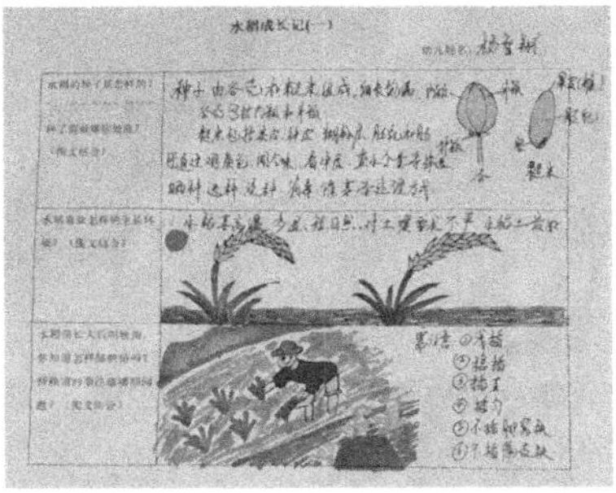
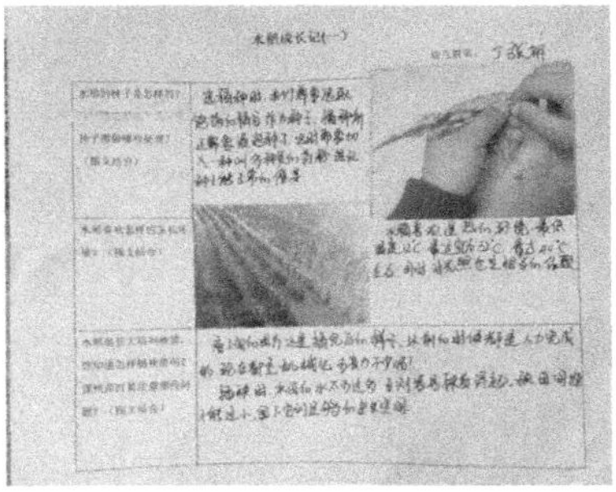
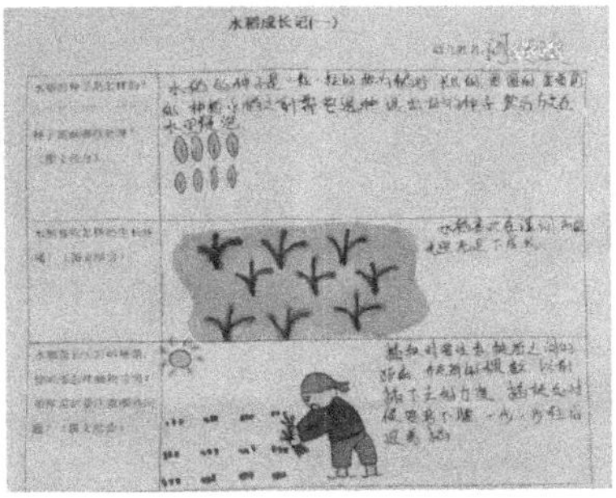
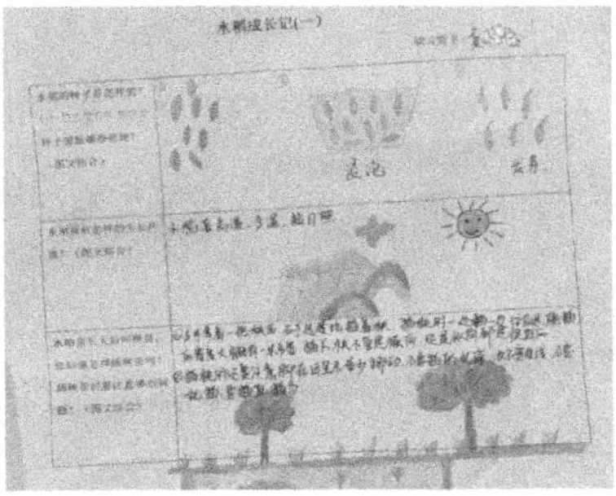

价值分析:

幼儿园生态美的环境,能让幼儿自由探索、自主设计、心情放松,幼儿是祖国未来的花朵,幼儿是幼儿园生态环境美化的使者,让优美的自然环境真正发挥生态美的教育内涵。充分利用和挖掘幼儿园内自然资源,生发课程,引导幼儿感受自然、了解自然、探索自然,使幼儿在大自然广阔的怀抱中愉快地成长!

第二阶段:一起种水稻吧!

◉ 1. 小满整田　做足准备

整田:水稻田也是有讲究的,田埂整不好,水稻田不能蓄水,于是大家请来了安安的奶奶,奶奶用锄头和钉耙筑田埂,将水稻田整平整,孩子们穿上雨鞋踩田埂,原来水稻田四周的高高田埂是用来蓄水的。

涛涛："水稻喜欢湿湿的泥土，我们先给水稻田灌水。"

小哲："奶奶说要用力踩田埂，把水稻田的四周堵得严严实实的，不让水溜走。"

昊昊："泥土好硬呀！我们得用力踩才行呀！"

涵涵："好累呀！农民伯伯真辛苦！他们要踩好多好多田埂。"

软软的松松的泥土才能插秧，水稻田里灌满水后，孩子们穿上连体裤一起在地里玩踩泥的游戏。

安安："大大的农田里有拖拉机耕田，我们的稻田有点小，让我们用自己的双脚踩泥巴。"

翔翔："我发现了，水多的地方，踩起来很轻松，水少的地方，要用力地踩。"

价值分析：

孩子们第一次参与这样的劳作活动，开心地踩泥，原本干硬的泥土在大家的辛苦劳作下变成了一片水汪汪的水稻田，稻田里充满了孩子的欢声笑语。在自然生态的活动中，孩子们获得丰富的感知体验，形成对自然的感性认识，并发现自然的美与神奇，结合良好的自然生态教育，让幼儿有机会与大自然充分地接触，融为一体。

◎ **2. 芒种插秧　播种希望**

幼儿园联系了离幼儿园不远的农民伯伯，他给孩子们带来了已经培育好的小秧苗。

孩子们看到小秧苗就议论开了：

涛涛："小秧苗好小呀！"

铭铭："小秧苗的根细细的，是用来喝水的吧！"

悠悠："怎样插秧呢？我好想试试！"

小宇："我奶奶告诉我，插秧就是把小秧苗的根插到泥土里，还要给小秧苗排好队。"

价值分析：

孩子们细嫩的双手不只插下秧苗，也将希望播在自己的心头，也许这就是大自然的力量。让孩子在生活中学习，将教育生活化，将生活教育化，使大自然成为孩子的乐园。在"保护天性、尊重个性，让生命自然绽放"的理念指引下，通过课程的推进，通过知识学习、实践活动等形式了解人与自然的关系，形成重视生态环境的氛围，每个幼儿在耳濡目染中树立生态意识。

◎ **3. 夏至观稻　开启探索**

自从小秧苗栽下后，孩子们每天惦记着小秧苗，盼望着小秧苗快快长大，照顾小秧苗成了孩子们日常的活动。小秧苗刚刚栽下，稻田里不能断水，每天早晚，孩子们都会来查看水稻田是否有水，给稻田灌水。

琪琪："小秧苗口渴了，需要喝水了，快给它们灌水啦！"

小艾:“泥土都干干的了,喝得真多呀!”

翔翔:“不好了,管子里的水对着一颗小秧苗冲,小秧苗快给冲倒啦!”

彬彬:“对了,水管子要离小秧苗远一些,要不然小秧苗会受伤的!”

一周过后,孩子们照常来种植园地观察照顾小秧苗。

悠悠:“才过了几天,小秧苗的叶子怎么发黄了?”

乐乐:“是的,叶子没有以前绿了。”

佳玉:“是不是秧苗喝的水太多了?”

伟伟:“也可能是水不够喝才变黄的。”

——怎么办呀?孩子们着急地讨论起来。

价值分析:

孩子们通过讨论、在电脑上查阅资料后发现,原来小秧苗的成长需要养料,于是,我们买来了肥料,给秧苗施肥,给予小秧苗需要的营养。在照料水稻的过程中,不仅让幼儿学会了如何照顾水稻,体验了自己动手的乐趣,也让幼儿感受到了生命的成长是神奇的,并培养了他们的劳动意识和合作意识,孩子们对大自然的好奇心和求知欲也越来越强烈,观察能力也逐步形成,在潜移默化中将幼儿尊重关爱自然和生命化为具体行动,树立其从小爱护自然资源的生态道德观念。

第三阶段:霜降开镰　收割水稻

◉ 1. 收割工具

霜降时节,水稻田变得金灿灿的一片,水稻成熟啦!孩子们要收获自己亲手种植的水稻。可怎么收割水稻呢?收割水稻要用到哪些工具呢?孩子们议论起来:

子怡:“可以用剪刀剪下来。”

小艾:“用镰刀割下来。”

豪豪:“请收割机来帮忙收割。”

多多:“用铲子铲下来。”

一番讨论后，最后大家决定先来做个调查。经调查发现，收割水稻的工具有很多，农民伯伯用收割机割水稻，我们的水稻田小，只能用小型的工具收割水稻，可以用镰刀、剪刀、铲子等工具来收割。在调查中孩子们还知道了水稻脱粒的多种方法，大家都跃跃欲试。

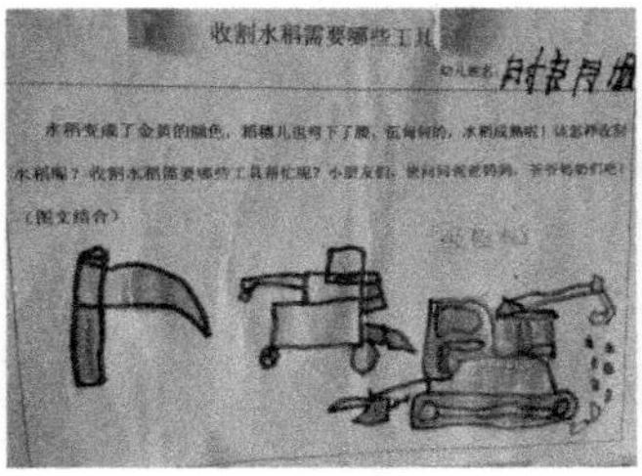

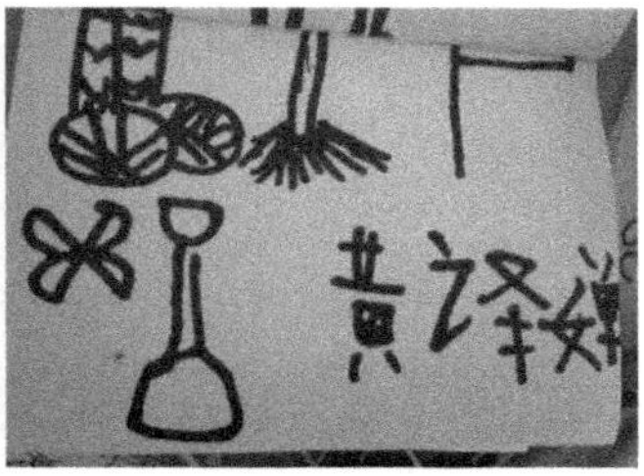

◉ 2. 收割水稻

10 月 24 日，孩子们在了解了水稻收割的工具及水稻收割的方法后，就开始人生第一次割水稻，心情特别激动。孩子们有的用镰刀割水稻，有的用剪刀剪水稻，有的运稻谷，有的抓起一把水稻脱粒稻谷，有的用锅铲刮谷子，他们用不同的方式参与水稻的收割。

涛涛："我会用镰刀割水稻，镰刀割起来快多了。"

翔翔："我用剪刀也很方便，一棵一棵挨着剪。"

安安："我发现水稻的秆子上还有好多七星瓢虫。"

溪溪："铲子很好用，用力一刮，谷子就下来了。"

彬彬："老师，我刚刚用力甩稻谷，谷子都跑出来了。"

价值分析：

《指南》中提出：支持幼儿在接触自然、生活事物和现象中积累有益的直接经验和感性认识。收割前，大家做了很多的准备工作，同时，充分利用班内家长资源，一起探讨如何收割水稻、收割工具的收集、收割场地的探寻及收割时孩子们的安全防护。老师们巧妙地将幼儿园课程活动自然化、生态化，把孩子们带进田野，提供工具，孩子们开启了水稻收割的体验活动。孩子们对水稻的收割有了新的认识，他们从探索到实践，真切体验了一把农忙丰收活动，这就是幼儿园自然生态体验教育，从生态出发，指向生命，落于生活。

◎ 3. 立冬碾米　神奇体验

收割下来的稻谷怎么变成大家每天吃的大米呢？收割过后，孩子们对稻谷变大米的问题开始感到疑惑。孩子们有自己的好方法：

昊昊："放到电饭锅里煮一煮，外面的壳就会掉下来。"

涵涵："用剪刀帮忙，把稻谷外面的皮开一个口子，然后剥下来。"

琦琦："用吸尘器，把稻谷外面的壳吸掉。"

米琪："把谷子放到药罐子里，用力锤，壳就会分开了。"

铭铭："把谷子放路上，用汽车轮子碾。"

孩子们都想试试自己的方法，大家试着用剪刀剪、用脚踩、用锤子敲……最后发现，这些方法虽然可以把稻壳去掉，但是里面的大米有的碎了，有的只去掉一点儿，有的纹丝不动，还是金黄的稻谷。最后，大家都想知道农民伯伯用什么样的方法。

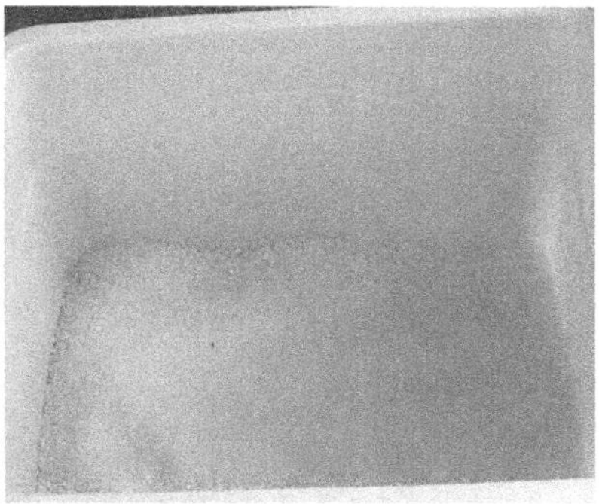

价值分析：

孩子们亲眼看见了神奇的碾米机碾米的过程，在轰隆隆的机器声中，他们发现原来现代的农业技术能够减轻劳力，轻轻松松就能将金黄的谷子脱壳，瞬间变成白花花的大米。孩子们一个个都惊奇地睁大了眼睛说："碾米机真是一台会变魔术的大家伙。"孩子们在健康的、自然的、生态的文化氛围，顺应自然天性，在轻松、自然的状态下身心健康地成长。自然而然地教育孩子不挑食、不偏食、不掉饭粒，珍惜成人劳动成果，从而树立孩子从小爱护自然资源的生态道德观念。

◉ **4. 甜蜜分享　学会感恩**

水稻的种植也临近收尾了，孩子们收获了 5000 克左右的大米，那么准备用这些大米做什么呢？

彤彤："和小朋友们一起分享。"

昊昊："送给解放军吃，他们保卫祖国很辛苦。"

豪豪："我要送给小狗和小猫吃，它们很可爱。"

涵涵："我要给警犬吃，狗狗们每天训练，很饿的。"

悠悠："送给幼儿园的保安叔叔吃，他们每天保护小朋友的安全。"

大米到底送给谁吃呢？我们来做个调查，听听大家的建议吧！最后，投票发现有 50％的孩子决定和大家一起分享。11 月 13 日，孩子们把碾好的大米送到了幼儿园的食堂，请食堂的叔叔阿姨把大米煮成香喷喷的白米饭，让小班、中班的弟弟妹妹们也来一起分享自己的劳动成果。

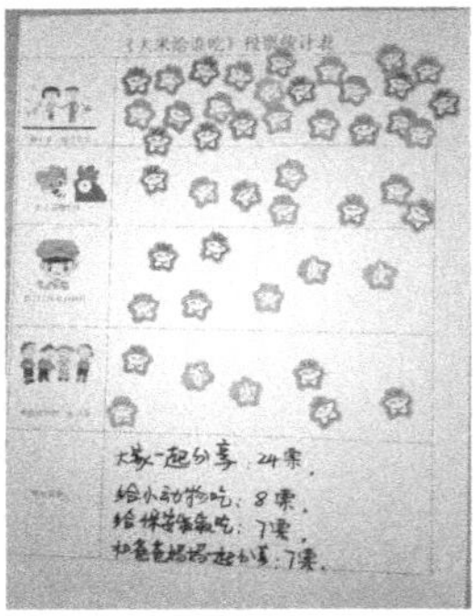

价值分析：

水稻的成长从插秧到收割共经历了 153 天，水稻成了幼儿生活中的一部分，孩子们跟随着传统节气，一同追寻一粒米的生命之旅。一起亲自体验了一把古诗中

"锄禾午，汗滴土，盘中餐，皆辛苦"的真正含义。活动中，幼儿关心周围环境，亲近大自然，珍惜自然资源，形成了初步的环境保护意识。教师根据幼儿的年龄特点与生长发育的规律开展最基本的活动，为幼儿在自然这个大环境中能自主、快乐、主动参与活动留下更多的时间与空间。

第四阶段：领域渗透，科学管理

社会领域：

《指南》指出要经常和幼儿一起参加一些群体性活动。社会学习往往融合在各种学习活动中，并渗透于幼儿一日生活的各个环节。

◉ 1. 拔草

小暑，植物生长旺盛，但是在田埂上一不留神就会长出好多的杂草。杂草会抢掉水稻的营养，幼儿和爸爸妈妈一起来园为水稻田清理杂草。有的拿起剪刀剪草根，仔细观察草叶和水稻叶的区别；有的幼儿拿起小锄头像模像样地除起草来，在大家的劳作下，田埂上的杂草被一一清理干净。

◉ 2. 除虫

小哲和妈妈一起给水稻灌水时，发现了水稻的叶子上有洞洞，有的叶子发白，问妈妈水稻是生病了吗。妈妈也没经验，于是便在班级群询问情况，家铭妈妈以前在老家种过水稻，有经验，在实地观察后发现水稻叶子上有钻心虫，最后买来农药来给水稻除虫。

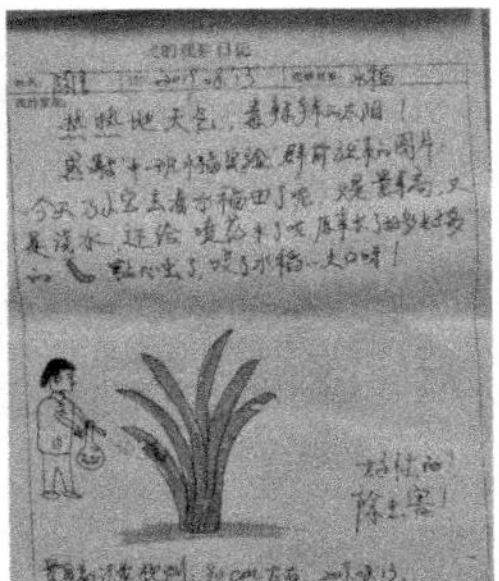

◉ **3. 台风来袭**

8月12日，暑假台风来袭，水稻会被台风吹倒吗？台风一过，翔翔便要和妈妈一起去幼儿园看望水稻，当看到水稻完好无损地长在那里后，才放心地离开。

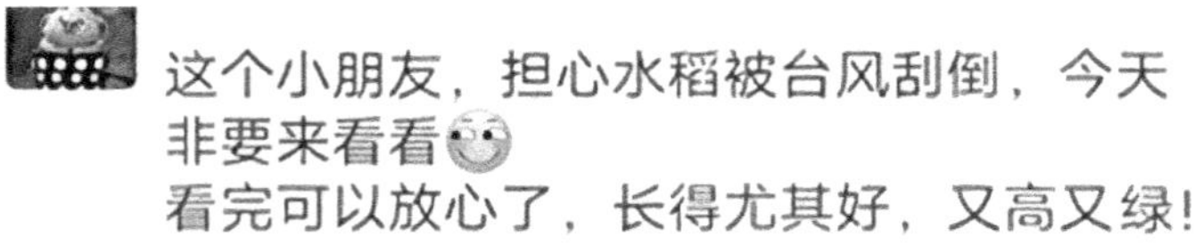

价值分析：

在课程实施过程中，不能忽视家长资源的力量，教师可以通过借助家长的力量推动课程内容更为丰富。正是有了家长的热心和细致的联系工作，孩子们才有了"走向田野"的机会。在照顾水稻的过程中，支持和引导幼儿充分地应用自己的感官去发现，观察和探究周围的自然事物，学会从点滴中挖掘教育契机，让幼儿在生活中学习，在学习中感悟。同时，也推动了孩子参与活动的积极性，增进了亲子感情。

科学领域：

《指南》指出幼儿科学学习的核心是激发探究兴趣，体验探究过程，发展初步的探究活动。应创设能激发幼儿探究学习的环境，支持幼儿自发的科学探究活动。

◉ **1. 测量**

我们为孩子们准备了观察工具箱和观察记录表，每次观察后孩子们都会用尺子测量自己观察的那棵水稻，并做好标记挂上，标记上标注日期和小秧苗的升高。

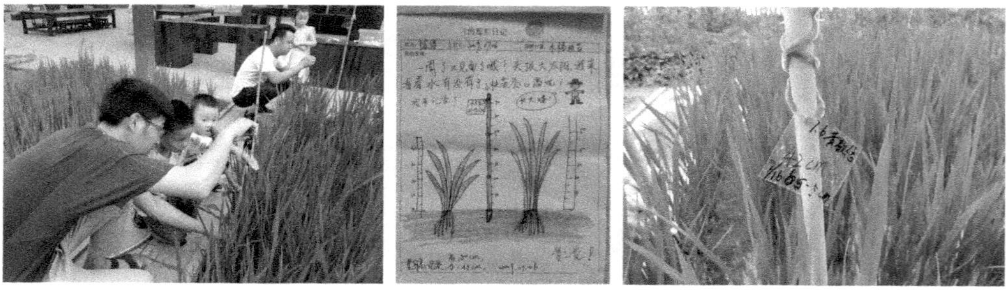

◉ 2. 水稻之王

9 月 20 日，孩子们在观察水稻时，又有了新的发现：

千羽：“老师，我有重大发现，我发现了一株水稻之王。你看，那棵水稻比别的水稻长得高得多。”

家稼：“哇！好高呀！我们一起量量到底有多高了？”

教师的支持与引导：大家一起收集了多种尺子，9 月 27 日，他们用软尺很顺利地测量出了那棵最高的水稻有 114 厘米。这棵水稻真的是最高的吗？有没有更高的呢？于是幼儿合作商量，将三块水稻田分别标记为 1 号、2 号、3 号水稻田，分组测量，每组从水稻田选出几棵最高的水稻为代表进行测量。最后在具体的数字比较中，幼儿找到了他们的“水稻之王”。在此基础上，继续通过问题拓展幼儿的认知，认识我们中国杂交水稻之父袁隆平爷爷，并真正感知了解“水稻王”，知道“水稻王”是结出稻粒最多而饱满的那株水稻。

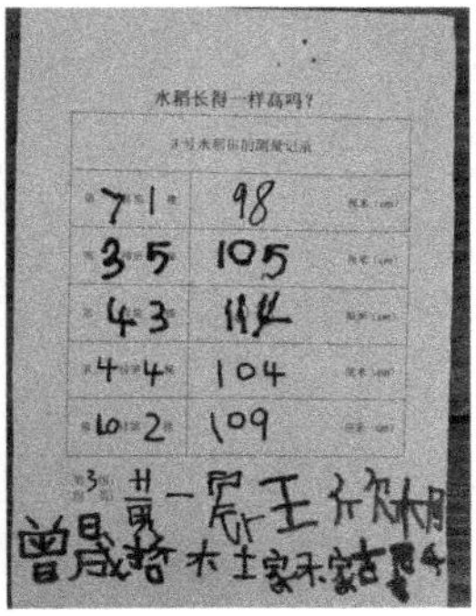

价值分析：

幼儿在爸爸妈妈的带领下认识了测量工具，学会了简单测量，幼儿在比较数字的过程中真实感受到了水稻是有生命的，一直在不停地生长。在生态课程中，幼儿通过参与种植和观察植物，发现问题、思考问题、讨论问题，并在找寻答案的过程中获得真正的理解，形成初步的探究兴趣和探究能力，幼儿亲近自然的兴趣和需要得到扩展，具备一定的创造性思维和创新意识。

艺术领域：

《指南》艺术领域指出：喜欢进行艺术活动并大胆表现。

◉ 1. 稻草人

孩子们仔细侦查水稻周围的地面，发现靠路边的稻穗上还剩下了几粒，还有的掉落在田边，在讨论中大家决定做个稻草人来保护水稻。

◉ 2. 百变的稻秆

大大的稻草伞下，孩子们尽情挥舞刷子。在这里，孩子、老师赋予了稻草崭新的生命历程……一垛垛草房子，一排排草帘子，刷上颜料的草帽，用草绳编成的海绵宝宝也成了一道靓丽的风景。

价值分析：

孩子们运用稻秆进行编织、搭建，可爱的“小黄人”，高高的“稻草房”，通过孩子们的手，变得更生动有趣了！根据园所的生态环境，室内室外打造生态气息，本土生态教育，教育幼儿学会与同伴分享，做到学会关心，和谐相处，做环境美化的小主人。同样，我们通过课程的示意图，对本次活动幼儿获得的经验做了总结，具体见图9、表9。

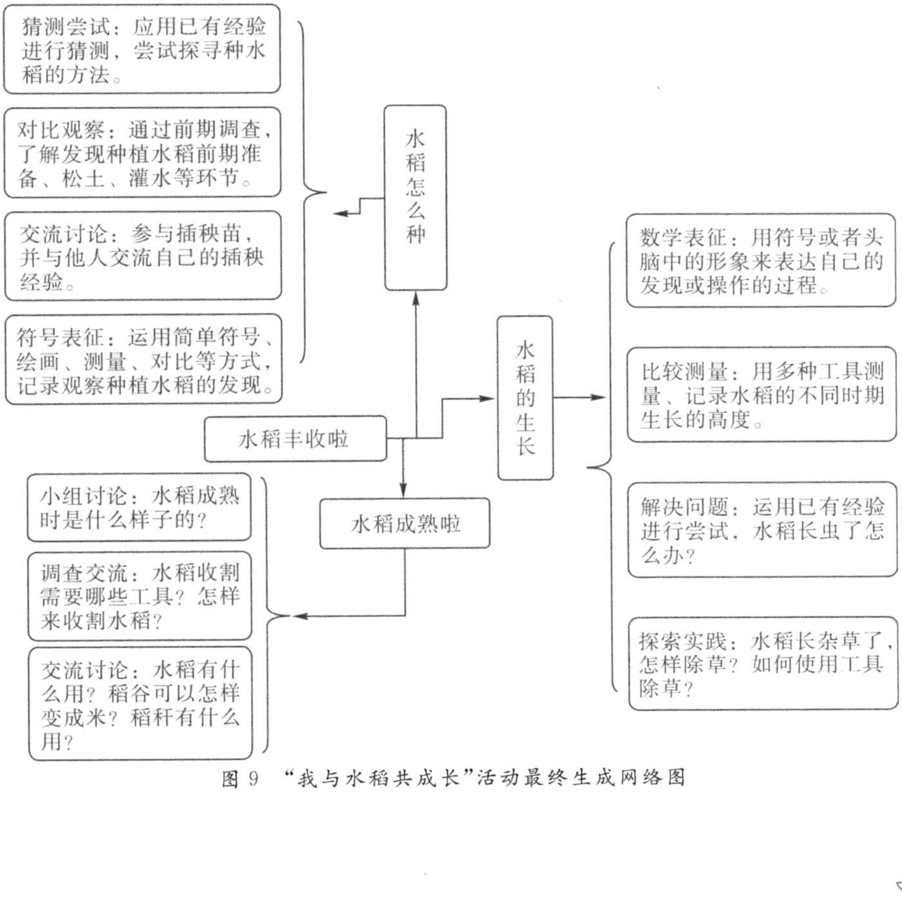

图9 “我与水稻共成长”活动最终生成网络图

表9 “我与水稻共成长”活动幼儿最终获得的关键经验

领域	关键经验
科学	了解水稻的生长过程,学会用多种方式探究自然,从而获得丰富的感性经验,萌发幼儿对大自然的热爱。
语言	1.用绘画和图文结合等方式记录水稻成长的过程。 2.能用完整流畅的语言表达对劳动人民的感恩之情。
健康	知道珍惜粮食,尊重别人的劳动成果,做不挑食的孩子。
社会	1.理解农民劳动的辛苦,养成爱惜粮食的良好品质。 2.能用语言、作品等表达对劳动的热爱。
艺术	1.能用身体动作和乐器表现音乐的节奏,在表演过程中,感受用音乐交流的快乐。 2.能仔细观察大胆创作,有良好的操作习惯,并乐意与同伴交流作画技能。

附:活动精选

活动一:稻田里的故事(重点领域:社会)

活动目标

1.感受故事中稻子们和妈妈一起抗涝的顽强意志和农民种植水稻的不容易,告诉幼儿面对困难和挫折的时候要有迎难而上,越挫越勇的决心和勇气。

2.通过稻子一家相互关爱的生动场面,激发幼儿关爱家人的情感。

3.理解农民劳动的辛苦,养成尊重成人劳动、爱惜粮食的良好品质。

活动准备

1.观察农村稻田丰收的景象,体验收获的喜悦。

2.主题绘画材料或自制图片用的相关材料一份(剪刀、油画棒、纸等)。

活动过程

1.谈话导入,说说农民收稻谷的情景。

(1)教师:这段时间农民伯伯正在干什么?稻谷丰收了农民伯伯心里怎么样?

(2)快要丰收了,可是却下起了雨。农民伯伯心里怎么想?农民伯伯收割稻子遇到了哪些困难？

(3)小结：是啊，不只是农民伯伯很担心，田里的稻子也在发愁。听听稻子们和妈妈是这样对待困难的。

2.故事呈现，理解稻子和妈妈抗涝的艰难困苦及一家人之间相互关爱之情。

(1)聆听故事第一部分，感受丰收的喜悦，表达丰收的心情。

教师：稻子从播种到收割需要多少时间？农民伯伯的水稻为什么长得这么好？

(2)教师：你觉得农民伯伯种水稻辛苦不辛苦？为什么说很辛苦？

(3)聆听故事第二部分，感受稻子一家相互关爱的生动画面。

①稻子妈妈是怎么鼓励孩子们的？你喜欢谁？

②小稻子们是怎么做的？如果是你，你会怎么做？

3.激发想象，续说故事，表达孩子意愿，萌发幼儿爱科学的愿望。

(1)你觉得稻子一家后来会怎么样？它们会不会被雨水淹死？

(2)给故事取个题目吧，提炼稻子一家的勇敢精神。

(3)如果雨一直落下去，农民伯伯该怎么做？

(**注**：《指南》语言领域指出，经常和幼儿一起阅读，引导他以自己的经验为基础理解图书的内容。如：引导幼儿仔细观察画面，结合画面讨论故事内容，学习建立画面与故事内容的联系。和幼儿一起讨论或回忆书中的故事情节，引导他有条理地说出故事的大致内容。在给幼儿读书或讲故事时，可先不告诉名字，让幼儿听完后自己命名，并说出这样命名的理由。鼓励幼儿自主阅读，并与他人讨论自己在阅读中的发现、体会和想法。)

4.情感升华，培育爱心

(1)教师：下雨天你的妈妈是怎么照顾你的？奶奶在接送你上幼儿园的途中遇到天下雨她会怎么照顾你？

(2)教师：当一家人遇到困难的时候，我们需要怎么做？

活动延伸

1.语言区：投放绘本，同时提供纸张、笔和订书机，鼓励幼儿以图文形式进行绘本编写。

2.家园共育：亲子共读增进幼儿和家人之间的感情，培养相互关爱的良好品格。

活动二:爆米花(重点领域:音乐)

活动目标

1. 学习用身体动作和乐器表现音乐断顿和连续的节奏的音响效果。
2. 通过倾听和比较,尝试为断顿和连续的节奏匹配合适的乐器节奏。
3. 在合作演奏过程中,感受同伴间用乐器交流的快乐。

活动准备

1. 经验准备:曾经使用沙球和圆舞板开展过打击乐活动。
2. 材料准备:圆舞板、沙球若干、CD、图谱。

活动过程

1. 教师和幼儿一起交流有关爆米花制作的过程。

教师:你们看过炸爆米花吗?谁来说说炸爆米花是什么样子的啊?

2. 引导幼儿倾听音乐,并暗示其中的节奏。

(1)教师:爆米花跳跃的时候是这样的(教师唱谱第一小节)还是这样的(教师唱谱第二小节)啊?那么在锅里翻滚的时候是什么音乐呢?

(2)教师示范用手指在膝盖上,跟着音乐表现爆米花跳跃、翻滚的动作,最后一拍做一个爆米花可爱的造型。

(3)幼儿尝试分辨出跳跃中有慢和快的不同,再次尝试用不同的身体部分做锅,表现爆米花跳跃、翻滚的动作。

(注:《指南》艺术领域指出,要理解和尊重幼儿在欣赏艺术作品时的手舞足蹈、即兴模仿等行为。)

3. 幼儿尝试认识图谱并使用乐器为音乐伴奏。

(1)幼儿倾听圆舞板、沙球的不同音响效果,选择为跳跃的动作和翻炒的动作匹配乐器。

(2)教师出示图谱,带领幼儿认识图谱中的乐器标记及节奏。

教师:那你们觉得圆舞板可以做爆米花跳还是翻呢?沙球可以做爆米花翻还是跳呢?

(3)幼儿尝试演奏。

教师:现在我们听着音乐一起来演奏吧。

(4)幼儿尝试两两合作演奏乐器。

教师:现在,我们再来玩一次吧,两个好朋友要记得交换乐器哦!

活动延伸

1.表演区:投放音乐,供幼儿玩一玩爆米花的游戏。

2.生活区:提供大米等材料,做一做爆米花。

活动三:认识水稻(重点领域:科学)

活动目标

1.观察、解剖、区分水稻的根、茎、叶、果实,进一步梳理植物特点。

2.从水稻的功用中感知农作物的概念,知道爱惜粮食。

3.激发幼儿探索的欲望及仔细观察的兴趣。

活动准备

1.已经去小区边上的稻田里观察过种在田地里的水稻。

2.人手一株水稻、水稻生长图、水稻课件、剪刀、筐。

活动过程

1.认识水稻的外形特征。

(1)教师:瞧,今天谁来和我们做朋友了呀? 待会儿请你们每个人去拿一株水稻,仔细看一看,摸一摸,闻一闻,你会发现水稻的什么秘密呢?

(2)幼儿自由观看,说说发现的秘密。

(**注**:《指南》科学领域指出幼儿要在探究中认识周围事物和现象。探究既是幼儿科学学习的目标,也是幼儿科学学习的途径。大自然和生活中真实的事物与现象是幼儿科学探究的生动内容,激发探究兴趣,体验探究过程,发展初步的探究能力是幼儿科学学习的核心。)

2.解剖水稻,梳理植物概念。

(1)水稻属于哪一类? 为什么?(果实在哪里→稻穗)

(2)今天,我们就来当回小小科学家,用剪刀把水稻的每个部分剪开来,看看水稻是不是可以分成植物的几个部分。

(3)提问:你把水稻分成了哪几个部分?你在给水稻分家的时候,有没有什么新发现?

3. 梳理农作物的概念。

(1)教师:金黄的稻谷里躲着谁呢?

(2)教师:让我们一起剥,看看到底是什么?果然是米,看看米是怎么样的?每人试一粒,放嘴里咬咬,别看小小一粒米,藏着许多营养,我们都离不开它,知道为什么吗?

(3)教育幼儿要爱惜粮食。

教师:农作物是谁种的?谁见过农民伯伯种水稻。欣赏古诗《悯农》,知道米粒来得不容易,要爱惜。

活动延伸

1. 语言区:通过看视频,了解水稻专家袁隆平爷爷并知道水稻的不同种类。
2. 种植园:在照顾水稻的过程中,近距离认识水稻,了解水稻的结构。

活动四:稻草变变变(重点领域:美术)

活动目标

1. 初步尝试稻草作画,体验特殊的绘画方式带来的乐趣。
2. 通过活动,知道稻草在生活中的广泛用处。
3. 感受创作的快乐,乐意参与活动。

活动准备

1. 范例画:稻草画。
2. 剪刀,胶棒、稻草若干,画纸,彩笔。

活动过程

1. 出示照片,引起幼儿的兴趣。

(1)教师:你们看这些农民伯伯在干什么?你们知道这是什么吗?

(2)这些稻子加工以后变成了什么？稻谷加工成大米，大米是我们生活中不可缺少的粮食。

(3)稻谷可以加工成大米，那么剩下的稻草有什么作用呢？幼儿相互之间自由交谈。

2.了解稻草的作用。

(1)下大雨时，在门口铺草垫防滑。

(2)养鸡场、养鸭场分别为小鸡小鸭搭草房子。

(3)冬天用稻草盖青菜萝卜，青菜萝卜就不会被冻坏。

(4)稻草可以做成工艺品(草绳、稻草人、稻草树、稻草鸟窝等)。

3.学习稻草画的制作方法。

(1)欣赏稻草画。

教师：稻草还可以用来画画，欣赏稻草画，激发幼儿制作稻草画的兴趣。

(2)制作稻草画。

①讨论交流：怎样制作稻草画？

教师引导幼儿观察并先画边框线。剪稻草，把稻草剪成一段一段的，按长短放好；在画纸上排列稻草，布局图案；用胶棒粘牢。

②教师边示范边讲解作画要求，幼儿观察。

4.幼儿制作稻草画。

(1)幼儿制作过程中，教师给予适当的帮助，引导幼儿用彩笔添加一些简单的事物等，使画面更丰富。

(2)作品展示。

(**注**：《指南》艺术指出，幼儿艺术领域的学习关键在于充分创造条件和机会，在大自然和社会文化生活中萌发幼儿对美的感受和体验，丰富其想象力和创造力，引导幼儿学会用心灵去感受和发现美，用自己的方式去表现和创造美。成人应对幼儿独特的艺术表现给予充分的理解和尊重，不能用自己的审美标准去评判幼儿，更不能为追求结果的“完美”而对幼儿进行千篇一律的训练，以免扼杀其想象与创造的萌芽。)

活动延伸

1.美工区：投放稻草及低结构材料，供幼儿创作。

2.家园共育：请家长带领孩子探索更多稻草的用途。

我的感悟

（一）智的萌发，感官开启

雷切尔·卡森在《惊奇之心》中说："我由衷地相信，对于孩子和想要引导孩子的父母来说，感知远比认知重要得多……如果客观事实是日后生产出知识和智慧的种子，那么情感和感受就是种子赖以生长的沃土。"

当幼儿身入水稻田，整田踩泥，弯腰插秧，除虫拔草，亲自收割、晒谷碾米，在这个繁杂的过程中幼儿生发了很多自发学习的样态：他们在给小秧苗灌水时，发现了水的流动；施肥后的小秧苗更加强壮有力；拔草时区分了草与稻叶的不同；除虫活动中知道了农药的用处；他们为秧苗测量身高，找到了水稻之王；为驱赶飞鸟一起制作稻草人守护水稻；收割水稻时不仅调查发现了多种收割工具，还学会使用不同的工具进行收割……幼儿亲身参与实践，他们获得了全新的体验和感受，同时，幼儿的认知能力、合作能力、语言表达能力、动作操作能力、观察能力等各方面的能力都得到了提升。真实的自然体验是所谓的知识无法取代的。所有的东西在没有看见之前，都是符号。在水稻课程中，孩子们学会使用自己的眼睛、耳朵、鼻子和指尖，激活未被挖掘的感官通道。

（二）德的滋养，品质渗透

如今的孩子，父母的催促、四老的包办，容不得他们在这些细琐小事中体会学习何为感恩惜福、尊重生命。水稻课程让孩子慢下来，跟随植物的生长周期，寻找到自身的自然节律。在此过程中，他们也在学习专注、平淡、持久甚至缓慢地做好一件事。水稻课程历时大半年，孩子们跟随着传统节气，一同追寻一粒米的生命之旅。孩子们动手育秧，弯腰插秧，除虫拔草，亲自收割，这才收获了一粒粒米。土地所带来的酣畅淋漓的汗水将永远留存在他们的记忆中，而藏在一粥一饭里的深情也成为他们珍惜粮食、学会感恩的情感积淀。这样的亲身参与远比老师的不断劝说来得有效得多，幼儿良好的品德形成教育就如春风化雨般进行着。

饮水要思源，吃饭当节俭，粒粒盘中餐，皆是辛苦换。孩子们懂得了香香的米饭来之不易，每一粒米粒都是用自己的劳动换来的。

(三)美的流淌，自我完成

因为水稻课程，孩子零距离地接触自然，去观察大自然的一草一木，一花一石，记录大自然的万千变化的瞬间。孩子用他们充满智慧的眼睛，感受着世界的新奇与美丽。孩子在水稻课后都能有所创造，一幅幅可爱清新的画作，一件件创意十足的手工作品就是他们的自然笔记。

(四)思的凝练，尊重回归

水稻课程带来的不只是植物的生长与收获的喜悦，经历水稻芽叶根茎的生长过程，孩子能敏锐地感受生命丰富与多样性，他们会在植物的生生不息中去体悟生命的环环相扣，紧紧相依。

人与社会

大班主题活动：我骄傲，我是中国娃！

活动缘起

一天晨间活动时，偶然听到孩子们的对话

小畅："明天我爸爸要去北京出差了。"

菲菲："妈妈也带我去过北京，我还见过天安门呢！"

熙睿："我知道北京还有万里长城，它是世界上最长的哦。"

露露："听妈妈说我们中国很大，美景也很多。"

家佳："我听哥哥说过我们中国还有好多有名的发明呢?"

萌萌听到后，也参与进来："我们中国长得什么样呀?"

大家七嘴八舌地说着自己的想法。从孩子们的对话出发，我们的班本课程"我骄傲，我是中国娃"由此而生。

共建活动计划

1. 发放调查表。(第 1 周)
2. 谈话讨论，生成预设网络图。(第 1 周)
3. 结合网络图开展相关活动，如集体活动、区角活动、环境创设等。(第 2～6 周)

4. 充分发挥家园配合效力，促进幼儿成长。（第1～6周）

5. 总结并整理相关资料。（第6周）

我的思考

金秋十月，人们迎来了最盛大、喜庆的节日——国庆节，大街上、商场里……到处都是一派喜庆、热闹的节日景象。"国庆节是谁过节?""祖国是什么?""中国到底有多大?""中国人与外国人有什么不同?""我们中国有什么?"……这些都是孩子们想知道、想了解的。根据《指南》中的要求，我们要充分利用社会资源，引导幼儿实际感受祖国文化的丰富与优秀，感受家乡的变化和发展，激发幼儿爱家乡、爱祖国的情感。于是，我们和孩子们一起开始了"我骄傲，我是中国娃"的主题活动，一场中国之旅就此开启！在活动开始之前我们先对幼儿在活动中可能获得的经验做了预设（见表10、图10）以便和活动最终结果做对比。

表10 "我骄傲，我是中国娃"活动预设幼儿能获得的关键经验

关键经验	领域
语言	能用完整流畅的语言表达对祖国的热爱，能亲身感悟中国古老的传统和文化，增强做中国人的自豪感。
科学	1. 感知光、物体、影子形成的原因，探索皮影戏形成的原理。 2. 学习5以内数的组成和加减；会用自然物进行测量并记录和比较结果。并在表格里记录测量的结果，让幼儿发现数学在生活中的趣味和实用价值。
社会	了解祖国各地的土特产，知道我国地大物博资源丰富，激发幼儿热爱祖国的情感。
艺术	1. 学跳简单的民族舞，掌握基本舞步；感受传统戏曲。初步学会演唱进行曲风格的歌曲，可以用动作来帮助自己更好地理解和表达歌词的内容。 2. 在欣赏服装的过程中，简单了解与民族服装相关的民族文化，感受人们通过服装所表现的对美好生活的向往。
健康	能侧身钻过40～50厘米高的障碍，提高动作的敏捷性，活动过程中不急于起身，能协调完成整套动作。

预设网络图：

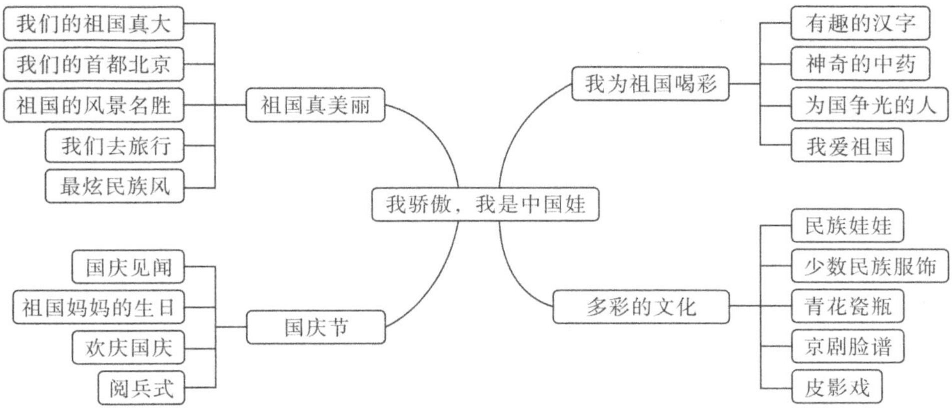

图 10　“我骄傲，我是中国娃”活动预设网络图

第一阶段：美丽大中国

◉ 1. 我的大中国

孩子们你们知道我们中国在哪里吗？知道我们国家的首都在哪里吗？让我们一起来找找吧！

带着对中国地图的热忱，我们在区域里玩起了“地图拼拼乐”的游戏，同时也进一步地巩固了对中国地图的认识。

◎ 2. 了解中国之最

随着课程的不断深入，孩子们对祖国的探究欲望越来越浓。阅读区里，向宝、琪琪带来了几本与中国有关的绘本，孩子们兴致勃勃地阅读有关中国的书籍，他们将在书里发现的知识和自己最喜欢的内容及时记录下来。

瞧！今天，孩子们又走近“祖国版图”，了解祖国版图中的“中国之最”。通过图片和视频，孩子们了解到“中国之最”，进一步感受到大中国的地大物博。

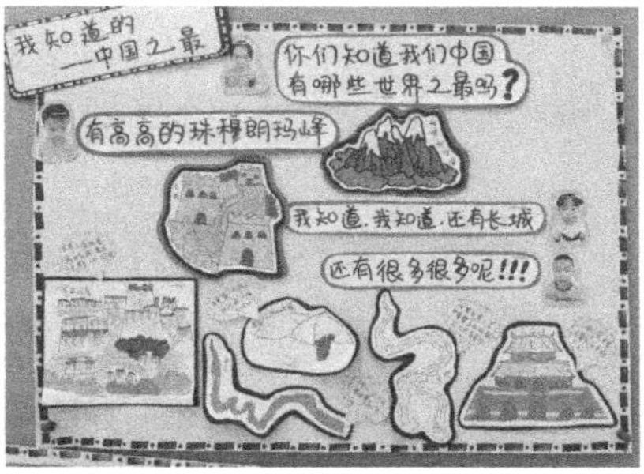

建构游戏中,依托绘本《中国建筑》中“烽火台、城堡”的细节画面,孩子们搭建雄伟的长城,看,长城竣工啦!

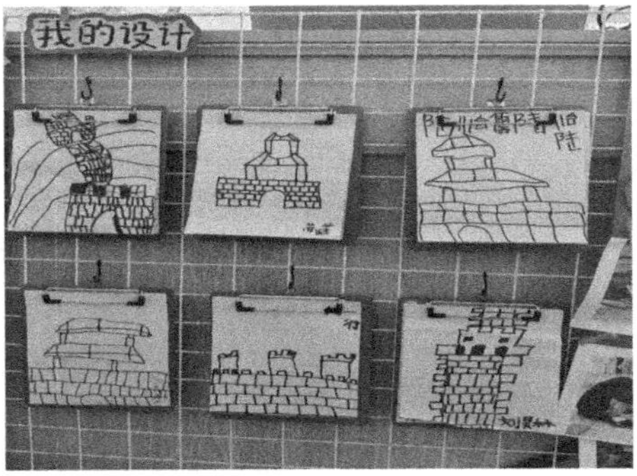

孩子们兴奋地记录下自己的小故事，有的是建构中碰到的问题与解决办法，有的是关于建构作品的故事创编，形成了自己的建构绘本。

价值分析：

通过合理的规划，精心营造具有浓郁生态体验特色的室内外环境，在自然化、生态化、动态化的环境中，给予幼儿丰富的学习、生活体验，不仅给幼儿带来愉悦，也进一步激发他们的爱国之心，陶冶他们对祖国的深厚情感。活动中孩子们通过找一找、认一认、画一画、自主阅读、小组合作探索等多种方式，用自己喜闻乐见和能够理解的方式进行表达。在提升自主探索学习积极性的同时，他们对祖国妈妈的认知更加丰满，并进一步激发了孩子们爱家乡、爱祖国的情感。

第二阶段：传统文化有特色

中国的传统文化博大精深，孩子们与这些传统文化之间会发生哪些有趣的事情呢？

◎ 1. 国粹：京剧

在“我骄傲，我是中国娃”主题活动的探寻之旅中孩子们对中国的国粹——京剧，充满了好奇。于是我们一起欣赏脸谱，了解脸谱，制作脸谱，带着脸谱进行表演……

祺祺带来了一个“奇怪”的面具，立刻吸引了大家的注意。

祺祺：“你们知道我带的是什么吗？不是一般的面具哦。”

昊宇：“我知道这是京剧脸谱。”

团子：“这个京剧脸谱我记得我以前见过的，好像还有很多颜色。”

梓睿：“我知道京剧是中国一种很特别的表演形式，演员在表演的时候都会在脸上画上脸谱。”

悦悦：“这个京剧脸谱好有趣，是不是还有很多故事呢？”

关于京剧，孩子们想知道的很多。于是大家回家后和爸爸妈妈一起查阅资料，并将自己的发现内容画了下来，快来看看吧！

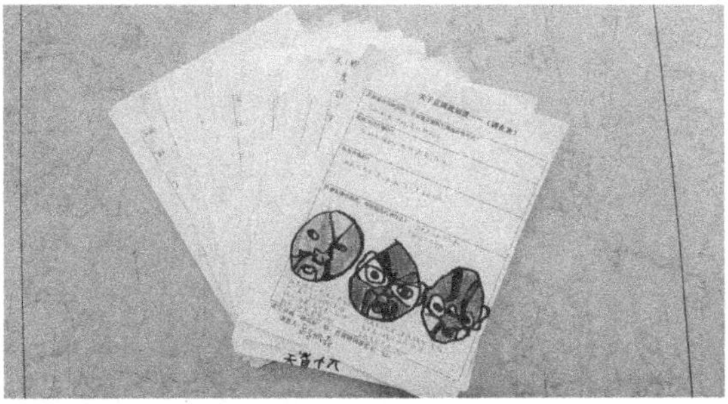

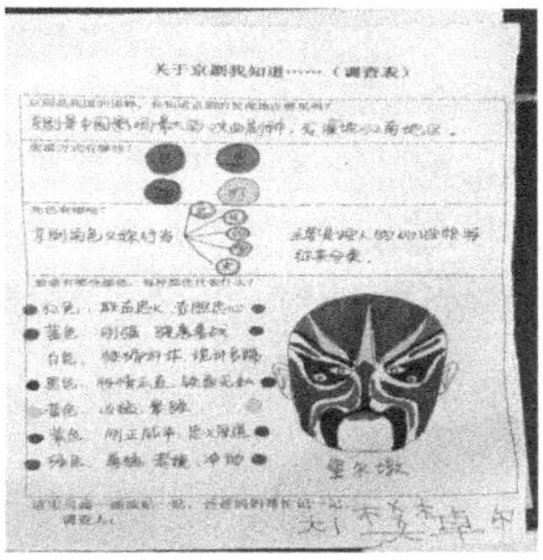

萱萱：“京剧中有一个角色叫花旦，你看我画得像吗？”

怡儒：“京剧发源于北京，脸谱有很多种颜色，每种颜色代表的是不一样的意思，蓝色表示的是勇敢哦！”

雨涵：“京剧又被称为国粹，不同的角色他们的服饰是不一样的。”

脸谱这么有趣，我们已经迫不及待地想要自己尝试画脸谱啦！你看，有的人画红脸谱，有的人画出花旦的造型……大家都有自己的想法。

“红脸的关公战长沙，哈哈，你知道我唱的是什么吗？对了就是《戏说脸谱》，瞧我已经把我唱的画下来啦。”

“脸谱的两边图案是对称的哦，画的时候要注意哦。”

脸谱做好了，要怎么表演呢？在欣赏了京剧演员的表演之后，我们的表演也开始啦！

传承文化从我做起，孩子们将自己设计的脸谱剪下来戴在脸上，学着视频里戏曲的站姿和手势动作。一颦一笑，一招一式，孩子们在体验的同时被戏曲的魅力感染，激发了对戏曲的兴趣和喜爱。

◎ **2. 国瓷：青花瓷**

青花瓷以其独特的艺术特色被誉为中国的“国瓷”，是中国文化的象征。快来看孩子们设计的青花瓷瓶和青花瓷盘吧！

3. 国画:水墨画

水墨艺术,是中华民族最具代表性的文化符号!它彰显着中国传统文化的智慧与力量。我们追随孩子的“喜欢”,支持孩子亲密接触水墨。组织孩子欣赏了齐白石爷爷的虾后,孩子们也用毛笔蘸着水墨绘画自己喜欢的动植物。

瞧!执笔、调墨、创作一气呵成,看我们的作品如何!

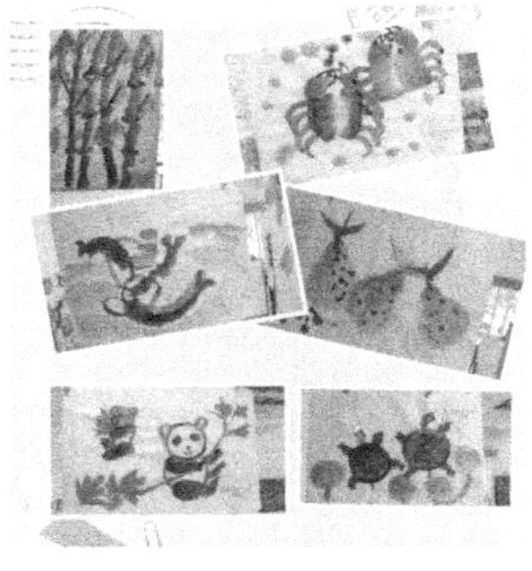

他们通过自己的想象,创造性地给墨迹添画,还滔滔不绝地分享着自己添画的

成功经验。在创作中他们感慨着中国水墨的神奇，同时也感受着水墨意境的唯美。

◉ **4. 国绣：苏绣**

江南刺绣名满天下。瞧！孩子们也拿起了绣花针在心爱的小手绢上绣着自己喜欢的图案，他们的神情是多么专注呀！

价值分析：

活动中我们以生态的方式有机融合人文素养培养，有重点地选择具有中国特色的传统文化进行渗透熏陶，以儿童视角为切入点运用“提问＋实践”的学习方式，让孩子们在问题中充分发挥观察力、思维力、想象力和创作力，激发幼儿自主学习的积极性。孩子们通过制作、表演等多种形式、多角度地了解了祖国优秀的传统文化，在体验中激发了孩子们对祖国的热爱之情。如和孩子们一起将他们制作的京剧脸谱、青花瓷、国画、苏绣等作品布置在活动室的主题版面、作品墙上，通过环境的再创造，进一步渲染传统文化艺术的魅力，更好地激发孩子们对传统文化的喜爱之情，增强民族文化自信感。

第三阶段：民族团结一家亲

在“我骄傲，我是中国娃”主题活动开展的过程中，孩子们对祖国的地域和文化有了一定的了解，韵律活动“爱我中华”引起了孩子们的讨论。

清华：“56 个民族都有哪些？”

思怡：“有汉族、藏族、维吾尔族、朝鲜族……”

依依：“我知道琪琪是土族，有一次她用她的家乡话跟我说话，好有趣哦。”

雨涵：“土族人还有哪些地方与我们不一样呢？”

民族大调查：

56 个民族各有特色，他们的服饰和风俗是怎样的呢？我们一起来看看孩子们画笔下的民族娃娃吧。

我们汉族和少数民族的人们是相亲相爱的一家人，因为我们都是中国人。

孩子们，你们最喜欢哪个民族呢？

萌萌："我最喜欢维吾尔族，因为他们的衣服很漂亮，个个都能歌善舞。"

琪琪："我最喜欢土族，因为我自己就是个土族小姑娘呀！"

昊林："我最喜欢藏族，感觉藏族人很强壮。"

睿祺："我最喜欢蒙古族，因为我觉得蒙古族的人都会骑马，超级帅。"

琪琪："我家里有我们土族的服装，明天我穿过来给你们看看吧！"

熙睿："我也喜欢维吾尔族的衣服，我妈妈给我也买了一套。"

第二天琪琪带来了土族服装，祺轩和芸汐带来了朝鲜族的服装，菲菲和熙睿带来了维吾尔族服装……瞧！小舞台里，孩子们穿着漂亮的民族服装，伴随着悠扬的音乐，自信地向我们走来。

价值分析：

在幼儿园教育中家长也是不可忽视的重要一方。我们充分发挥家庭生态教育，利用家长资源让幼儿自主学习。比如我们发放“民族大调查”调查表，孩子们和爸爸妈妈一起查阅资料，通过家园共育的方式让孩子们从不同的方面了解56个民族的特色，为孩子们自主交流做好知识经验的准备。

根据《指南》社会领域的子目标，5～6岁幼儿知道自己的民族，知道中国是一个多民族的大家庭，各民族之间要相互尊重，团结友爱。随着课程的不断推进，孩子们通过调查、绘画、分享、表演等现场互动的方式，了解认识不同民族的服装特点、建筑特色和生活习俗，体验各民族不同的艺术形态美、语言美等，感受56个民族团结如一家的民族自豪感。作为教师，我们要把握好教育契机，追随孩子们学习的兴趣和足迹，给予有效的支持与引导，创设各种机会尽可能地让孩子通过直接感知、实际操作和亲身体验获取直接经验，注重对幼儿学习能力和学习品质的培养。

第四阶段：为祖国喝彩

我们中国有着五千年的文明历史，给我们留下了很多的宝藏。都有哪些宝藏呢？请跟随大一班的孩子们一起去看一看吧。

1. 了不起的发明

古有四大发明，今有新发明。于是，孩子们开启了新发明的寻找之旅。

小瑾：“中国古代有印刷术、指南针、火药、造纸术。”

泰文：“古代的人好聪明呀！妈妈说这些发明造福了全世界呢！”

雨心：“古代有四大发明，那现代有什么发明呢？”

小鹿：“看看我们的调查表就知道啦！”

2. 了不起的中国人

中国除了有了不起的发明，中国还有一群了不起的人呢，他们为了祖国的发展不畏艰辛、勇于探索，让我们心生敬意。你们知道他们是谁吗？听听孩子们是怎么说的吧。

景瑞：“神舟十二号返回舱成功开舱，航天员聂海胜、刘伯明、汤洪波的顺利返回地球，标志着我国空间站阶段航天员首次出舱活动取得圆满成功。”

菲菲：“新型冠状病毒悄悄袭来，让我们人类受到了很多伤害，抗疫情英雄钟南山爷爷出现了，他不顾个人安危，挺身而出、逆流而行，为了保障人民的安全奔赴一线。”

小瑾：“疫情防控期间，我看到很多医生穿着防护服工作，帮助人们测量体温，他们是白衣天使，值得我们学习。”

卓尔：“中国水稻之父袁隆平爷爷，他研究了杂交水稻，让中国人不再挨饿，一日三餐家家户户米香弥漫。”

昊林:“我们中国的运动员是最了不起的人,他们胜不骄,败不馁,在奥运会的比赛场上,中国的运动员拼搏奋进,自强不息的运动精神感染着每一个中国人。”

梓睿:“中国海军叔叔非常勇敢,他们保卫着我们祖国的领海,不让外国的军人来侵略我们中国。”

晟涵:“消防员叔叔又厉害又勇敢,每次当有人遇到危险的时候,消防叔叔总是冲在最前面:火灾救人、地震救人、洪水救人、落井救人、车祸救人。”

晨晨:“每天清晨天刚蒙蒙亮,交警叔叔就要去执行任务了,刮风下雨、炎炎夏日、寒冬腊月时交警叔叔总是在马路上指挥交通,他们是默默奉献的马路天使。”

在我们的身边还有好多了不起的人,他们总是默默地为大家服务,为祖国做贡献。长大后我想当老师、我想拿金牌、我想做火箭、我想……我们都想成为中国最了不起的人,孩子们将自己心目中最了不起的人画了下来,做成了一本本自制绘本挂在语言区和大家一起分享着关于“了不起的中国”的故事。

◎ 3. 祖国妈妈我想对你说

在主题中幼儿通过一系列活动,孩子们感受到了祖国妈妈的强大,并以自己是中国娃而感到无比骄傲和自豪,萌发对祖国的美好感情,于是我们鼓励孩子们用诗歌、歌声等方式,大胆表达对祖国妈妈的爱,并用视频帮助孩子们记录。

价值分析:

落实立德树人的理念,从关心了解身边的人和事物开始,活动中孩子们通过绘本故事阅读分享、操作探索等形式进行了一种新模式的生态体验，在感受伟大民族智慧结晶的同时，陶冶幼儿主动向上的积极情感，不断激发幼儿爱家乡、爱祖国的情感，让保家卫国的情怀从小在孩子们的心中根植。

渗透领域：

《纲要》中的指导思想：教师必须重视儿童的年龄差别和个别差异，了解儿童的内在需要不同的兴趣爱好和潜在的发展可能性，给予儿童自我发展的机会。

语言领域：

《纲要》中指出：引导幼儿接触优秀的儿童文学作品，使之感受语言的丰富和优美。《指南》也指出：为幼儿提供丰富、适宜的低幼读物，经常和幼儿一起看图书、讲故事，丰富其语言表达能力，培养阅读兴趣和良好的阅读习惯，进一步拓展学习经验。

价值分析：

生态阅读就是给孩子一个无拘无束的阅读环境，让孩子以无忧无虑的阅读心情，无欲无求的阅读心态，进入无我无他的阅读境界，自觉融入书香味中。我们为孩子们创设了一个宽松舒适的阅读环境，并且结合活动主题搜集了很多关于祖国知识的绘本，孩子们可以自主选择感兴趣的书籍阅读，在绘本中感受到中国是个地大物博、美丽富饶的国家，萌发幼儿爱祖国的美好情感。

艺术领域：

《指南》艺术领域指出：喜欢多种多样的艺术形式和作品，并能大胆进行表现。

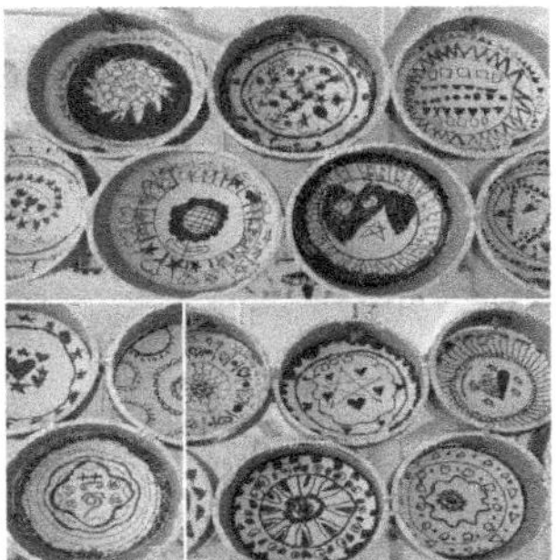

价值分析：

我国有着丰富而优秀的文化传统，在画一画京剧脸谱、设计青花瓷盘、民族节目表演等多种艺术活动中，孩子们参与的积极性很高，从初步了解—产生好奇—为之着迷，在深入了解的过程中孩子们越来越爱上中国的传统文化，并为之骄傲！

科学领域：

《指南》指出：创设能激发幼儿探究学习的环境，支持幼儿自发的科学探究活动。为幼儿提供一些有趣的探究工具，用自己的好奇心和探究积极性感染和带动幼儿。

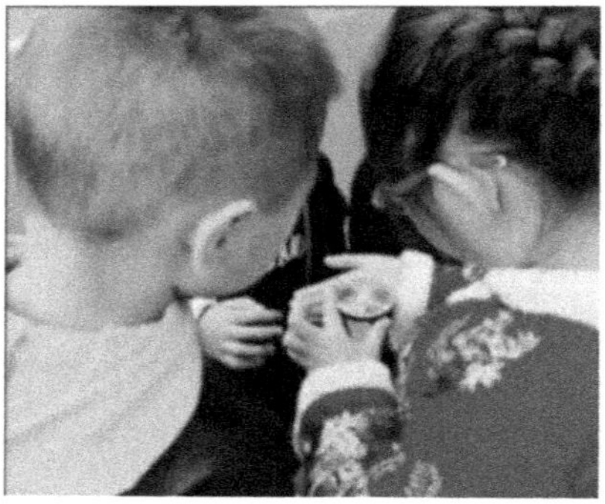

价值分析：

在"做中学"科学教育活动中，幼儿通过"提出问题—猜想和假设—实验验证—

记录和描述—结果与讨论”这么一种学习模式，去感知去了解周围生活和环境中常见的一些事物和现象，发现其中的奥妙，构建科学知识体系。在子主题“为祖国喝彩”中，孩子们通过观看科普视频、探索操作材料、做一做科学实验等，感悟四大发明为人们日常生活带来的便利，激发民族自豪感。在与中国传统文化元素的碰撞中，幼儿感受中华文化的源远流长。在“做中学”科学教育活动中的体验是一个真实的、全身心的、生动活泼的过程，幼儿获得的知识不是教师教的，而是主要通过幼儿亲身感受来获得。

社会领域：

《指南》指出：用幼儿喜闻乐见和能够理解的方式激发幼儿爱家乡、爱祖国的情感。向幼儿介绍反映中国人聪明才智的发明和创造，激发幼儿的民族自豪感。

价值分析：

儿童是社会生态环境的一分子，我们坚持儿童与生活的有机结合，让孩子们在现实生活中求知、思考、体验，将大千世界引入，将时代热点引入，将关乎国计民生的事件引入……一句话，就是将活教育引入幼儿园，使幼儿园充满生活的气息，洋溢着生活的快乐，使幼儿与自然、社会和谐并促进其心理和谐统一，培养幼儿真善美统一的完善人格，在社会化的教育中为祖国的发展感到自豪，为自己是一名中国人而备感骄傲。如活动中教师捕捉孩子的兴趣点、典型的社会事件等，从神舟十三号、东京奥运会等事件抓住其兴趣点生成和深化教育，有效地培养起孩子的社会意识和社会责任，了解作为一个“了不起”的中国人应该具备的精神，在这个过程中也立志成为下一个“了不起”的中国人！

健康领域：

《指南》指出：开展丰富多样、适合幼儿年龄特点的各种身体活动，如鼓励幼儿进行跑跳、钻爬、攀登、投掷、拍球等活动。玩跳竹竿、滚铁环等传统体育游戏。发展幼儿动作的协调性和灵活性。鼓励幼儿坚持下来，不怕累。

价值分析：

幼儿之间积极的社会化发展更多地出现在幼儿的自由游戏中，而民间体育游戏内容广泛而丰富，具有生活气息，风采各异，趣味性强，简单易学，幼儿在与同伴合作游戏的过程中促进了幼儿的社会性发展，对幼儿的身心发展起着不可估量的作用。如竹竿舞中角色的分配，持竿者之间的动作、节奏配合，跳舞者在竹竿分合的瞬间欢快敏捷地跳跃，都间接培养了幼儿间的团体协作精神和社交能力。

最终我们同样通过此次活动对幼儿最终获得的相关经验进行了梳理。具体见表 11、图 11。

表 11　“我骄傲，我是中国娃”活动幼儿最终获得的经验

领域	关键经验
语言	能用完整流畅的语言表达对祖国的热爱，能亲身感悟中国古老的传统和文化，能感知中国与外国的不同，增强“我是中国娃”的意识，增强做中国人的自豪感。
科学	1. 感知光、物体、影子形成的原因，探索皮影戏形成的原理。 2. 学习 5 以内数的组成和加减；会用自然物进行测量并记录和比较结果。并在表格里记录测量的结果，感知生活中数学的有用和有趣。 3. 在实验中勇于尝试、积极思考。能用较清楚的语言讲述自己的观察和发现。
社会	了解祖国各地的土特产，知道我国地大物博资源丰富，感受祖国现代化建设的成就，为自己是中国人感到骄傲。激发幼儿热爱祖国的情感。

续表

领域	关键经验
艺术	1. 学跳简单的民族舞，掌握基本舞步；感受传统戏曲。初步学会演唱进行曲风格的歌曲，可以用动作来帮助自己更好地理解和表达歌词的内容。 2. 在欣赏服装的过程中，简单了解与民族服装相关的民族文化，感受人们通过服装所表现的对美好生活的向往。 3. 能积极尝试用语言、绘画和音乐等多种形式表达自己对祖国的认识和情感。
健康	1. 在快跑、转身跑、单脚站立的活动中发展动作的协调性和灵活性，有一定的身体控制能力。 2. 能侧身钻过 40～50 厘米高的障碍，提高动作的敏捷性，活动过程中不急于起身，能协调完成整套动作。

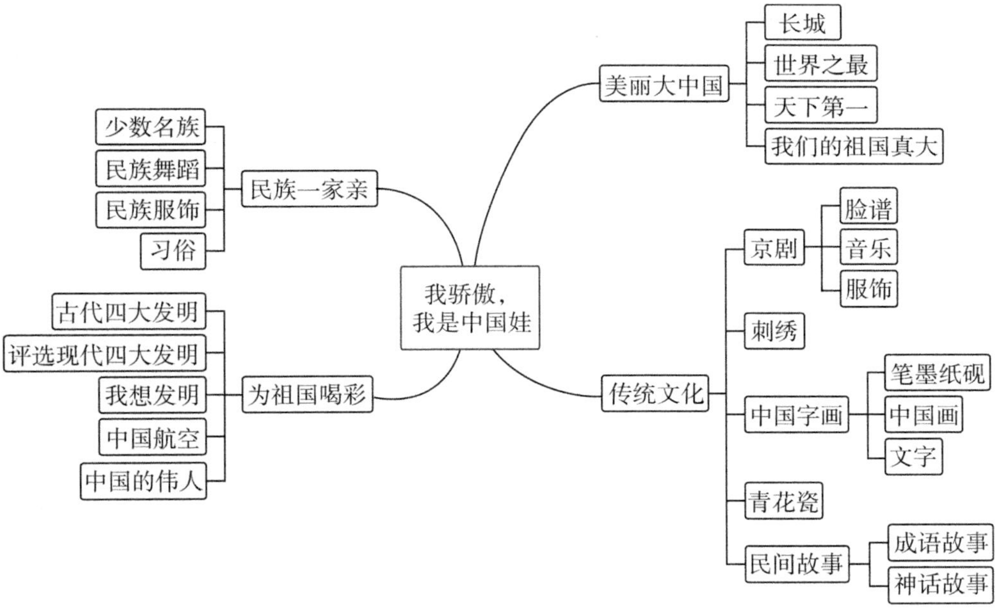

图 11　“我骄傲，我是中国娃”活动最终网络图

附:活动精选

活动一:我们的祖国真大(一)(重点领域:语言)

活动目标

1.感知理解诗歌的内容,认读文字“南”“北”,初步学习用甜美自豪的声音朗诵诗歌。

2.运用探究、比较等方法,感受诗歌语言的简洁美。

3.增强做一个中国人的自豪感。

活动准备

1.中国地图一幅。

2.根据诗歌内容自制图文卡片:诗歌中的“真大”“北方”“南方”“您的孩子在同一个时间里”用文字表示,其他均用图表示。

3.抒情的背景音乐,录音机。

活动过程

1.引导调动原有的经验,探索祖国的幅员辽阔,自然认读文字“南”“北”。

教师出示中国地图,引导幼儿说说自己发现了什么。

教师:这是什么?(中国地图)现在是十月份,我们这里的天气怎么样?我们穿的是什么衣服?(出示北方下大雪的时候人们在滑雪的图片)可是北方的天气怎么样?他们穿的什么?

2.鼓励根据图文内容自编诗歌。

教师:我们来试着把这些句子编成一首诗歌《我们的祖国真大》,好不好?

幼儿自由创编诗歌,教师注意观察、倾听。

(**注:**《指南》语言领域指出,幼儿的语言学习需要相应的社会经验支持,应通过多种活动扩展幼儿的生活经验,丰富语言的内容,增强理解和表达能力。为幼儿创造说话的机会并体验语言交往的乐趣。鼓励和支持幼儿和同伴一起玩耍、交谈,相互讲述见闻、趣事或看过的图书、动画片等。)

3.欣赏诗歌。

教师结合图文卡片,用甜美、自豪的语气朗诵诗歌。

教师：听了这首诗歌，你们有什么感受？（注意让幼儿感受祖国的大、祖国的美，激起幼儿做一个中国人的自豪感）

教师：这首诗歌是怎么赞美我们的祖国的？它的语句听上去和我们编的诗歌有什么不一样？（启发幼儿感知诗歌语言的简练、优美）

4.运用多种方式学习朗诵诗歌。

幼儿看着图文卡片，跟着教师朗诵诗歌。

逐步减少图文卡片的提示，帮助幼儿独立记忆诗歌内容。

幼儿分成两组轮流朗诵诗歌中“北方”和“南方”的句子，其余句子共同朗读。

全体幼儿起立，跟随教师在音乐声中有表情地朗诵诗歌。

活动延伸

在语言区，教师和幼儿将共同收集的有关祖国风貌、物产、各民族特色等方面的图书、图片、旅游的照片布置出来，幼儿自由交流。在快乐动脑吧放置一些中国地图的拼图和地球仪，鼓励幼儿自主探索，感受祖国的地大物博。

活动二：皮影戏（重点领域：科学）

活动目标

1.在玩皮影中，感知光、物体、影子的关系。
2.在实验中勇于尝试、积极思考。
3.能用较清楚的语言讲述自己的观察和发现。
4.培养幼儿的创新思维和大胆尝试的精神。

活动准备

1.课件。
2.皮影戏台、电筒、皮影件。

活动过程

1.看皮影，初步感知影子形成的原因。

教师：今天，老师请你们看皮影戏，看看皮影戏和你们看过的戏有什么不一样？

教师:(看皮影戏)皮影戏特别在哪儿呢?皮影是靠影子来表演的。

2.玩皮影,探索影子形成的基本原理。

教师:皮影表演真有趣,你们想玩吗?我们分成两组,一组表演皮影,一组做观众,做观众的小朋友要保持安静,不要离开自己的座位。

(1)探索影子形成的原理。

教师:影子是哪里来的呢?(教师用小幕布展示影子的形成)

教师:小朋友们真聪明,光照在皮影人身上,皮影人挡住了光线,就会在屏幕上产生影子,所以影子的形成需要光、物体和屏幕。

教师:你刚才是怎么玩的?那在外面做观众的小朋友还看到了什么呢?

(2)观察影子动的原因。

教师:你是怎样让皮影人的影子动起来的?(教师用小幕布演示)还有什么办法能让影子也动起来?皮影人动,影子就会动;皮影人不动,光动,影子也会动起来。

3.再次玩皮影,感知光、物体、影子的关系。

教师:那我请你们再玩一次皮影,不过这次,你的皮影人不动,只是光动,请你观察影子有什么变化。

教师:你的影子是怎么动的?你是怎样让皮影发生大小变化的?你能来表演一下吗?影子还能怎么动?皮影上下移动,你是怎么做到的呢?你也来表演一下好吗?皮影还发生了哪些变化?你是怎么做到的?你来动给小朋友看一下。

总结:皮影人的位置不变,光在移动,影子也会移动。

4.表演皮影,进一步感知光、物体、影子的关系。

游戏“快乐皮影人”。

教师:我这里还有一个特别的皮影戏,看看,他们特别在哪儿呢?他们用自己的身体挡住光,做了一个皮影人,在一个大舞台上进行表演。想做快乐皮影人吗?那我请男生做观众,女生做皮影人,周老师指挥你们的表演。

活动延伸

1.区域活动:将电筒、皮影件投放到科学区,幼儿继续丰富故事内容。

2.游戏活动:将皮影戏台和电筒投放至表演区,幼儿继续表演故事。

(**注**:《指南》科学领域指出,科学领域一共包括两个方面,科学探究和数学认知,而科学探究又包括三个目标:1.亲近自然,喜欢探究;2.具有初步的探究能力;3.在探究中认识周围事物和现象。老师们要认真学习《指南》,把握《指南》精神,在教育建议的指导下,开创性地完成我们每一次的教学任务。)

活动三：祖国的特产（重点领域：社会）

活动目标

1. 使幼儿了解祖国各地的土特产品，知道我国地大物博资源丰富。
2. 激发幼儿热爱祖国的情感。

活动准备

1. 一张大的中国地图平放在桌上。
2. 幼儿操作材料“祖国各地特产”。
3. 请家长给幼儿讲自己老家的著名土特产（名称和用途）。
4. 请幼儿与家长一同收集土特产布置成“特产店”。

活动过程

1. 请幼儿看中国地图，启发谈话，引导幼儿介绍祖国的特产。

（1）这是哪个国家的地图？（中国）请你在地图上找出中国首都——北京及自己家乡的位置，并向别人介绍家乡的风格和民俗。

（2）请你在地图上找出长江、黄河的位置。

2. 认识祖国各地的特产。

（1）教师先做示范，介绍自己收集的祖国特产。可列举一些特产（如新疆的葡萄干、景德镇瓷器），与挂图对应起来。

（2）请个别幼儿向集体介绍自己收集的祖国各地特产，要求幼儿说出它的名称、产地、特点、用途等，引导幼儿在地图上找到相应位置。

（3）游戏“小小旅行家”让幼儿在地图上相应的地方摆放各地的特产，并介绍哪些城市有哪些特产。

（**注**：《指南》社会领域指出，运用幼儿喜闻乐见和能够理解的方式激发幼儿爱家乡、爱祖国的情感。和幼儿一起外出游玩，一起观看有关的电视节目或画报等；和他们一起收集有关家乡、祖国各地的风景名胜、著名的建筑、独特物产的图片等，在观看和欣赏的过程中激发幼儿的自豪感和热爱之情。）

3. 出示教学挂图，请幼儿说出挂图上各种题材的产地。

活动延伸

区域活动:在美工区画一画祖国的特产。

活动四:少数民族服装(重点领域:美术)

活动目标

1.欣赏丰富多样的中国少数民族服装,了解几个少数民族(如:维吾尔族、蒙古族、朝鲜族、藏族、傣族)服装的特点。

2.在欣赏服装的过程中,简单了解与民族服装相关的民族文化,感受人们通过服装所表现的对美好生活的向往。

3.在欣赏的过程中,能用丰富完整的语言表达自己对民族服装的感受。

活动准备

1.各民族服装图片或实物若干。

2.光盘《民族大联欢》、播放设施。

3.幼儿用书《民族服装》。

活动过程

1.跳藏族舞《北京的金山上》,感受民族的特点。

(1)教师:小朋友们昨天老师教你们的舞蹈忘了吗?那我们一起来跳一下吧!师幼共同跳舞(藏族舞《北京的金山上》)。

(2)教师:小朋友你们知道刚才我们跳的是哪个民族的舞蹈吗?

2.了解藏族服饰的特点。

教师:你们知道藏族穿的是什么样的服饰吗?

(1)教师:那今天就让我们一起来认识藏族民族服饰,(出示课件)小朋友你们看,他的上身穿的是什么服饰?

小结:老师来告诉你们,它的名字叫藏袍。藏袍在藏语中又叫“初巴”。藏族男女都穿藏袍。男子下身穿裤子。(出示女子藏族服饰)

(2)教师:小朋友你们看,她们的上身穿的衣服与我们有什么不同?

小结：对，女衫的袖子要比普通的袖子长40厘米左右，跳舞时放下袖子，在空中翩翩起舞，优美极了。

(3)教师：小朋友看看，她们腰间系的什么呀？什么颜色呀？什么图案？

教师：下身穿裙子，外系一条五彩围裙。

(**注**：《指南》艺术领域指出，每个幼儿的心里都有一颗美的种子。幼儿艺术领域的学习关键在于充分创造条件和机会，在大自然和社会文化生活中萌发幼儿对美的感受和体验，丰富其想象力和创造力，引导幼儿学会用心灵去感受和发现美，用自己的方式去表现和创造美。)

(4)教师：我们的藏族同胞特别好客，他们的表达方式是献给客人一条洁白的哈达。

3.引导幼儿细致欣赏其他少数民族服装图片，了解其特点。

(1)引导幼儿欣赏少数民族服装的款式和装饰图案。(维吾尔族、蒙古族、朝鲜族、傣族)

教师：不同的民族有不同的服装，我们一起看看有哪些好看的民族服装。你喜欢哪套民族服装？这套服装是什么样的呢？上面有什么好看的装饰图案？这个人身上还有什么好看的配饰？头上有什么？手上戴着什么？你知道这是哪个民族的服饰吗？

(2)引导幼儿讨论各民族服装的图案内容及其寓意。

教师：为什么要在服装上装饰这些图案？你知道这些图案代表什么意思吗？你发现这些图案都分别装饰在服装的什么位置？

(3)引导幼儿讨论各民族服装的色彩搭配特点。

教师：这些服装有哪些好看的色彩？这些颜色是怎样搭配在一起的？这样配色好看吗？为什么？

教师：哪套服装用的颜色多？哪套服装用的颜色少？给你的感觉有什么不同？

4.播放《民族大联欢》，幼儿自由讨论欣赏后的感觉。

(1)教师：欣赏了这些少数民族的服装后，你有什么感觉？为什么人们都把服装做得这么漂亮？

(2)师幼模仿各民族的舞蹈动作跟着音乐载歌载舞。

活动延伸

收集各种制作材料放在美工区，引导幼儿运用剪贴、穿线的方法制作各民族的装饰物，并在表演角供大家进行民族舞蹈表演。

活动五:国旗多美丽(重点领域:音乐)

活动目标

1. 理解歌词的含义和情感,初步学会演唱进行曲风格的歌曲。
2. 知道可以用动作来帮助自己更好地理解和表达歌词的内容。
3. 在唱歌时体验庄严、自豪的心情。

活动准备

1. 国旗一面。
2. 幼儿用书《国旗多美丽》,与歌词配套的图谱一份。
3. 音乐磁带、录音机、投影仪。

活动过程

1. 教师引导幼儿熟悉歌曲的旋律、了解歌词。

教师出示小国旗谈话:小朋友,你们看,这是什么? 今天老师就带来了一首关于国旗的好听的歌曲。我们来看看。

(1)集体看幼儿用书并投影画面,在音乐的伴奏下,教师唱歌曲《国旗多美丽》。

教师:现在我们一边做动作一边唱歌,你们仔细地听听两段中有一样的地方吗? 看看两段中有一样的动作吗?

(2)教师引导幼儿发现歌词重复与动作重复的对应关系。

教师:你发现动作和歌词有什么样的关系?(歌词相同的地方动作也是相同的)

(3)了解其他动作的含义。

教师:除了这几个一样的动作之外,刚才你还看到什么动作,它是什么意思?

教师根据幼儿回答出示相应的图谱。

(**注**:《指南》艺术领域指出,营造安全的心理氛围,让幼儿敢于并乐于表现。欣赏和回应幼儿的哼哼唱唱、模仿表演等自发的艺术活动,赞赏他独特的表现方式。)

2. 幼儿学唱歌曲《国旗多美丽》。

(1)在教师的动作、歌声带领下,幼儿初步学唱歌曲。

教师:我们一起来试一试,一边唱歌一边做动作。

(2)教师逐步退出,只用口型和动作提示,让幼儿尝试听音乐自己演唱歌曲。

教师：刚才小朋友唱得很好，这次老师不唱出声音来，看看你们会不会唱。

(3)演唱结束后，教师引导幼儿反思自己运用的是什么方法。

教师：我没有唱出声来，你们怎么还能唱得很好呢？是什么帮助了你们？（引导幼儿主动记忆歌词）

(4)教师进一步退出，不提供动作提示，只用口型做提示，让幼儿尝试听音乐自己演唱歌曲。

教师：这次更难了，我不做动作了，你们也能唱出来吗？

(5)教师完全退出，幼儿尝试听音乐自己演唱歌曲。

教师：老师现在什么都不做了，完全靠你们来演唱这首歌曲，能行吗？

(6)演唱之后引导幼儿反思。

教师：老师没有帮助你们，你们怎么还能唱出来呢？请幼儿根据自己的方法讲讲。

3.幼儿学习"检验自己是否真正学会本领"的方法。

(1)教师：你们真的会唱了吗？今天我们来学习一个检验方法，既不要老师的帮助，也不要别的小朋友的帮助，就靠自己唱这首歌。

(2)教师引导幼儿用捂住耳朵、轻声默唱的方法来演唱歌曲，以检验自己是否能不要任何人的帮助，真正学会本领。

活动延伸

家园共育：请家长在国庆节放假的时候，带幼儿去街上转转，找一找哪里挂着国旗，感受祖国妈妈过生日时的欢乐景象，进一步激发幼儿的爱国主义情感。

我的感悟

"萌发幼儿爱祖国的情感"是幼儿园教育的重要目标之一，但如果把握不当，很容易从成人视角出发，脱离幼儿生活。因此我们根据孩子们最近谈论的话题及他们的经验和兴趣，确定了课程研究的切入点和重点，我们围绕"美丽大中国""传统文化有特色""民族一家亲""为祖国喝彩"四个次主题开展。

我们试图站在儿童的立场上与他们共同建构这个主题活动，让孩子们以自己的方式进行主题的研究和探索；把当前主题活动的内容与孩子们当下的生活和经验相结合，让他们在真实、可感知、能充分发挥主体性的环境中探索和学习，使他们的需要、兴趣得到充分的满足，获得更好的成长。

1.从孩子经验出发，链接孩子当下的生活。

如何结合孩子生活，同时关注孩子自主学习能力的提升让主题活动更有实效呢？通过课程审议，我们决定以“旅游中的见闻”为话题开启“我骄傲，我是中国娃”的主题研究。孩子们在旅游过程中会主动地去听、去看、去学习，从不同的角度去发现、感受祖国各地的美景和文化。于是，我们在活动室创设了“中国地图”版面，引导孩子在地图上找到并标注自己去过的省（自治区、直辖市），再将其与自己带来的旅游时拍摄的照片画线连接起来，直观地感受祖国的地大物博。通过直观的展现，将孩子的个体经验自然地转化为所有孩子的共同经验。

2.追随孩子探究的兴趣，支持孩子充分体验、自主探究。

萱萱在介绍旅行见闻时带来了一张她穿着汉服的照片，孩子们对此很感兴趣，谈论着汉服与其他服装的区别。有的孩子兴奋地说，除了汉族，还听说过其他少数民族。我们抓住契机，及时向孩子们介绍了我国是多民族国家，共有56个民族。孩子们在这方面是有一些经验的，他们对此显示出了极大的研究热情，很想了解56个民族。我们及时满足了孩子们的探究愿望，提供了相关的图片资料，介绍了每个民族的名称。孩子们对没听说过的民族特别好奇，想进一步了解。于是，大家商量决定，每人选择两个最想研究的民族，和爸爸妈妈一起查阅收集资料，然后与大家分享。在这个过程中我们没有将知识直接告知孩子，而是支持孩子去查阅资料，寻找答案。在后面的少数民族舞蹈表演时，孩子们还请爸爸妈妈帮助制作表演服装道具，这样家长也被带入课程研究。

3.结合社会热点事件，建构有意义的情境。

随着主题线索的不断深入和对社会大事件的关注，孩子们对奥运会、神舟十三号、当下的疫情等话题产生了浓厚的兴趣，通过晨谈、小组活动、日常渗透等方式进行深入的探究和学习。在不同的年代、不同的职业中都有了不起的人，孩子们认识了叶光富叔叔、王亚平阿姨、翟志刚叔叔、钟南山爷爷、袁隆平爷爷、钱学森爷爷等，他们有的是宇航员，有的是医生，有的是科学家……在活动中孩子们从调查、学习、实践中知道了“了不起的中国人”之所以了不起是因为他们具有勇敢机智、乐于助人、认真学习等宝贵的精神品质。

在这次“我骄傲，我是中国娃”课程的研究过程中，我们在观察和了解孩子的基础上，追随孩子的经验和兴趣；从儿童的视角出发，和孩子一起创设环境、设计活动；努力用儿童的视角，倾听、观察、思考，让孩子真正成为活动的主体，让活动变得更加生动有趣。